中高职衔接、应用技术型大学工学结合现代物流专业系列教材

集装箱运输管理

主　编　罗娟娟
副主编　徐　薇　林朝阳

电子工业出版社
Publishing House of Electronics Industry
北京·BEIJING

内 容 简 介

本书详细介绍了集装箱相关知识、海运集装箱运输、海运集装箱运输单证、陆运集装箱运输、空运集装箱运输、集装箱运输费用计算以及集装箱运输事故处理等内容。本书以能力培养为目标，注重专业性与实用性的统一，以工作任务为导向，以集装箱运输业务流程工作岗位体验为线索，深入浅出地将全书内容展开，使学生带着任务在模拟情境里学习，以此激发学生的学习兴趣。

本书可供物流、港航、报关、国际货运代理、交通运输管理、国际贸易等专业本科和高职高专学生作为专业教材，还可作为国际货运代理企业、国际船舶代理企业、国际航运企业、港口等单位的业务人员自学或岗位培训用书。

未经许可，不得以任何方式复制或抄袭本书之部分或全部内容。
版权所有，侵权必究。

图书在版编目（CIP）数据

集装箱运输管理 / 罗娟娟主编. —北京：电子工业出版社，2016.5
中高职衔接、应用技术型大学工学结合现代物流专业系列教材
ISBN 978-7-121-28009-2

Ⅰ.①集… Ⅱ.①罗… Ⅲ.①集装箱运输－交通运输管理－高等职业教育－教材 Ⅳ.①U169.6

中国版本图书馆 CIP 数据核字（2015）第 321434 号

策划编辑：杨宏利
责任编辑：杨宏利　　特约编辑：李淑寒
印　　刷：北京天宇星印刷厂
装　　订：北京天宇星印刷厂
出版发行：电子工业出版社
　　　　　北京市海淀区万寿路 173 信箱　邮编　100036
开　　本：787×1 092　1/16　印张：14.25　字数：364.8 千字
版　　次：2016 年 3 月第 1 版
印　　次：2024 年 8 月第 6 次印刷
定　　价：29.00 元

凡所购买电子工业出版社图书有缺损问题，请向购买书店调换。若书店售缺，请与本社发行部联系，联系及邮购电话：（010）88254888，88258888。
质量投诉请发邮件至 zlts@phei.com.cn，盗版侵权举报请发邮件至 dbqq@phei.com.cn。
本书咨询联系方式：puyue@phei.com.cn。

中高职衔接物流专业系列教材
编写委员会

主　　任：
　　林守章　中共厦门市委教育工委副书记、厦门市教育局副局长

副 主 任：
　　任　勇　厦门市教育局副局长
　　杨名炎　中国物流学会常务理事、厦门市物流协会常务副会长

总 主 编：
　　许敬秋　厦门大学嘉庚学院管理学院副院长

副总主编：
　　陈振源　厦门市教育科学研究院职教教研室主任

编　　委（排名不分先后）：
　　洪　军　厦门市教育局高教处处长
　　唐华玲　厦门市教育局高教处主任科员
　　王惠军　厦门市物流协会执行秘书长
　　陈艳梅　厦门市物流校企合作服务中心主任
　　郭碧环　厦门海洋职业技术学院航运管理教研室主任、副教授
　　林朝朋　厦门城市职业学院物流管理专业带头人、副教授、博士
　　梁竹田　厦门城市职业学院商贸系物流管理专业主任、副教授
　　张　蕊　厦门大学嘉庚学院管理学院讲师
　　曹光求　厦门大学嘉庚学院管理学院讲师
　　林珊仟　厦门海洋职业技术学院讲师
　　罗娟娟　厦门海洋职业技术学院讲师
　　朱勇征　厦门华厦学院商贸管理系教师
　　钟美荣　厦门工商旅游学校高级讲师
　　郑秀水　福建化工学校高级讲师

前　言

《教育部关于推进中等和高等职业教育协调发展的指导意见》指出，中等和高等职业教育协调发展是建设现代职业教育体系的重要任务。

近年来，厦门市教育局紧紧围绕区域经济发展，瞄准支柱产业规划，联手行业协会和企业，构建职业教育校企合作和产教融合服务平台，特别是通过中等和高等职业教育有效衔接和协调发展，力促职业教育服务产业发展能力的提升。为此，2012 年，市教育局牵头成立了包括厦门大学嘉庚学院、厦门市教育科学研究院、在厦各高职院校教师和相关物流企业管理人员为主的中高职衔接物流专业教材编写委员会，在深入调研的基础上，委托厦门市物流协会（厦门市物流校企合作服务中心），组织编写中、高职衔接物流专业系列教材丛书。

此套丛书以现代物流业发展为依托，在专业教材建设中融入厦门市行业发展的最新案例，紧扣行业发展新趋势，力求能满足中高职及应用类本科实践教学和物流专业人才培养需求，从而推动职业教育现代物流专业内涵建设整体水平的提高。

集装箱运输是现代化运输的表现形式。为适应我国集装箱运输发展以及本科、大专、中专教育培养集装箱运输专业人才的需要，我们编写了《集装箱运输管理》这本全面系统反映集装箱运输的专业教材，可作为交通运输、物流管理、国际航运、国际商务等专业的教材和参考书，也可供港口以及货运代理公司等企业人员自学或培训使用。

本书以集装箱运输市场需求为导向，以集装箱运输方式岗位体验为主线，以提高学生岗位技能为核心，设计了八个学习情境，总学时建议安排 50 学时。八个学习情境分别是"走进集装箱运输"（建议 4 课时）、"海运集装箱运输体验（一）（二）"（建议 16 课时）、"国际海运集装箱重点单证认知"（建议 8 课时）、"集装箱陆运业务体验"（建议 4 课时）、"集装箱空运业务体验"（建议 4 课时）、"集装箱运输运费分析"（建议 10 课时）、"集装箱运输事故处理"（建议 4 课时）。

本书由罗娟娟任主编，徐薇、林朝阳任副主编，由于编者水平有限和物流行业的迅速发展，书中的不足之处，敬请读者与同行批评指正。

目 录

学习情境一　走进集装箱运输 ……………………………………………………………（1）

 任务一　认识集装箱 ………………………………………………………………………（2）
  一、认识集装箱外观 ……………………………………………………………………（3）
  二、认识集装箱标记 ……………………………………………………………………（4）
  三、认识集装箱材质 ……………………………………………………………………（10）
  四、认识集装箱用途 ……………………………………………………………………（11）
 任务二　认识标准集装箱 …………………………………………………………………（13）
  一、国际标准集装箱 ……………………………………………………………………（14）
  二、国家标准集装箱 ……………………………………………………………………（16）
  三、地区标准集装箱 ……………………………………………………………………（16）
  四、公司标准集装箱 ……………………………………………………………………（16）
 任务三　认知集装箱运输 …………………………………………………………………（16）
  一、早期件杂货运输方式 ………………………………………………………………（16）
  二、集装箱运输方式 ……………………………………………………………………（18）
 任务四　集装箱运输的应用 ………………………………………………………………（19）
  一、货物类别 ……………………………………………………………………………（19）
  二、集装箱货物的交接 …………………………………………………………………（21）

学习情境二　海运集装箱运输的体验（一） ………………………………………………（25）

 任务一　发货人角色体验 …………………………………………………………………（26）
  一、选箱 …………………………………………………………………………………（27）
  二、集装箱用量的确定 …………………………………………………………………（28）
  三、整箱货装箱 …………………………………………………………………………（30）
 任务二　船公司角色体验 …………………………………………………………………（33）
  一、实习岗位——揽货员 ………………………………………………………………（33）
  二、实习岗位——航运部 ………………………………………………………………（36）
  三、实习岗位——箱务管理部门 ………………………………………………………（44）
  四、实习岗位——船公司配载中心 ……………………………………………………（54）

学习情境三　海运集装箱运输的体验（二） ………………………………………………（66）

 任务一　集装箱码头堆场角色体验 ………………………………………………………（67）
  一、集装箱码头堆场初体验 ……………………………………………………………（68）

二、码头堆场操作……………………………………………………………（75）
　任务四　集装箱货运站角色实习…………………………………………………（88）
　　一、认识集装箱货运站………………………………………………………（88）
　　二、集装箱码头货运站的功能………………………………………………（89）
　　三、集装箱码头货运站的业务………………………………………………（89）

学习情境四　国际海运集装箱重点单证认知……………………………………（95）
　任务一　集装箱场站收据联单认知………………………………………………（97）
　　一、场站收据联单的组成……………………………………………………（97）
　　二、场站收据十联单用途……………………………………………………（98）
　　三、场站收据联单的内容与填制……………………………………………（99）
　任务二　集装箱设备交接单认知…………………………………………………（104）
　　一、集装箱设备交接单的组成………………………………………………（104）
　　二、集装箱设备交接单的流转………………………………………………（104）
　　三、集装箱设备交接单的内容与填制………………………………………（105）
　任务三　集装箱装箱单认知………………………………………………………（109）
　　一、集装箱装箱单的组成……………………………………………………（109）
　　二、集装箱装箱单的流转……………………………………………………（110）
　　三、集装箱装箱单的内容与填制……………………………………………（110）
　任务四　集装箱提单认知…………………………………………………………（113）
　　一、集装箱提单的内容与格式………………………………………………（113）
　　二、集装箱提单与海运提单的区别…………………………………………（113）
　　三、集装箱提单正面内容填制………………………………………………（116）
　任务五　集装箱交货记录认知……………………………………………………（119）
　　一、集装箱交货记录的组成…………………………………………………（119）
　　二、集装箱交货记录单的流转………………………………………………（119）
　　三、交货记录联的内容与填制………………………………………………（120）

学习情境五　集装箱陆运业务体验………………………………………………（125）
　任务一　体验集装箱铁路运输……………………………………………………（126）
　　一、集装箱铁路运输认知……………………………………………………（127）
　　二、铁路集装箱运输业务及作业流程………………………………………（138）
　任务二　体验集装箱公路运输……………………………………………………（141）
　　一、集装箱公路运输认知……………………………………………………（141）
　　二、集装箱公路运输流程体验………………………………………………（148）

学习情境六　集装箱空运业务体验………………………………………………（151）
　任务一　航空集装器运输认知……………………………………………………（153）
　　一、航空集装器标志认知……………………………………………………（153）
　　二、集装器运载工具认知……………………………………………………（155）

三、集装器类型认知 …………………………………………………………… (156)
　　四、集装箱装卸设备和车辆认知 ……………………………………………… (164)
　　五、航空集装箱货运站认知 …………………………………………………… (166)
任务二　航空集装器运输的限制 …………………………………………………… (166)
　　一、接收飞机集装器时的限制 ………………………………………………… (166)
　　二、集装器装载重量的限制 …………………………………………………… (167)
　　三、集装器装载体积的限制 …………………………………………………… (167)
　　四、集装箱内货物的限制 ……………………………………………………… (168)
　　五、集装器装载原则 …………………………………………………………… (168)
任务三　集装箱航空经营方式 ……………………………………………………… (168)
　　一、航空集装箱运输经营方式 ………………………………………………… (169)
　　二、航空集装箱进出口运输程序 ……………………………………………… (170)
任务四　包机/舱/板/箱运输 ………………………………………………………… (171)
　　一、包舱包板的形式 …………………………………………………………… (172)
　　二、包舱包板的运作形式 ……………………………………………………… (172)
　　三、包舱包板注意事项 ………………………………………………………… (172)

学习情境七　集装箱运输运费分析 ……………………………………………… (175)

任务一　集装箱运费构成分析 ……………………………………………………… (176)
　　一、集装箱运费构成 …………………………………………………………… (177)
　　二、集装箱不同交接方式下的运费构成 ……………………………………… (178)
任务二　海运集装箱运费分析 ……………………………………………………… (180)
　　一、拼箱货的海运运费计算 …………………………………………………… (181)
　　二、整箱货的海运运费计算 …………………………………………………… (183)
任务三　陆运集装箱运费分析 ……………………………………………………… (186)
　　一、铁路集装箱运输运费分析 ………………………………………………… (186)
　　二、公路集装箱运费分析 ……………………………………………………… (188)
任务四　空运集装箱运费分析 ……………………………………………………… (190)
　　一、航空集装箱货物运价类型 ………………………………………………… (190)
　　二、常用的集装器运价种类代号 ……………………………………………… (191)
　　三、航空集装器运费计算 ……………………………………………………… (192)

学习情境八　集装箱运输事故处理 ……………………………………………… (195)

任务一　认识集装箱运输事故类型 ………………………………………………… (196)
　　一、货物灭失事故 ……………………………………………………………… (196)
　　二、货损、货差事故 …………………………………………………………… (198)
　　三、货物延迟交付事故 ………………………………………………………… (199)
　　四、单证事故 …………………………………………………………………… (200)
任务二　分析集装箱货损的责任 …………………………………………………… (200)
　　一、分析责任 …………………………………………………………………… (200)

二、集装箱运输承运人的责任期间 …………………………………………………（201）
　　三、集装箱运输承运人的主要责任 …………………………………………………（202）
任务三　集装箱货损事故处理 ……………………………………………………………（206）
　　一、海运集装箱货损事故处理 ………………………………………………………（206）
　　二、铁路集装箱运输货损事故处理 …………………………………………………（207）
　　三、公路集装箱货损事故处理 ………………………………………………………（210）
　　四、航空集装箱货损事故处理 ………………………………………………………（211）

参考文献 ……………………………………………………………………………………（216）

学习情境一
走进集装箱运输

 **教学分享**

学习目标：

该课程是物流管理类专业技术课，具有极强的理论性与实践性，是从事物流和国际货代工作的基础。本学习任务是进入集装箱运输管理学习的基础，为学习其他任务做铺垫。

在完成本学习情境的学习后，学生应当能够：

① 认识集装箱外观、结构、标记、材质、用途；
② 识别集装箱的种类；
③ 熟悉集装箱的标准化；
④ 认识集装箱运输的优点；
⑤ 利用所学知识，进行集装箱适箱货源选择；
⑥ 熟悉集装箱货物的交接场所和交接方式；
⑦ 运用所学知识，在教师指导下模拟集装箱货物的交接；
⑧ 了解集装箱运输的新技术和发展趋势。

教师在教授本学习任务时，应把握的知识重点包括：集装箱的外观认知、集装箱的种类、标准化以及集装箱运输的运用。技能重点包括：识别集装箱以及进行集装箱适箱货源的选择。

教学方式方法：

建议采用讲解、体验式教学（包括视频资料学习、参访集装箱运输企业、网络资源学习等）、独立工作、小组讨论和角色扮演等方式方法。

学习环境要求：

学习场地：① 多媒体教室；
② 典型集装箱运输企业。
学习资料：① 网络资源——典型集装箱运输企业网站及网址；

② 视频资源——Flash 动画视频资料。

教学评价：

① 阐述集装箱运输的作用（教师评价）。
② 准确判断集装箱的适箱货源（教师评价）。
③ 能根据计划，独立完成对国际集装箱海运企业信息的查询和了解（教师评价）。
④ 能根据计划，识别集装箱的种类、材质、标记以及用途（小组评价、教师评价）。
⑤ 完成本情境任务过程中具备团队合作能力和学习态度（个人自评、小组评价）。

情境导入

林欣是物流管理专业大二的学生，她以前一直觉得运输现代化的体现是以快速为标志的航空运输，但是在学习时听见老师说物流运输现代化的重要标志之一是集装箱运输，她曾经在公路上远远地看过集装箱，但是她还是觉得很困惑。

- 什么是集装箱？
- 集装箱有什么特别之处？
- 为什么集装箱运输能够体现物流运输现代化？
- 要怎么运用集装箱运输？

任务一　认识集装箱

课前思考

公路上经常看到的刷有各种标志的集装箱和集装箱运输车（图1-1）。
这种集装箱箱子上的标识是什么意思？一般装什么类型货物？一般是什么材质的？

图1-1　集装箱运输车和集装箱

一、认识集装箱外观

1. 集装箱的方位术语

85%的集装箱属于通用集装箱,均一端设门,另一端是盲端。我们来认识一下区分集装箱前后左右及纵、横方向和位置的术语。

前端(Front):没有箱门的一端。

后端(Rear):有箱门的一端。

如集装箱两端结构相同,则应避免使用前端和后端两个术语,若必须使用,应依据标记、铭牌等特征加以区别。

左侧(Left):从集装箱后端向前看,左边的一侧。

右侧(Right):从集装箱后端向前看,右边的一侧。

路缘侧(Gurbside):当集装箱底盘车在公路上沿右侧向前行驶时,靠近路缘的一侧。

公路侧(Roadside):当集装箱底盘车在公路上沿右侧向前行驶时,靠近马路中央的一侧。

纵向(Longitudinal):集装箱的前后方向。

横向(Transverse):集装箱的左右、与纵向垂直的方向。

2. 集装箱箱体主要部件

通用干货集装箱由一个框架结构、两个侧壁、一个箱顶、一个箱底和一对箱门组成,在每个箱角上都设有角件(图1-2)。

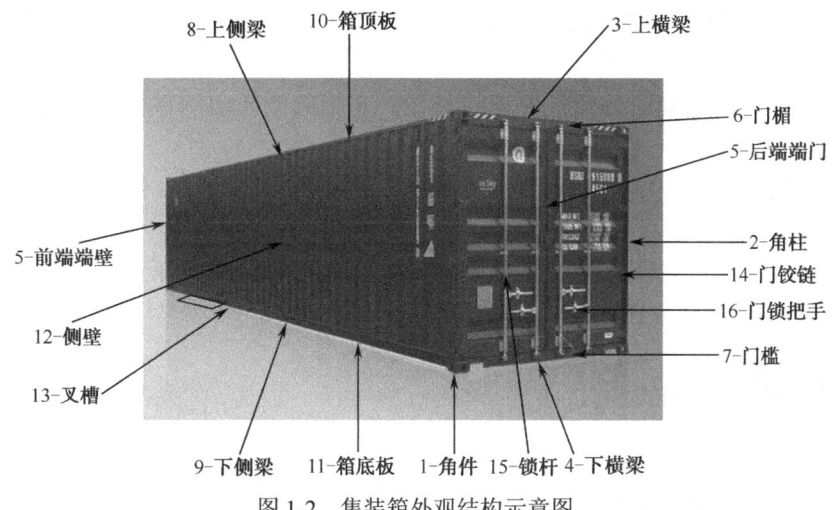

图1-2 集装箱外观结构示意图

(1)角件。位于集装箱八个角端部,用于支撑、堆码、装卸和拴固集装箱。角件孔的尺寸与集装箱装卸设备上的旋锁相匹配。集装箱上部的角件称为顶角件,下部的角件称为底角件,左右对称。

(2)角柱。位于集装箱四条垂直边,连接顶角件与底角件的立柱,是集装箱的主要承重部件。

小贴士

顶角件、角柱和底角件组成的构件，称为角结构，是承受集装箱堆码载荷的强力构件。集装箱的重量通过角结构传递。在集装箱堆码时上下层集装箱的角件应对准，不能偏码。

（3）上横梁。指箱体端部与左、右顶角件连接的横向构件。

（4）下横梁。指箱体端部与左、右底角件连接的横向构件。

（5）端门。设在箱端的门。一般通用集装箱前端设端壁，后端设箱门。

（6）门楣。指箱门上方的梁。

（7）门槛。指箱门下方的梁。

（8）上侧梁。指侧壁上部与前、后顶角件连接的纵向构件。左面的称左上侧梁，右面的称右上侧梁。

（9）下侧梁（Botton side rail）。指侧壁下部与前、后底角件连接的纵向构件。左面的称左下侧梁，右面的称右下侧梁。

（10）箱顶板（Roof sheet）。指箱体顶部的板。顶板要求用一张整板制成，不得用铆接或焊接成的板，以防铆钉松动或焊缝开裂而造成漏水。

（11）箱底板（Floor）。铺在底梁上承托载荷的板。一般由底梁和下端梁支承，是集装箱的主要承载构件。

（12）侧壁（Side wall）。与上侧梁、下侧梁和角结构相连接，形成封闭的板壁（不包括上侧梁、下侧梁和角结构在内）。在侧壁的里面一般有侧柱，以加强侧壁的强度。

（13）叉槽（Fork/Lift pockets）。横向贯穿箱底结构、供叉车的叉齿插入的槽。20 ft 型集装箱上一般设一对叉槽，必要时也可以设两对叉槽。40 ft 型集装箱上一般不设叉槽。通过叉槽一般不能叉实箱，只能叉空箱。

（14）门铰链。链接箱门与角柱以支撑箱门，使箱门能开闭的零件。其结构形式应使箱门能开启 270 度。

（15）箱门锁杆。设在箱门上垂直的轴或杆。锁杆两端有凸轮，锁杆转动后凸轮即嵌入锁杆凸轮轮座内，把箱门锁住。

（16）门锁把手。开闭箱门用的零件，其一端焊接在锁杆上，抓住门把手使锁杆旋转，从而使锁杆凸轮与锁杆凸轮柱啮合，把箱门锁住。

二、认识集装箱标记

图 1-3　集装箱标识实例图

集装箱的标记主要集中在端门和端壁上（图 1-3）。其中端门上的标记比较集中，国际标准化组织将这些标记分为"必备标记"和"自选标记"两类；每一类标记中，又分"识别标记"和"作业标记"两种。每类标记都必须按规定大小，标识在集装箱规定的位置上。两边侧壁上除了印刷箱主代号、顺序号和核对号之外，一般会印刷上集装箱公司的 LOGO（图 1-4）。

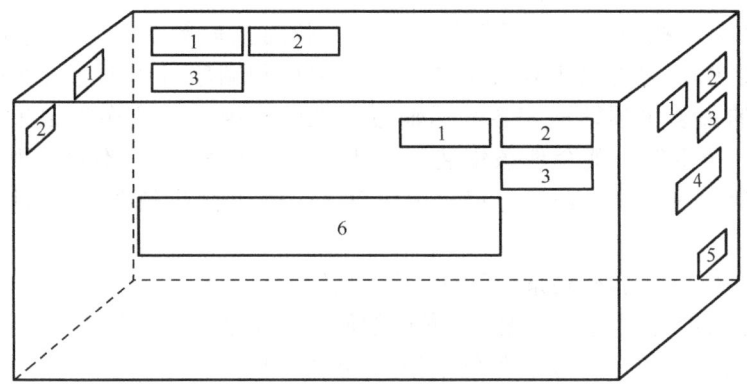

1—箱主代号；2—顺序号、核对数字；3—集装箱尺寸及类型代号；

4—集装箱总量、自重和容积；5—集装箱制造厂名及出厂日期；6—集装箱公司 LOGO

图 1-4　集装箱标记代号位置示意图

（一）必备标记

1. 识别标记

识别标记包括箱主代号、设备识别代号、顺序号和核对数字。

（1）箱主代号，即集装箱所有人代号，由箱主自定，它用三个大写拉丁字母表示。为防止箱主代号出现重复，所有箱主在使用代号之前应向国际集装箱局（BIC）登记注册。目前国际集装箱局已在 16 个国家和地区设有注册机构。我国北京设有注册机构。国际集装箱局每隔半年公布一次在册的箱主代号一览表。

（2）设备识别代号，分别为"U"、"J"和"Z"三个字母。"U"表示海运集装箱，"J"表示集装箱所配置的挂装设备，"Z"表示集装箱专用车和底盘车。

箱主代号和设备识别代号一般四个字母连续排列，如 ABCU，其箱主代号为 ABC，设备识别代号为 U（表 1-1）。

表 1-1　集装箱箱主代号举例

国家和地区	公　司　名　称	箱 主 代 号	国家和地区	公　司　名　称	箱 主 代 号
美国	海陆联运公司	SEAU	中国台湾	长荣海洋运输公司	EVEU
美国	总统轮船公司	APRU	中国	中国远洋运输公司	COSU
德国	劳埃德轮船公司	HLCU	中国	中海集装箱运输公司	CSLU
日本	大阪商船三井航运公司	MOLU	韩国	韩国海运公司	KSCU
中国香港	东方海外集装箱公司	OCLU	丹麦	马士基海运公司	MAEU

（3）顺序号，又称箱号，用 6 位阿拉伯数字表示。若有效数字不足 6 位，则在前面加"0"，补足 6 位。如有效数字为 1234，则集装箱号应为 001234。

（4）核对数字。核对数字位于箱号后，由一位阿拉伯数字表示，列于 6 位箱号之后，置于方框之中。它与箱主代号中的每一个字母和顺序号中的每一个数字都有直接关系。运营中的集装箱频繁地在各种运输方式之间转换，需要多次记录，如果偶然发生差错，记错一个字符，就会使该集装箱从此"不知下落"。为不致出现此类"丢失"集装箱及所装货物的事故，在箱号记录中设置了一个"自检测系统"，即设置一位"核对数字"。

在多次记录中，该"自检测系统"的换算步骤如下。

（1）箱主代号四个拉丁字母与箱号 6 位阿拉伯数字视为一组，共 10 个字符。

前四位拉丁字母字符一一与等效数值对应，见表1-2。

表1-2 箱主代号对应的等效数值表

字母	A	B	C	D	E	F	G	H	I	J	K	L	M
数字	10	12	13	15	16	17	18	19	20	21	22	23	24
字母	N	O	P	Q	R	S	T	U	V	W	X	Y	Z
数字	25	26	27	28	29	30	31	32	34	35	36	37	38

例如：大阪商船三井航运公司集装箱MOLU312412

前 4 位字母对应的数字 M=24，O=26，L=23，U=32，加上后面顺序号 312412，共计 10 位，对应为：24-26-23-32-3-1-2-4-1-2

（2）将每一个有效数值分别按次序乘以 20~29，最终得到总和 S。

（3）将 S 除以模数 11，再取其余数，即得核对号。若得到余数为 10，则核对号记为 0。

S=24×2⁰+26×2¹+23×2²+32×2³+3×2⁴+1×2⁵+2×2⁶+4×2⁷+1×2⁸+2×2⁹

=24×1+26×2+23×4+32×8+3×16+1×32+2×64+4×128+1×256+2×512

=24+52+92+256+48+32+128+512+256+1024

=2424

得到乘积之和 2424，除以模数 11，即 2424/11=220 余数 4，所以核对数字为 4。

 **想一想**：小林在集装箱堆场工作，有位装卸工人在记录箱号时发现一台集装箱的箱号部分最后一位数字不清楚了，他让小林安排用龙门吊将集装箱挪开看看其他面的箱号，你觉得小林应该怎么做？小林看到的箱主代号顺序号为 TGHU 390043。

2. 作业标记（全部在集装箱后端端门上标注）

（1）额定重量和自重标记。额定重量即集装箱总重（Max gross mass），集装箱的自重（Tare weight）又称空箱重量（Tare mass），以千克和磅同时表示。此外，还有箱的容积（Cube），其计量单位应以立方英尺和立方米同时表示（表1-3）。

表 1-3　集装箱重量、体积单位表示

MAX.G.W	*****KGS
	*****LBS
TARE	****KGS
	*****LBS
MAX.C.W	*****KGS
	*****LBS
CU.CAP	**CU.M
	****CU.FT.

（2）空陆水联运集装箱标记。空陆水联运集装箱指可在飞机、船舶、卡车、火车之间联运的集装箱，具有与飞机机舱内拴固系统相配合的栓固装置，箱底可用滚装装卸系统进行装运，为了适用于空运，这种集装箱自重较轻，结构较弱。由于该集装箱的强度仅允许堆码两层，为此，国际标准化组织对该集装箱规定了特殊的标志，该标记为黑色，位于侧壁和端壁的左上角（图 1-5）。

（3）登箱顶触电警告标记。该标记为黄色底黑色三角形，一般设在罐式集装箱上位于登箱顶的扶梯处，以警告登梯者有触电危险（图 1-6）。

图 1-5　空陆水联运集装箱标记　　　　图 1-6　登箱顶触电警告标记

（4）超高标记。ISO 规定凡高度超过 2.6 米集装箱必须标出"超高标记"。该标记为在黄色底上标出黑色数字，四周为黑色边框，主要贴在集装箱侧壁主要标记的下方（图 1-7）。

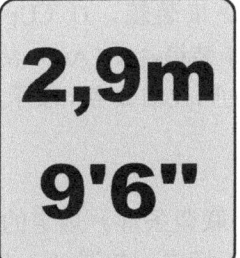
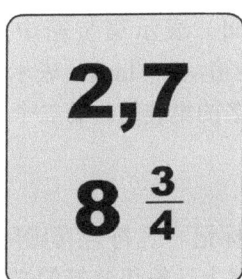

图 1-7　超高标记

(二)自选标记

想一想： 22G1 表示什么？

1. 识别标记

识别标记主要由"尺寸代号"与"类型代号"组成。

(1)尺寸代号。尺寸代号以两个字符表示。第一个字符表示箱长,第二个字符表示箱宽与箱高(表1-4)。

表1-4 集装箱尺寸代号含义

	箱长代号	箱长	
第一字符	1	10ft	2991mm
	2	20ft	6058mm
	3	30ft	9125mm
	4	40ft	12192mm
	5-9	未定号	
	A-P	特殊箱长	
	箱宽与箱高代号	箱宽与箱高	
第二字符	0	8 ft	2438mm
	2	8 ft6in	2591mm
	4	9ft	2743mm
	5	9ft6in	2896mm
	6	>9ft6in	>2896mm
	8	4ft3in	1296mm
	9	<4ft	<1219mm

(2)类型代号。类型代号可反映集装箱的用途和特征。类型代号用两个字符表示。其中第一个字符为拉丁字母,表示集装箱的类型。如:G(General)表示通用集装箱,V(Ventilated)表示通风集装箱,B(Bulk)表示散货集装箱,R(Reefer)表示保温集装箱中的冷藏集装箱,H(Heated)表示集装箱中的隔热集装箱,U(Up)表示敞顶集装箱,P(Platform)表示平台集装箱,T(Tank)表示罐式集装箱,A(Air)表示空陆水联运集装箱,S(Sample)表示以货物命名的集装箱。第二个字符为阿拉伯数字,表示某类型集装箱的特征。

2. 作业标记

(1)国际铁路联盟标记。凡符合《国际铁路联盟条理》规定的集装箱,可以获得此标记。该标志是在欧洲铁路上运输集装箱的必要通行标志。如图1-8所示,标记中"i"、"c"表示国际铁路联盟,下部的两位阿拉伯数字为各铁路公司的代号,如"33"是中华人民共和国铁路的代号。

（2）通行标记。

① 海关批准牌照。这个标记是为了监督、检查集装箱的构造和制造质量，保证集装箱内不易秘密藏匿货物，确保货物运输安全和交接方便。

② CSC 安全合格牌。

这个标记是 1972 年联合国和政府间海事协商组织为了高度维护集装箱在装卸、堆存、运输时的人身安全通过的《国际集装箱安全公约》，简称《CSC 公约》。在我国，此公约由交通部归口，并由交通部船检局具体负责。

图 1-8　国际铁路联盟集装箱标志

在我国生产的集装箱经交通部船检局检验合格后，将《中华人民共和国海关批准牌照》和《CSC 安全合格牌》铆钉在箱体上（图 1-9）。

图 1-9　海关批准牌照和 CSC 安全合格牌

③ 检验合格徽。

集装箱上的安全合格牌照主要是确保集装箱不对人的生命安全造成威胁。此外，集装箱还必须确保在运输过程中不对运输工具（如船舶、火车、拖车等）的安全造成威胁。所以，国际标准化组织要求各检验机关必须对集装箱进行相应试验，并在试验合格后，在集装箱门上贴上代表该检验机关的合格徽（图 1-10）。

图 1-10　法国船级社合格徽

上述通行标记在集装箱进行国际间运输时是必需的。不带这些"通行标记"的集装箱，会在卸船后被扣押在码头上，必须经过相关检验，认为符合有关规定后才会被放行。

三、认识集装箱材质

集装箱的制作材料主要有钢铁、铝合金、不锈钢、玻璃钢四种。

1. 钢制集装箱

钢制集装箱结构部件均采用钢材。这种集装箱最大的优点是强度大，结构牢，焊接性高，水密性好，价格低廉；缺点是重量大、防腐性差，一般每年需要进行两次除锈喷漆，使用年限较短，一般为11～12年。

2. 铝合金集装箱

主要部件使用各种轻铝合金，一般都用铝镁合金。这种集装箱最大的优点是重量轻（比钢制集装箱轻20%～25%，故同一尺寸的铝合金集装箱可以比钢制集装箱装更多的货物），外表美观，防腐蚀，弹性好，加工方便以及加工费、修理费低，使用年限长（一般为15～16年）；缺点是造价高（一般比钢制集装箱贵30%），焊接性能差。

3. 不锈钢集装箱

多用不锈钢制作罐式集装箱。优点是强度高，外表美观，耐腐蚀性好，在整个使用期内无须进行维修保养，使用率高。缺点是造价高（一般比钢制集装箱贵40%），材料少，大量制造有困难。

4. 玻璃钢制集装箱

它是用玻璃纤维和合成树脂混合在一起制成的薄薄的加强塑料，黏合剂贴在胶合板的表面上形成玻璃钢板而制成的集装箱，玻璃钢板整块制造，防水性好，容易清洗。它最大的优点是强度大，刚性好，内容积大，隔热、防腐、耐化学性好，易清扫，修理简便；缺点是重量大，造价高（一般比钢制集装箱贵44%～50%），易老化，拧螺栓处强度降低。

中国国际海运集装箱（集团）股份有限公司（简称中集集团）是全球唯一能够提供全系列集装箱产品的供应商，产品遍及北美、欧洲、亚洲等全球主要的物流系统（图1-11）。

图1-11 中国国际海运集装箱

 猜一猜：SGIL 表示什么？

四、认识集装箱用途

其用途见表1-5。

表1-5 各种集装箱用途

序号	外形	用途	集装箱名称
1		无须控制温度的件杂货,不受温度变化影响的各类固体散货、颗粒状或粉末状货物都可以由这种集装箱装运。	干货集装箱
2		专门用以装载冷冻、保温、保鲜货物的集装箱	冷藏集装箱
3		能保持一定的低温,保证箱内物品在低温下保质、保鲜而不使其冻结,保温时间为72小时左右	隔热集装箱
4		适用于装运水果、蔬菜等,当船舶驶经温差较大的地域,箱内温度变化容易造成"结露"和"汗湿"而使货物变质。通风集装箱适合装载球根类作物、食品及其他不需要冷冻而具有呼吸功能以及容易"汗湿"变质的货物	通风集装箱
5		适于装载大型货物和重物,如钢铁、木材以及玻璃板等易碎的重货,利用吊车从顶部吊入箱内不易损坏,而且便于在箱内固定	开顶集装箱
6		适合装载长大件和重货件,如重型机械、钢材、钢管、木材等	台架式集装箱

续表

序号	外 形	用 途	集装箱名称
7		适合装载长大件和重货件，如重型机械、钢材、钢管、木材等	平台集装箱
8		用于装运麦芽、谷物和粒状化学品等	散货集装箱
9		用以装运油类、酒类、液体食品及液态化学品的集装箱	罐式集装箱
10		用于装载汽车，有单层和双层两种	汽车集装箱
11		装运鸡、鸭、鹅等活家禽和牛、马、羊、猪等活家畜用的集装箱。动物集装箱在船上必须装在甲板上，而且不允许多层堆装	动物集装箱
12		用于悬挂服装。服装装载无须包装，节约了大量的包装材料和费用	服装集装箱

小结—集装箱的定义

1968年，国际标准化组织（ISO）第104技术委员会起草的国际标准（ISO/R830—1968）《集装箱术语》中，对集装箱已下了定义。该标准后来又做了多次修改。国际标准 ISO—830—1981《集装箱名词术语》中，对集装箱定义如下。

集装箱是一种运输设备：

（1）具有足够的强度，可长期反复使用；
（2）适于一种或多种运输方式的运送，途中转运时箱内货物不用换装；
（3）具有快速装卸和搬运的装置，特别便于从一种运输方式转移到另一种运输方式；
（4）便于货物装满和卸空；
（5）具有 $1m^3$ 及 $1m^3$ 以上的容积。

集装箱这一术语，不包括车辆和一般包装。

在我国国家标准 GB 1992—85《集装箱名词术语》)中，全面引用了国际标准化组织的定义。

知识拓展

集装箱产生于英国，而发展于美国。它适用于海洋运输、铁路运输、公路运输、内河运输以及国际多式联运。

◆ 1801年，英国人安德森（James Anderson）博士首先提出了集装箱运输的设想。
◆ 1845年在英国铁路上开始出现了酷似现代集装箱的载货车厢——集装箱雏形。
◆ 1880年，美国正式试制了第一艘内河用的集装箱船。
◆ 1917年美国铁路上试行集装箱运输。
◆ 随后的十余年间，德、法、日、意相继出现了集装箱运输。1933年在巴黎成立国际集装箱协会，负责制定统一的集装箱标准。
◆ 1955年，美国人马克林（Malcom Mclean）首先提出集装箱运输必须实现海陆联运的观点。
◆ 1956年4月26日美国泛大西洋船公司（Pan-Atlantic Steamship Co.）使用经改装的T-2型油船"马科斯顿"号装载58个大型集装箱，试运行纽约至休斯顿航线。首次运输便取得了巨大成功。每吨货物的装卸成本从5.53美元降低到了0.15美元。
◆ 1957年10月，该公司将6艘C-2型件杂货船改装成了带有箱格的全集装箱船，标志着海上集装箱运输方式正式开始。

从此，海上集装箱运输成为了国际贸易中通用的运输方式。

任务二　认识标准集装箱

集装箱最大的特别之处在于其产品的标准化以及由此建立的一整套运输体系。能够让一个载重几十吨的庞然大物实现标准化，并且以此为基础逐步实现全球范围内的船舶、港口、航线、公路、中转站、桥梁、隧道、多式联运相配套的物流系统，这的确堪称人类有史以来创造的伟大奇迹之一（图1-12）。

图1-12　集装箱堆场

小林在集装箱堆场与一位工人聊天，工人说起2013年厦门港集装箱吞吐量突破800万标箱。什么是"标箱"呢？堆场堆放的集装箱只有一种标准吗？

不同标准的集装箱与标箱之间有什么关系呢？

集装箱标准按使用范围分，有国际标准、国家标准、地区标准和公司标准四种。其中，以国际标准为基准。

一、国际标准集装箱

国际标准集装箱是根据国际标准化组织（ISO）第104技术委员会制定的国际标准来建造和使用的国际通用的标准集装箱。集装箱标准化历经了一个发展过程。国际标准化组织ISO/TC104技术委员会自1961年成立以来，对集装箱国际标准做过多次补充、增减和修改，现行的国际标准为第1系列的四种箱型共13种规格，即A型、B型、C型、D型（表1-6）。其宽度均一样（2 438mm），长度有四种（12 192mm、9 125mm、6 058mm、2 991mm），高度有四种（2 896mm、2 591mm、2 438mm、<2 438mm）。

表1-6　ISO第一系列集装箱规格标准

规　格	箱　型	长度 L	宽度 W	高度 H	最大总重量/kg
40ft箱	IAAA	12 192mm（40ft）	2 438mm（8ft）	2 896m（9ft6in）	30 480
	IAA			2 591m（8ft6in）	
	IA			2 438mm（8ft）	
	IAX			<2 438mm（8ft）	
30ft箱	IBBB	9 125mm（29ft11.25in）	2 438mm（8ft）	2 896m（9ft6in）	25 400
	IBB			2 591m（8ft6in）	
	IB			2 438mm（8ft）	
	IBX			<2 438mm（8ft）	

续表

规 格	箱 型	长度 L	宽度 W	高度 H	最大总重量/kg
20ft 箱	ICC	6 058mm （19ft10.5in）	2 438mm （8ft）	2 591m（8ft6in）	24 000
	IC			2 438mm（8ft）	
	ICX			＜2 438mm（8ft）	
10ft 箱	ID	2 991mm （9ft9.75in）	2 438mm （8ft）	2 438mm（8ft）	10 160
	IDX			＜2 438mm（8ft）	

**想一想：**

认识了集装箱的标准尺寸，林欣觉得很困惑：

为什么国际标准集装箱四种箱型宽度都是相同的呢？

同箱型集装箱尽管高度不同，内容积不同，但最大总重为什么都要一样呢？

你知道吗？

目前，在国际海上集装箱运输中采用最多的是 IAA 型（即 40ft）和 IC 型（即 20ft）两种，其他规格的集装箱用得不多。IAA 型集装箱即 40ft 干货集装箱，箱内容量可达 67.96m^3，一般自重为 3800 kg，载重量为 26.68t，总载重量为 30.48t。IC 型即 20ft 集装箱内容量为 33.2m^3，自重一般为 2317kg，载重量为 17.9t，总载重量为 24t。

为了便于计算集装箱的数量，可以将 20ft 的集装箱作为换算标准箱（TEU）。即 20ft 集装箱=1TEU 国际标准集装箱。国际标准集装箱第 1 系列长度之间的关系如图 1-13 所示。

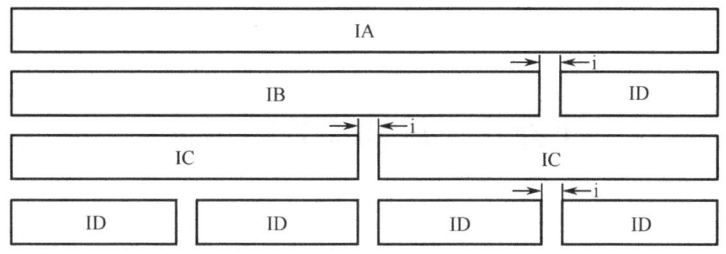

图 1-13 国际标准集装箱长度关系图

IA 型：40ft（12 192mm）。

IB 型：30ft（9 125mm）。

IC 型：20ft（6 058mm）。

ID 型：10ft（2 991mm）。

i=3in（76mm）

各种集装箱箱型之间的尺寸关系：

IA= IB+ID+ i=9125 mm +2991 mm +76 mm =12192 mm

IB=3ID+2 i=3×2991 mm +2×76 mm =8973 mm +152 mm =9125 mm

IC=2ID+2i=2×2991 mm +76 mm =6058 mm

上述 A、B、C、D 四类集装箱中，以 A 类和 C 类（长度为 40ft 和 20ft）集装箱最为通用，其总数量也最多。从统计的角度：

20ft 集装箱=1TEU
40ft 集装箱=2TEU
30ft 集装箱=1.5TEU
10ft 集装箱=0.5TEU

二、国家标准集装箱

各国政府参照国际标准并考虑本国的具体情况，从而制定本国的集装箱标准。

三、地区标准集装箱

此类集装箱标准，是由地区组织根据该地区的特殊情况制定的，此类集装箱仅适用于该地区。如根据欧洲国际铁路联盟（VIC）所制定的集装箱标准而建造的集装箱。

四、公司标准集装箱

某些大型集装箱船公司，根据本公司的具体情况和条件制定的集装箱船公司标准，这类箱主要在该公司运输范围内使用。如美国海陆公司的 35ft 集装箱。此外，目前世界还有不少非标准集装箱。如非标准长度集装箱有美国海陆公司的 35ft 集装箱、总统轮船公司的 45ft 及 48ft 集装箱；非标准高度集装箱，主要有 9ft 和 9.5ft 两种高度集装箱；非标准宽度集装箱有 8.2ft 宽度集装箱等。

任务三 认知集装箱运输

项目	箱子尺寸	数量	单次搬运个数	搬运次数
单件搬运	600mm×400mm	60 箱	1 个	60 次
托盘搬运	1200 mm×1000 mm（限堆码三层）	600mm×400mm	60 箱		
集装板	6058 mm×2438 mm	600mm×400mm	60 箱		

想一想：采用托盘搬运和集装板搬运每次能够搬运几个？需要搬运几次？

一、早期件杂货运输方式

在集装箱运输之前，件杂货的运输方式通常有两种。

1. 用袋、箱、盒、箩、桶、捆等方式进行运输

该方式如图 1-14 所示。

图 1-14　包装袋、包装箱、包装桶

2. 用托盘将原始包装的货物成组后进行运输（图 1-15）

图 1-15　托盘组托

第一种运输方式存在明显的缺点：

（1）货物搬运、倒载次数多，劳动强度大。货物从运输的起始点到终点，往往经过多个接运点，经过多种运输方式的转换（如从卡车转为火车、火车转为船舶、船舶再转为卡车等）。每次转换，每件货物都要经过一次装卸搬运，常规的袋装货单件约为 20～50kg，桶装、箱装货约为 50～100kg，无法使用机械，在车、船等中只能使用人力，劳动强度非常大。

（2）货物多次搬运，货损、货差大，理货工作量繁重。由于多数为单件人力搬运、装卸，所以货物搬运次数越多，形成货损、货差的可能性越大。为防止货损，只能加强货物包装的强度，造成包装费用上升。同时，为了分清各个承运人的责任，在运输过程的每个转运点转换运输方式时，都必须清点货物，办理交接，进行理货，办理各种文件交接的工作量巨大，这些都直接导致物流成本上升。

（3）货物装卸时间长。以装卸普通的 40kg 的袋装货为例，装卸一个 20ft 集装箱（假定装载 20t 货物），只要一个桥吊司机 2～3min 的时间；而使用人力，则大约需要 18 个工人，至少作业半小时。

改为用托盘成组进行搬运后，虽然可以使用叉车进行搬运，劳动强度下降，劳动生产率有所上升，装卸时间有所减少，但托盘保护货物的能力较弱，货物仍然容易破损；在多次倒装过程中，成组货物容易散开。这些都无法改变货损、货差严重和理货工作量大的缺陷，而且托盘集成的单元不足，有堆码高度的限制。

如何解决？用大箱子！

很早以前人们就发现用一个大的箱子将货物装在一起后，就可以很轻松地将货物移走，并且省去了很多重复装卸的时间，在货物到达目的地后利用有效的器械可以将大箱子从运载工具上面卸下来，省时又省力。而且大箱子还能保护内在物品免受外力的破坏。

——早期的集装箱雏形

二、集装箱运输方式

"集装箱运输"就是把货物装在集装箱内进行运送的运输方式。它是运输现代化的重要标志。这种运输方式具有突出的优越性。

（1）扩大成组单元，提高装卸效率，降低劳动强度。在装卸作业中，装卸成组单元越大，装卸效率越高。托盘成组化与单件货物相比，装卸单元扩大了 20～40 倍；而集装箱与托盘成组化相比，装卸单元又扩大了 15～30 倍。所以集装箱化对装卸效率的提高是个不争的事实。

（2）减少货损、货差，提高货物运输的安全与质量水平。货物装入集装箱后，在整个运输过程中不再倒载。由于减少了装卸搬运的次数，就大大减少了货损、货差，提高了货物的安全和质量。据我国的统计，用火车装运玻璃器皿，一般破损率在 30%左右，而改用集装箱运输后，破损率下降到 5%以下。在美国，类似运输破损率不到 0.01%，日本也小于 0.03%。

（3）缩短货物在途时间，降低物流成本。集装箱化给港口和场站的货物装卸、堆码的全机械化和自动化创造了条件。标准化的货物单元加大，提高了装卸效率，缩短了车船在港口和场站停留的时间。据航运部门统计，一般普通货船在港停留时间约占整个营运时间的 56%；而采用集装箱运输，则在港时间可缩短到仅占营运时间的 22%。这一时间的缩短，对货主而言就意味着资金占用的大幅下降，可以很大程度地降低物流成本。

（4）节省货物运输包装费用，简化理货工作。集装箱是坚固的金属（或非金属）箱子。集装箱化后，货物自身的包装强度可减弱，包装费用下降。据统计，用集装箱方式运输电视机，本身的包装费用可节约 50%。同时，由于集装箱装箱通关后，一次性铅封，在到达目的地前不再开启也简化了理货工作，降低了相关费用。

（5）减少货物运输费用。集装箱可节省船舶运费；节省运输环节的货物装卸费用；由于货物安全性提高，运输中保险费用也相应下降。据英国有关方面统计，该国在大西洋航线上开展集装箱运输后，运输成本仅为普通件杂货运输的九分之一。

烟台至潍坊集装箱航线开通运输成本降低

2012 年 20 日上午 10 时 18 分，潍坊港第一条集装箱航线的班轮"冠全 6"号由烟台港开往潍坊港，船上装有中海集装箱运输公司的 70 个标准箱。潍坊市港航局人员告诉记者，至此，经过市港航局、森达美港有限公司近一年运筹谋划的潍坊港集装箱业务正式开通，潍坊港在黄河三角洲港口群中首先运行集装箱业务,实现集装箱运输"零突破"，向着现代港口目标迈出了关键一步。

目前潍坊港主要的运输货物有纯碱、融雪剂、成品纸等。以前，为减少货物损耗，不少腹地企业对小批量货物，先用汽车将货物运到青岛、烟台、龙口等有集装箱业务的港口，然后再运到目的地。物流成本高，且增加了运输过程中的风险系数；对大批量货物，采用公路运输成本太高，多数是用散货运输，租一条散货船将货物运送到目的地。这种方式也存在弊端，不仅无法实现货物的门到门服务，还会增加货物的损耗率。

潍坊市港航局局长刘庆祥表示，集装箱运输是现代运输方式的发展方向和现代港口的一项标志性业务。

课后阅读（二）

国际市场趋向集装箱运输白糖　成本降低优点多

近年来国际食糖市场发运正逐步转向集装箱运输，因与传统的散货运输方式相比，集装箱运输的优点突出，费用更低且灵活快捷，目前国际食糖市场愈发青睐集装箱运输白糖，而非传统的散货运输。一名国际糖市的交易商称，首先集装箱运输使食糖抵港时的状况更佳，因其减少了人与食糖的接触，并且能准确地制定吨位，另一方面集装箱的密封性较强，可防盗防污染。

任务四　集装箱运输的应用

集装箱运输货物的对象类型包括散货、液体货、件杂货等，待运货物的价值也高低不一，并不是所有的货物都适合集装箱运输。我们要应用集装箱运输，要首先判断哪些货物适合集装箱运输，哪些货物不适合集装箱运输。

课前思考

下列货物适合集装箱运输吗？如果你是业务员，你会为下列货物中适合集装箱运输的货物选择什么类型的集装箱？

新鲜蔬菜 20 吨，袋装大米 800 袋，冻肉 30 吨，高档服装 800 套，大型桥梁部件重 50 吨，汽车 100 辆，可回收垃圾 20 吨。

一、货物类别

在需要运输的货物中，从技术角度看不能用集装箱运输的很少，但从经济角度考虑有些货物就不适合用集装箱运输，如大件货物和廉价的运输货物。对集装箱货物进行科学分类，有利于各种运输能力得到有效、合理的使用，便于集装箱运输的组织。

采用集装箱运输的货物分类方法有多种，通常是按货物性质、装运形式或货运形式进行分类。

1. 按货物性质分为散货、件装货物和特殊货物

（1）散货，是无包装的颗粒或粉末状的货物，本身容易发黏、发热、受潮的货物，容易渗出颗粒、飞扬粉末、散落四周的货物，如水泥、盐、谷物、煤炭、矿石、黏土、玉米、大米等。

（2）件装货物，是一般本身已做好包装，容易进行数量清点，须采用与该包装相适应的装载方法的货物。

① 箱装货。用不同材料如纸张、金属、木材的箱子作为包装形式的货物，包装尺寸各异，包括办公用品、工艺品、日用品、玩具等。

② 捆扎货。需要捆扎的货物，一般属于轻泡货物，密度较小，包括棉花、被子、纸张等。

③ 桶装货或筒状货。横截面为圆形，一般需要垂直摆放的货物，包括酒桶、塑料薄膜、卷钢、电缆、塑料桶等。

④ 托盘货物。货物装载托盘上，整托用塑料薄膜封装，以托盘为单位进行运输的货物。

⑤ 裸装货物。如轮胎。

（3）特殊货物，指根据货物性质需要特殊积载和保管，运输时需要用特殊集装箱装载的货物。

① 污染货物是指货物本身的性质和状态容易会对其他货物造成严重湿损、污损或带味的货物，如沥青、油脂、咸鱼、樟脑、胡椒等。

② 易腐货物：指容易腐烂变质，需要在指定的温度条件下进行运输的货物，如水果、海鲜、蔬菜、奶油、肉类制品等。

③ 活动（植）物：指运输途中需要提供特殊照顾维持生命活动的活货物，如牛羊、蜜蜂、花卉、树苗等。

④ 液体、气体货物：指须装在罐、瓶等容器内进行运输的液体或气体货物，如酒类、食用油、胶乳、氧气、液化气等。

⑤ 大件货物：包括尺寸超大和单件笨重的货物，须用起重设备进行装卸，如重型机械设备、动力电缆等。

⑥ 贵重货物：指单件价格比较昂贵的货物，如精密仪器、家用电器、手工艺品、珠宝等。

⑦ 危险货物：指易燃、易爆、毒害、腐蚀和有放射性危害而需要安全防护的货物，如炸药、农药、氧化剂等。

2. 按货物是否适合装箱分

（1）最适合装箱货物：是指尺寸、容积、重量都适合装箱，货价一般都比较高，运费也较高的商品，因此承受运价的能力也很大，装箱效率也高。这类货物包括医药品、酒、家用电器、照相机、手表以及纺织品等。

（2）适合装箱货物：这类货物与最适合于集装箱运输的货物相比，其价格和承受运价的能力相对要低一些。这类货物包括电线、零部件、电池等。

（3）边缘装箱货物：是指可用集装箱来装载，但其货价和运价都很低，用集装箱来运输不经济的货物。而且该类货物的大小、重量、包装也难于集装箱化，如钢锭、生铁、原木、小型构件等。

（4）不适合装箱货物：是指根据货物属性，一般不能用集装箱运输的货物，如废钢铁、大型构件、机械设备、大型卡车等。

3. 按货运形式分

（1）整箱货（FCL）：是指发货人一次托运的货物可以装满一个或多个集装箱。一般由发货人自行装箱，负责填写装箱单、场站收据，由海关加铅封。整箱货习惯上理解为"一个发货人、一个收货人"。

（2）拼箱货（LCL）：是指发货人一次托运的货物数量较少，不能装满一个集装箱，需要与其他发货人的货物拼装于一个集装箱内进行运输。一般由集装箱货运站负责装箱拆箱，负责填写装箱单，并由海关加铅封。拼箱货习惯上理解为"多个发货人、多个收货人"。

> **知识链接**
>
> **国内水路集装箱货物运输规则（节选）**
>
> 第五条　一般货物集装箱禁止装运下列货物：
> （1）易损坏箱体或腐蚀箱体，无适当包装的货物；
> （2）鲜活易腐货物，但在特定季节和区域内承运人和托运人另有协议的除外；
> （3）国家禁止运输的货物。
> 第六条　下列品类的货物应采用集装箱运输：
> 交电、仪器、小型机械、玻璃陶瓷制品、工艺品、家用电器、家具、印刷品及纸张、医药、烟酒、食品、日用品、化工品、针纺织品、小五金及其他适箱货物。

二、集装箱货物的交接

1. 交接地点

（1）发货人或收货人的工厂或仓库（Door）

在发货人或收货人的工厂或仓库交接的货物都采用整箱交接的方式。一般意味着发货人或收货人自行负责装箱或拆箱。

（2）集装箱码头堆场（CY）

在集装箱码头堆场交接的货物都采用整箱交接的方式。在发货港集装箱码头堆场交接意味着发货人自行负责装箱及集装箱到发货港集装箱码头堆场的运输。在卸货港集装箱码头堆场交接意味着收货人自行负责集装箱货物到最终目的地的运输和拆箱。

（3）集装箱货运站（CFS）

在集装箱货运站交接的货物都采用拼箱交接的方式。在起运地集装箱货运站交接意味着发货人自行负责将货物送到集装箱货运站。在到达地集装箱货运站交接意味着收货人自己到集装箱货运站提取货物，并自行负责提货后的事宜。

2. 集装箱货物的流转

（1）整箱货流转

整箱货的流转过程（见图 1-16）：货物直接在发货人处（如发货人的仓库）装箱、验关（出口），并在集装箱上铅封后，经过各种运输方式，直接送达目的地的收货人处，再行开箱、验关（进口）。承运人对整箱货以箱为交接单位，只要集装箱外表与从发货人处收箱时相似和铅封完整，承运人就完成了承运责任。

整箱货流的特点：货物批量大，全部货物均属于一个货主，到达地一致。货物从发货人处装箱后一直到收货人拆箱为止，一票到底。

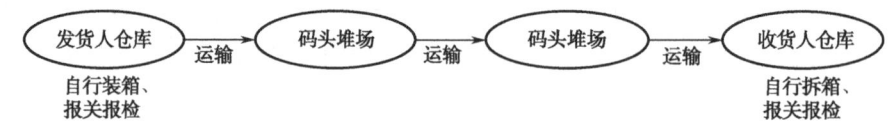

图 1-16 整箱货流转过程

（2）拼箱货流转

拼箱货通常是把不足一箱的货物从货主处装运到集装箱货运站进行拼箱，拼箱后，将集装箱运送到码头堆场交由集装箱船装船运输。船舶到达目的港后，卸下集装箱交给码头堆场，随后运送到货运站拆箱，再用卡车把货物运送给实际收货人（见图 1-17）。装拆箱费用一般计入运费。

拼箱货流的特点：货物批量小，而且货物来自不同起运地，待货物集中后，把不同票而到达同一目的地的货物拼装在同一个集装箱内，再通过各种运输方式把货物运送给收货人。

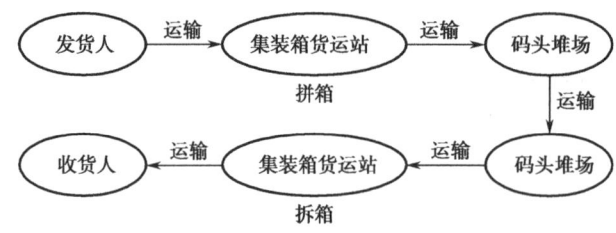

图 1-17 拼箱货流转过程

 **操作实训**

1．访问中国国际海运集装箱（集团）股份有限公司（简称中集集团）网站，了解中集集装箱的服务、适用行业、适用区域以及最新动态，分享网络信息资源并填写表 1-7。

表 1-7　中国国际海运集装箱（集团）股份有限公司

中国国际海运集装箱（集团）股份有限公司	
服务	
适用行业	
适用区域	
最新动态	
类似企业	

2．识别集装箱类别、材质、标记、用途并拍摄照片

将学生按 8～10 人分成若干小组，以小组为单位，记录所见到的各种集装箱，并识别集装箱类别、材质、标记、用途并拍摄照片及撰写调研报告，使学生对所学的集装箱定义与特性有进一步的认识。

3．厦门外轮理货有限公司集装箱智能理货操作系统于 2015 年 1 月正式投用。该系统用计算机系统替代"人眼"，自动识别与核销集装箱箱号、箱损、拖车号、船舶舱位图等海量信息，大幅提高港口服务效率、降低差错与操作成本，属全国首创，在世界范围内也处于领先地位。请通过网络、杂志、书籍调研查询其他智能集装箱系统的应用情况。

4．2014 年 12 月学习物流专业的小王进入货代公司从事集装箱运输业务，他要帮助客户为下列货物选择适合类型的集装箱（表 1-8）。

表 1-8　集装箱种类选择

货物类型	集装箱种类
新鲜大白菜 25 吨	
电冰箱 100 台	
小汽车 50 辆	
钢材 30 吨	
散装黄豆 20 吨	

5．自测题

（1）专门用于装载冷冻、温度、保鲜货物的集装箱称为_____。

A．通用集装箱　　　B．罐式集装箱　　　C．冷藏集装箱　　　D．平台集装箱

（2）用以装载豆类、颗粒、谷物、硼砂等各种颗粒状货物的集装箱称为_____。

A．通用集装箱　　　B．罐式集装箱　　　C．散货集装箱　　　D．平台集装箱

（3）位于集装箱四条垂直边，起连接顶部件和底部件的支柱作用的是_____。

A．角件　　　　　　B．顶角件　　　　　C．角柱　　　　　　D．门铰链

（4）贯穿于箱底结构，供叉举集装箱用的槽叫_____。

A．凸槽　　　　　　B．凹槽　　　　　　C．叉槽　　　　　　D．壁槽

（5）20ft 的集装箱和 40ft 的集装箱各自最大的总重为_____。

A．2317kg，3800kg　　　　　　　　　　B．17.9t，26.68t

C．33.2m^3，67.96m^3　　　　　　　　　D．24000kg，30480kg

（6）集装箱的长、宽、高的外部尺寸分别是：40英尺、8英尺、8.6英尺，这种集装箱的规格是_____。

A．IA B．IAA C．IC D．ICC

（7）某集装箱的箱主代码和顺序号为COSU001234。箱主号字母与数字的转换为C=13，O=26，S=230，U=32，则其核对号应该是_____。

A．1 B．2 C．3 D．4

（8）以整箱货与拼箱货（FCL—LCL）方式交接的运输条款是_____。

A．CY—CY B．DOOR—CY C．DOOR—CFS D．CFS—DOOR

学习情境二
海运集装箱运输的体验（一）

 **教学分享**

学习目标：

海运集装箱运输是各种运输方式中组织程序最复杂、载运量最大、参与方最多的，是本课程学习的核心。本任务涉及发货人角色的操作要点和船公司角色的操作要点。在完成本学习任务后，学生应当能够：

① 阐述海运集装箱运输出口业务的整体流程；
② 具备订舱能力，并运用所学知识，根据货物计算用箱量和了解装箱方法；
③ 运用所学知识，熟悉各种集装箱运输的揽货方法；
④ 熟悉各种集装箱船舶和国际集装箱运输航线；
⑤ 运用所学知识，在教师指导下进行集装箱运输航线设计以及班期表编排；
⑥ 利用所学知识，计算航线中集装箱配备量；
⑦ 熟悉班轮公司集装箱置箱策略、租赁业务、调运业务、堆存业务；
⑧ 熟悉集装箱船舶预配图、实配图、最终积载图的编制与审核。

教师在教授本学习情境时，应把握的知识重点包括：集装箱选箱的要素，集装箱各类货物的装载要求，揽货员揽货的渠道和方法，各种集装箱船种类和特点，集装箱租赁业务以及租赁合同的签订，集装箱预配图、实配图、最终积载图。技能重点包括：确定集装箱用箱量，揽货员开发客户群的方法，集装箱船舶航线规划，编制集装箱船船期表，确定航线集装箱配备量，负责集装箱调运和堆存业务，编制集装箱预配图、实配图、最终积载图。

教学方式方法：

建议采用讲解、体验式教学（包括音像视频资料学习、网络资源学习等）、小组工作、角色扮演和计算启发等方式方法。

学习环境要求：

学习场地：① 多媒体教室；
② 一体化实训室。

学习资料：① 网络资源——典型集装箱运输企业网站及网址；
② 视频资源——集装箱班轮公司、货代公司、码头等现场音像资料。

学习评价：

① 阐述海运集装箱运输出口业务的整体流程（教师评价）。
② 根据不同货物计算集装箱用箱量（教师评价）。
③ 根据具体海运出口业务，进行集装箱运输航线设计（小组评价、教师评价）。
④ 能根据计划，计算所涉及航线中集装箱的配备量及租箱量（小组评价、教师评价）。
⑤ 能根据计划，完成集装箱预配图、实配图、最终积载图的编制（小组评价、教师评价）。
⑥ 完成本情境任务过程中的团队合作能力和学习态度（个人自评、小组评价）。

情境导入

林欣认识了集装箱之后，开始体验集装箱各种运输方式。先从海运集装箱运输开始。海运集装箱运输是各种运输方式中组织程序最复杂，载运量最大，参与方最多的一种。
- 发货人角色体验。
- 船公司角色体验。

任务一　发货人角色体验

课前思考

厦门聚达进出口贸易有限公司主要以进出口各种电器为主要业务。林欣在网上投递了简历，正在面试中。正好有一批纸箱包装的洗衣机，共 800 箱，单箱体积 0.64 立方米，单箱重量 70kg。需要从厦门港出口到日本东京港。聚达公司的经理问林欣这批货能不能用集装箱运输出口，需要几个 20 英尺集装箱（表 2-1）？

表 2-1　20ft 杂货箱的载重和容积数据

集装箱种类	最大载货重量/kg	集装箱容积/m³	箱容利用率为 100%时的容重/（kg/m³）
20ft 杂货集装箱	21790	33.2	656.3

林欣顺利地通过了面试，聚达进出口贸易有限公司进出口的电器主要以集装箱海运为主。在聚达公司实习的这段期间，林欣发现集装箱运输下的出口货运业务与普通船运输下应办理的事项没有什么特别大的区别（图 2-1）。但是也有集装箱运输所要求的特殊事项。

学习情境二 海运集装箱运输的体验(一)

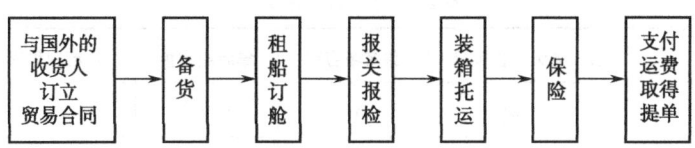

图 2-1 集装箱运输下出口货运流程

一、选箱

选择集装箱需要考虑的因素如下。

1. 货物的包装

货物采用不同的包装方式、包装方法、包装材质对集装箱的要求是不同的。袋装货物、箱装货物、散装货物、裸装货物在集装箱运输时,选择的集装箱类型不同。

2. 货物的种类与性质

不同的货物具有不同的属性,例如电器需要小心轻放、怕潮,须选择密闭的集装箱,水果蔬菜对温湿度较敏感,可选择冷藏集装箱或通风集装箱,茶叶、木耳、面粉容易串味,不能与有味道的货物进行混装,对集装箱的卫生要求较高,水泥、矿砂等散货选用散货集装箱不仅能提高装卸效率,提高货运质量,还能减轻粉尘对人体和环境的侵害。

3. 包装的尺寸

为了准确地根据货物的尺寸选择合适规格的集装箱。可以先简单估算货物的密度。然后查看集装箱容重。选箱时要选择容重与货物密度最相近的集装箱。

货物密度,是货物单位容积的质量。

$$货物密度 = \frac{货物总质量}{货物体积(m^3)}$$

集装箱的最大容重,是集装箱最大装箱密度。

$$集装箱容重 = \frac{集装箱的最大载重量(kg)}{集装箱的容积(m^3)}$$

想一想:填写下面四种类型集装箱的容重(表2-2)。思考在 20ft 集装箱中,杂货集装箱、敞顶集装箱、台架式集装箱哪种比较经济?

27

表 2-2　集装箱容重表

集装箱种类	最大载货重量 kg	集装箱容积 m³	集装箱容重 kg/m³	箱容利用率为 80%时的容重 kg/m³
20ft 杂货集装箱	21790	33.2		
40ft 杂货集装箱	27630	67.8		
20ft 敞顶集装箱	21480	28.4		
20ft 台架式集装箱	21230	28.5		

二、集装箱用量的确定

1. 单位体积相同的货物

（1）粗略估算

面试时林欣就采用了粗略估算的方法。

20ft 集装箱的载重量为 21790kg，容积为 33.2m³。纸箱包装的洗衣机，共 800 箱，单箱体积 0.64 立方米，单箱重量 70kg。班轮运输中体积重量的衡量标准为一立方米折合一尺码吨，所以纸箱包装的洗衣机为轻货。

① 计算单个集装箱装载数：33.2÷0.64=51 箱

② 计算所需要的 20ft 集装箱数：800÷51=16 箱

（2）按货物容重和集装箱容重计算集装箱数量

利用货物密度和集装箱的单位容重可以衡量装箱货物是"重货"还是"轻货"。当货物密度大于集装箱的单位容重时，该货物就是"重货"，当货物密度小于集装箱的单位容重时，该货物就是"轻货"。

实际操作过程中，货物装入集装箱内，由于货物与货物之间、货物与包装之间、包装与包装之间、包装与集装箱之间经常会产生无法利用的空隙，我们称为"弃位"。所以在计算集装箱数量时应该把集装箱的最大容积扣去弃位空间，即要考虑集装箱容积利用率。不同货物的尺寸规格、容积利用率不同，根据所估计的集装箱容积利用率，计算所需的集装箱箱数。

如果货物是重货：

所需集装箱数量=货物总重量/集装箱最大载货重量

如果货物是轻货：

所需集装箱数量=货物总体积/集装箱有效容积=货物总体积/集装箱容积×容积利用率

 想一想：

厦门某企业一批箱装货物要通过中远，从厦门港运往美国，共 2600 箱，单箱货物的体积为 0.5m³，单箱重量 20 千克。参照表 2-2，请问公司应选择哪种集装箱运送这批货物？需

要准备多少个集装箱？

（3）根据货物在集装箱内的码放位置计算集装箱数量

各集装箱货运公司提供的集装箱，其内部尺码可能会有不同，我们假设使用 20 英尺集装箱，内部尺寸为：长 5.92m×宽 2.34m×高 2.41m，向集装箱内装入的商品为纸箱包装，纸箱的体积为：长 36cm×宽 28cm×高 12cm，计算集装箱的需要量，就要先计算一个集装箱内可以装进多少个包装箱（图 2-2）。

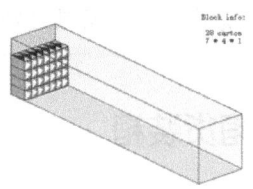

图 2-2　20ft 集装箱与集装箱内部

① 先计算顺装的装箱量。顺装，是指将包装箱的长顺着集装箱的长摆放。

集装箱的长向可以摆放的数量=集装箱的长÷包装箱的长（去掉余数）

集装箱的宽向可以摆放的数量=集装箱的宽÷包装箱的宽（去掉余数）

集装箱的高向可以摆放的数量=集装箱的高÷包装箱的高（去掉余数）

顺装时集装箱内总的摆放数量=集装箱的长向可以摆放的数量×集装箱的宽向可以摆放的数量×集装箱的高向可以摆放的数量

顺装时集装箱内总的摆放数量=

（592÷36-0.444444）×（234÷28-0.357）×（241÷12-0.083333）=2560（纸箱）

② 计算侧装的装箱量。侧装，是指将包装箱的长顺着集装箱的宽摆放。

集装箱的长向可以摆放的数量=集装箱的长÷包装箱的宽（去掉余数）

集装箱的宽向可以摆放的数量=集装箱的宽÷包装箱的长（去掉余数）

集装箱的高向可以摆放的数量=集装箱的高÷包装箱的高（去掉余数）

侧装时集装箱内总的摆放数量=集装箱的长向可以摆放的数量×集装箱的宽向可以摆放的数量×集装箱的高向可以摆放的数量

侧装时集装箱内总的摆放数量=

（592÷28-0.14286）×（234÷36-0.5）×（241÷12-0.083333）=2520（纸箱）

③ 比较两种装法，装入最多的方式为最大装箱数量。由于 2560>2520，所以这批货物用顺装方式可以最大地利用集装箱的空间。

④ 集装箱装运货物，不但要受其内部容积的限制，还受其配货重量的限制。一个 20 英尺集装箱，一般情况下，配货重量不能超过 17.5 吨。如果所运输的货物是重货，则需要用重量法计算装运数量，即装运量（件数）=17.5 吨÷单件包装毛重。

2. 单位体积不同的货物

对于单位体积不同的货物，装箱前可先在装箱图上进行规划。规划时，应在尽量使集装箱的装载量和容积得到充分利用的同时，对轻重货物进行合理搭配与堆放，以免发生货损。

> **知识链接**
>
> Load Master（装箱大师）是一种集装箱装载软件，致力于为客户提供高度优化的集装箱装载方案，帮助客户降低货物运输环节的费用，适用于计算货柜装箱、卡车装箱、火车装箱、纸箱装箱、托盘装箱。它可以紧密联系实际装箱工作，能够严格满足各种货物不同的摆放要求。经验数据表明，经过"装箱大师"集装箱装载软件优化后的装箱方案的装载率平均可以达到95%以上，使集装箱装载率提高了10%~15%。这就意味着同样一个集装箱，一批货物，使用装箱大师将比过去装入更多的货物，为企业节约更多的运费。

三、整箱货装箱

1. 集装箱货物装载的基本要求

集装箱在装卸、运送、仓储等各环节的操作过程中，经常会发生振动、碰撞现象，如果货物的装载不严密、重量分布不均匀，轻则造成货损，重则造成装卸机械、运输工具的损坏，甚至给人身安全带来威胁。所以做好集装箱货物的装载工作十分重要。

集装箱货物的装箱作业，通常采用的方法有三种：全部用人力装箱、用叉式装卸车（铲车）搬进箱内再用人力堆装以及全部用机械装箱，如货板（托盘）货用叉式装卸车在箱内堆装。不论采用哪一种装箱方式，为了保证货物安全和运输质量，在装载时都要根据货物特性和包装状态，按照下列基本要求和注意事项进行装载。

（1）装箱货物总重不能超出集装箱标记载重量。在货物装箱时，任何情况下箱内所装货物的重量不能超过集装箱的最大装载量，集装箱的最大装货重量由集装箱的总重减去集装箱的自重求得；各种规格集装箱的总重和自重一般都标在集装箱的箱门上。

（2）货物重量在箱子内的分布要均匀。装载时要使箱底上的负荷平衡，箱内负荷不得偏于一端或一侧，特别是要严格禁止负荷重心偏在一端的情况。要避免产生集中载荷，如装载机械设备等重货时，箱底应铺上木板等衬垫材料，尽量分散其负荷。

（3）装货时要注意包装上有无"不可倒置"、"平放"、"竖放"等装卸指示标志。要正确使用装货工具，捆包货禁止使用手钩。箱内所装的货物要装载整齐、紧密堆装。容易散捆和包装脆弱的货物，要使用衬垫或在货物间插入胶合板，防止货物在箱内移动。对靠近箱门附近的货物要采取系固措施，防止开箱和关厢时货物倒塌。

（4）货物多层堆码时，堆码层数应根据箱底承载能力规定和货物包装强度来确定。为避免下层货物被压坏，需要在各层之间垫入缓冲器材。

（5）装载货板（托盘）货时要确切掌握集装箱的内部尺寸和货物包装的外部尺寸，以便计算装载件数，达到尽量减少弃位、多装货物的目的。

2. 特殊货物的装载要求

特殊货物主要包括大件货物、危险货物、鲜活货物等，由于它们性质比较特殊，有的货物要用特种集装箱运输，这些特殊货物和特种集装箱在装载时除须满足上述装载要求外，还有一些特殊的装载要求。

（1）超尺度和超重货物装载要求

所谓超尺度货物是指单件长、宽、高的尺寸超过了国际标准集装箱规定尺寸的货物；超重货物是指单件重量超过国际标准集装箱最大载货量的货物。国际标准集装箱都具有统一标准，特别是在尺度、总重量方面都有严格的限制，相应的集装箱装卸设备、运载工具等也都是根据这些标准设计制造的。如果货物的尺寸、重量超出这些标准规定值，对装载、装卸、运送各环节都会带来一些困难和问题。但随着集装箱运输的发展，货主对于超尺度和超重货物集装箱化运输的需求不断增多，所以相对于此类大件货物的集装箱装载也由实践中总结出一些方法，以满足货主的需要。

① 超高货的装载。

超高货物必须选择开顶箱或台架箱装载。集装箱装载超高货物时，要充分考虑运输全程中给内陆运输、装卸机械、船舶装载带来的问题。内陆运输线对通过高度、装载工具、装载高度都有一定的限制，运输工具的装载高度及总高度都要控制在限制范围内，超出规定高度范围的应向有关部门申请，得到允许后才能进行运输。集装箱船舶装载超高货箱时，只能堆装在舱内或甲板上的最高层。

② 超宽货物的装载。

超宽货物一般应采用板架箱或平台箱运输。集装箱运输下允许货物横向突出的尺度会受到集装箱船舶箱格、陆上运输线路（特别是铁路）允许宽度限制，受到使用装卸机械种类的限制（如跨运车对每边超宽量大于 10cm 以上的集装箱无法作业），超宽货物装载时应给予充分考虑。集装箱船舶装载超宽货箱时，如超宽量在 150mm 以内，则可以与普通集装箱一样装在舱内或甲板上；如超宽量在 150mm 以上，只能在舱面上装载，且相邻列位必须留出。

③ 超长货物的装载。

超长货物一般只能采用板架箱装载，装载时须将集装箱两端的插板取下，并铺在货物下部。超长货物的超长量有一定限制，最大不得超过 306mm（即 1ft 左右）。

集装箱船舶装载超长货箱时，一般装于甲板上（排与排之间间隔较大）；装在舱内时，相邻排位须留出。

④ 超重货物。

各类集装箱标准中都对各规格集装箱装载货物的重量与总重有明确限制。如 20ft 箱为 20 吨，40ft 箱为 30.48 吨。所有相关的运输工具和装卸机械也都是根据这一总重设计的。货物装入集装箱后，总重量不能超过上述规定值，超重是绝对不允许的。一旦装箱完毕发现超出了规定的最大重量，应取出一部分货物。

（2）干散货物装载要求

用散货集装箱运输干散货可节约包装费和装卸费，主要用来运输谷物、树脂、饲料等。散货集装箱的箱顶上一般都设有 2~3 个装货口，装货时利用圆筒仓或仓库的漏斗或使用带有铲斗的起重机进行装载。散货集装箱一般采用将集装箱倾斜使散货产生自流的方法卸货。在装载时应注意以下问题：

① 装货地点和卸货地点的装载和卸载的设备条件。

② 根据待装货物的性质，对选用的集装箱进行清洁、干燥、除味等必要处理。

③ 在运输谷物、饲料等散货时，应注意防止因水湿而造成的货损。

（3）液体货物装载要求

液体货物集装箱运输的方式有两种：一是直接装入罐式箱运输，二是液体货物装入其他容器（如桶）后再装入集装箱运输。采用第二种方式时，装载要求与一般货物类似（除危险品外），如果采用第一种方式，要注意下列事项：

① 罐式集装箱本身的结构、性能和箱内面涂层能否满足货物运输要求。

② 检查必备的管道、排空设备、安全阀是否完备有效。

③ 查明货物的比重与集装箱允许载重量与容量比值是否一致或接近，如果货物比重较大，则不能满罐装货，装货重量控制在允许的最大载重量范围内，并注意防止半罐液体货在装卸、运送过程中可能发生损罐的危险。

④ 有些液体货在运输和装卸过程中需要加温，须考虑装、卸货地点要有蒸汽源和电源。

（4）冷藏货物装载要求

冷藏货物集装箱装载可分冷藏货物和冷冻货物两种。冷藏货物须维持货物呼吸和防止箱内出汗，要求不结冻或者货物表面轻微结冻，温度范围为-1℃～+11℃。冷冻货物是将货物以冰冻状态运输，温度范围为-20℃～-1℃。冷藏货物装载时应注意以下问题：

① 装载冷藏货物的集装箱应具有供箱人提供的该箱子的检验合格证书。

② 货物装箱前，箱体应进行预冷，货物装箱时的温度应达到规定的装箱温度；冷冻集装箱内使用的垫木和其他衬垫材料也要预冷；要选用清洁卫生的衬垫材料，不使它污染货物。

③ 货物装载期间，冷冻装置必须停止运转。

④ 装货高度不能超过箱中的货物积载线，装货后箱顶与货物顶部一定要留出空隙，且货物不能堵塞冷气通道和泄水通道，使冷气能有效地流通。

⑤ 冷藏货物要比普通杂货更容易滑动，也容易破损，因此对货物要加以固定，固定货物时可以用网等作为衬垫材料，这样不会影响冷气的循环和流通。

⑥ 温度要求不同或气味不同的冷藏货物绝不能配入同一箱内，装货完毕关门后，应立即使通风孔处于要求的位置，并按货主对温度的要求及操作要求控制好箱内温度。

（5）动、植物装载要求

运输这类货物的集装箱一般有密闭式和通风式（包括专运活牲畜的动物集装箱）两类。装载时要求货物应根据进口国要求经过检疫并得到进口国许可，一般要求托运人（或其代理人）事先向海事局、商检、卫检、动植物检疫等管理部门申请检验并出具合格证明后方可装箱。

需要检疫检验的动、植物不宜同普通货物混装在同一箱内。

（6）危险货物装载要求

危险货物应选用封闭、坚固、符合标准的集装箱运输，危险品类别标志牌贴在箱体外部4个侧面的明显位置。装箱时还应注意如下事项。

① 每一票危险货物必须具备危险货物申报单和装箱证明书，货物装箱前应调查清楚该类危险货物的特性、防灾措施和发生危险后的处理方法，作业场所要选在避免日光照射、隔离热源和火源、通风良好的地点。

② 作业场所要有足够的面积和必要的设备，以便发生事故时，能有效地处置。

③ 作业时要按有关规则的规定执行，作业人员操作时应穿防护工作衣，带防护面具和橡皮手套。

④ 装载爆炸品、氧化性物质的危险货物时，装货前箱内要仔细清扫，防止箱内因残存灰尘、垃圾等杂物而产生着火、爆炸的危险。

⑤ 要检查危险货物的容器、包装、标志是否完整，与运输文件上所载明的内容是否一致。禁止包装有损伤、容器有泄漏的危险货物装入箱内。

⑥ 使用固定危险货物的材料时，应注意防火要求和具有足够的安全系数和强度。

⑦ 有些用纸袋、纤维板和纤维桶包装的危险货物，遇水后会引起化学反应而发生自燃、发热或产生有毒气体，故应严格进行防水检查。

⑧ 危险货物的混载问题各国有不同的规定，在实际装载作业中，应尽量避免把不相容的危险货物混装在一个集装箱内。

⑨ 危险货物与其他货物混载时，应尽量把危险货物装在箱门附近。

⑩ 在装载时不能采用抛扔、坠落、翻倒、拖曳等方法，避免货物间的冲击和摩擦。

任务二　船公司角色体验

林欣在厦门聚达实习了一段时间后，对集装箱货物出口的流程，特别是集装箱的选箱和装载有了深入的了解。林欣发现货物的进出口与船公司的业务密不可分。通过客户介绍，他来到东方海外厦门分公司实习（图2-3）。进入船公司之后，会有哪些业务在等待着林欣呢？

图2-3　东方海外公司的集装箱船

一、实习岗位——揽货员

东方海外厦门分公司安排林欣到海沧区业务组负责揽货。刚开始实习，业务主管让他和公司另一有经验的员工合作，把公司客户管理系统中的 100 个潜在客户信息分配给他们，要求他们每周电话联系客户 30 个，拜访客户 10 个，并需要增加潜在客户信息不少于 10 条，

每天做出业务记录,并于每天晨会上报告前一天的业务情况。

林欣应该怎么与潜在客户进行电话联系并进行拜访,同时怎么挖掘潜在客户呢?

揽货又称揽载,是指船公司为使自己所经营的班轮能在载重量和舱容上得到充分利用,力争做到"满舱满载",以期获得最好的经营效益而从货主那里争取货源的行为。

人员揽货是集装箱运输企业扩展业务的主要手段。销售人员业绩的提升,不仅需要具备电话销售和商务谈判的销售技能,还需要具备市场知识,善于聚焦公司的目标市场,才能事半功倍。人员揽货的特点是揽货员可以与客户直接接触,揽货员可以根据客户的态度和反应即时调整销售策略和准确了解客户的真实需求。

1. 货源的收集

在信息时代,每个揽货员应该学会在浩瀚的信息中查询到有用的货源资料。货源资料包含客户名称、联系电话、地址、企业主页网址、E-mail、企业负责人等。

(1)互联网。对于新入门的揽货员,利用互联网查找合适的货源企业,各种搜索引擎工具如谷歌、百度必不可少。同时一些专业网页,如人才招聘网、中国企业网、中国外经贸企业网、中国货运代理协会以及目标货源区的企业主页、B2B 商务平台也都是重要的信息来源。

(2)企业黄页。物流协会或者邮管局编制的物流企业指南(俗称"黄页")对揽货员也非常有用。

(3)商场。揽货员可以从各大商场收集资料,包括包装盒上的生产厂家地址、网址、联系电话。

(4)海报、传单、报纸、电视、行业杂志等媒体。传统媒体也是新入门揽货员查找货源企业的信息来源。如一则急聘销售人员的广告可能传递该外贸企业处在高速增长期或企业处在销售旺季,对于集装箱运输企业来说就意味着该企业有更多的货物会运往世界各地。同时一些展销会、交易会上会有大量的宣传资料,这些都是新入门揽货员研究货物运输方式、判断货物销售季节的资料来源。

(5)客户关系。即通过现有客户或相关业务关系企业的介绍或推荐来寻找潜在客户。这种方法在西方营销学中被称谓"无限连锁介绍法",并具有很大的影响力。这是因为由于世界经济一体化,世界贸易亦向全球化方向发展,同一地区的贸易商彼此十分熟悉,往往既是竞争者又是合作者,不同地区、甚至不同国家的贸易亦具有千丝万缕的业务联系。因此通过现有客户的关系,往往可以成功地发掘大量潜在的客户。这种方法往往要求水运企业的销售人员具有较高的职业道德,在现行客户中具有良好的声誉,与现有客户有着密切联系和友好关系。

2. 接触前准备

发现潜在客户,只是整个揽货工作的开始。在正式约见客户之前,揽货人员还需要做许多准备工作,否则仓促与客户谈判,揽货效果一定不会理想。通常,接触客户前的准备工作包括以下几方面内容。

(1) 收集潜在客户资料并建立客户档案

接触客户前，应尽量多地收集有关客户的资料和信息，包括该客户的经营状况、进出口商品的种类、装货港和卸货港资料、与客户有关的收（发）货人的情况、贸易规模、贸易习惯以及其他有关客户的信息资料，在此基础上建立客户档案。

(2) 收集竞争对手的信息

收集竞争对手的信息包括两方面内容：一是了解竞争对手的服务内容和服务质量。包括对手的船期、船舶密度、转运时间、航线、货源情况等，还要尽量发现对手的缺陷和不足；二是了解竞争对手的运价水平。在航运竞争日趋激烈的今天，水运企业的航线都日趋环球化，不同企业的船期和转运时间都十分相近，运价水平往往是水运企业竞争的主要内容之一。因此，准确了解竞争对手对客户的报价情况，便于揽货人员有针对性地向客户报价和承诺其他服务。

(3) 制定访问计划

在约见客户之前，销售人员应事先制定访问计划，确定访问客户的时间、地点等。由于每一个销售人员负责的客户都不止一个，为使日常工作有条不紊地进行，应根据每个客户的实际情况，事先确定访问时间和访问次数。销售经理可根据本地区的实际情况和每位销售人员的能力大小适当调整每位销售人员访问客户的数量。

3. 约见客户

水运企业销售人员与客户面谈前，一般都需要事先约见客户。约见客户可以采用电话预约和他人引荐的方法。通常开始接触客户都是向对方介绍本企业的服务，包括水运能力、船期、转运时间、运价等情况。一切以客户方便、自愿为原则。通过约见，有利于进行推销预测，制定可靠的访问计划，提高揽货的效率。

4. 推销洽谈

推销洽谈是整个揽货工作的核心内容，直接关系到揽货的成败。由于集装箱运输企业的客户既包括各类专业进出口公司，也包括各种性质的货运代理公司，企业的揽货人员应根据客户的具体情况做出具体分析，灵活机动地搞好洽谈。初始洽谈就能达成交易的并不多见。这就要求销售人员要有足够的耐心，把握每一个面谈的机会，善于捕捉客户的真正意图与需求，在政策许可的范围内尽量满足客户的各种要求。推销洽谈的内容之一是运价水平。一般情况下，客户总是希望运价越低越好，但集装箱运费相比一般杂货运费要高。因此销售人员应根据公司的费用政策，根据客户保证的货量大小，在允许的范围内给客户优惠费率。

5. 缔结合约

通过与客户的反复接触、多次洽谈，在双方意见趋于一致的情况下，揽货员应及时把握机会，争取早日与客户签订合约。如果客户贸易较稳定，且贸易量较大，应力争与其签订长期合同，一般一年或两年，合同期满后还应力争续签；如果客户贸易相对集中，此时应尽量与客户签订短期合同，一般为3个月或6个月不等。如果客户暂时不愿与本企业签约，可以先行给客户运费确认，待时机成熟后，再争取签订长期合同。

6. 售后服务

揽货的售后服务，是从接受客户订舱开始，直至货物目的港卸货交付收货人为止，所有与货物运输有关服务的总称。售后服务质量高低，直接影响到客户与本企业的未来合作，直接关系到客户对本企业的支持程度。揽货人员应与客户保持密切联系，协调好客户与货运代理、航运公司、海关、商检乃至车队等部门的关系，使货物在每一个运输环节的操作都能有条不紊地运行。此外，揽货人员应随时跟踪货物动态，货物到达目的港之前还应及时通知收货人提前办理有关清关、提货和中转手续，使收货人能及时、顺利地提取货物。

二、实习岗位——航运部

林欣跟着前辈当了一个月揽货员后，基本能够掌握揽货员的工作内容。公司将他调到了航运部进行第二阶段的轮岗实习。航运部部门职责是负责对公司船舶经营的各个环节进行计划、调度、组织与控制。在这里，林欣首先接触到了各种集装箱船舶。

（一）集装箱船舶特点

全集装箱船与普通杂货船在结构等方面有明显区别（图2-4、图2-5）。

图2-4　集装箱船

图2-5　杂货船

 想一想：集装箱船和普通杂货船有什么联系和区别？

（二）集装箱船认知

从广义上说，可以载运集装箱的船舶都可以说是集装箱船。

1. 集装箱船的分类

按照船舶的设计，集装箱船可以分为如下几类。

(1) 多用途船

多用途船通用性强，使用范围广，既可以载运集装箱，又可以载运散杂货，还可以运输重大件、超长件等。虽然多用途船运输集装箱货物不如专用船舶效率高、成本低，但是，在航线货种多、变化大、货源不稳定的情况下，多用途船由于其适应性强，揽货能力高，并可减少回空及待泊，从而可提高船舶的航行率。多用途船常设有起重设备，起重能力一般为20t，利用多用途船运输集装箱，既可节约船舶投资又可减少集装箱码头投资，所以多用途船仍得到较快发展。

图2-6　多用途船

(2) 半集装箱船

所谓半集装箱船，是指把船体中部最适于装载集装箱的货舱安装格栅装置后，作为集装箱专用，一般设在船体中央部位。其余船舱因形状不规则，若用于装载集装箱势必浪费舱容，故作为杂货舱。这种船舶就载箱能力而言，要比全集装箱船小得多，其货舱并不是为了装运集装箱而设计的，装运集装箱时，其舱容利用率较低，而且舱面不适合积载集装箱，更不能多层积载。所以这种半集装箱船的载箱能力有限，营运效率要比专用型的全集装箱船低得多，但是对于那些适箱货源不足而有大批钢材等重件货的航线，或因港口设施不能装卸全集装箱船的航线以及支线航线，半集装箱船有其独特的优越性。

(3) 全集装箱船

全集装箱船又称集装箱专用船，指专门用以装运集袋箱的船舶。它与一般杂货船不同，其货舱内有格栅式货架，装有垂直导轨，便于集装箱沿导轨放下，四角有格栅制约，可防集装箱倾倒。集装箱船的舱内可堆放3~9层集装箱，甲板上还可堆放3~4层，是一种专门用于装载集装箱的船舶，在海上能安全有效地大量运送集装箱，服务于班轮航线，往往定期航行于世界各主要集装箱港口。

按照装卸集装箱的方式不同，全集装箱船又可分为以下两类。

① 吊装式全集装箱船。

吊装式全集装箱船，其集装箱的装卸方式是吊上吊下，装卸效率高，依靠集装箱码头岸上装卸机械作业，大多数集装箱船不设装卸设备。全集装箱船一般为大开口单甲板船，船舱内设置格栅结构，以固定集装箱，防止集装箱在运输途中发生前、后、左、右方向移动，以保证航行安全和货物质量。一般每一箱格可堆4~7层同一规格的集装箱，最多可达9层。

船侧设有边舱，可供装载燃料或作为压载用。甲板上设置了能装载多层集装箱的特殊结构。集装箱船多采用尾机型或偏尾机型（图2-7）。

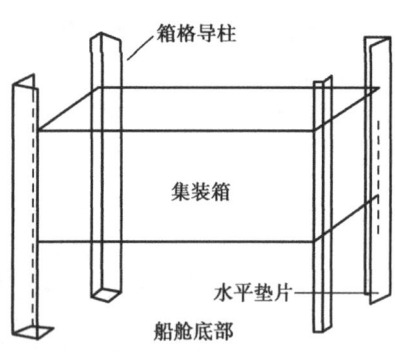

图2-7 全集装箱船格栅结构

② 滚装式集装箱船。

滚装式集装箱船由于经济性较差，一般在运输中占的份额较小。主要用来运送汽车和集装箱。这种船本身无须装卸设备，一般在船侧或船的首、尾有开口斜坡连接码头，装卸货物时，或者是汽车，或者是集装箱（装在拖车上的）直接开进或开出船舱。这种船主要的缺点是舱容利用率低，造价高，运输成本比全集装箱船高等，适用于沿海或近洋短途航线。

2. 集装箱船特点

（1）船舶吨位大

集装箱船的吨位明显大于传统货船，其原因主要是船舶吨位的大小对运输成本影响较大。根据运输的规模经济可知虽然船舶总运输成本随吨位的增加而增加，但每吨船的单位运输成本随船舶吨位的增加而减少。而且集装箱船的装卸效率大大高于干货船，因此增加船舶吨位，其经济性是显而易见的。

（2）功率大，航速高

由于集装箱船装卸效率高，在港停留时间大大缩短，且集装箱所装载的，多为价高较贵重的货物，如提高航速，有利于加速船舶周转，提高竞争能力。同时，集装箱船如以班轮形式运行，要求严格遵守班期，需要具有较大的储备功率。因此，集装箱船比普通干货船功率大、航速高。目前国外普通货船平均航速为14～16海里每小时，而集装箱船的平均航速为18～23海里每小时，也有高达30海里每小时以上的。

（3）货舱开口大，货舱尺寸规格化

集装箱船一般为大开口单甲板船，为了方便集装箱的装卸和充分利用舱容，集装箱船的舱口基本上与货舱一样宽窄。由于舱口上要堆放数层集装箱，要求舱口盖具有足够强度。集装箱船与普通货船相比，舱口要宽30%～50%，舱口长60%～80%。舷侧设有边舱，可供装压载燃料或作为压载用。

（4）稳性要求较高

由于集装箱船甲板上装箱量较大，且甲板箱装得越多越经济，主要目的是提高船舶载重量利用率。一般甲板上装箱数占全船装箱总数的20%～50%，因此满载的重心高度比普通货船大得多，初稳性高度较小。同时也使受风面积增加，风压力臂增大，对稳性产生不利影响，在风浪中横摇加剧，影响操纵。所以，集装箱船需要大量压载，以提高船舶在各种吃水状态条件下的稳性。

知识链接

马士基首艘 3E 级集装箱船启航

7 月 2 日，马士基航运首艘 3E 级集装箱船从韩国大宇造船海洋的玉浦造船厂启航，开启了引人注目的集装箱运输新时代。这艘巨无霸集装箱船长 400 米，约 20 层楼高，将是目前最大的营运船舶。它的第一次正式航行将于 7 月 15 日启程（图 2-8）。

3E 级集装箱船可装载破纪录的 18000 个标准箱，装载量要比现在世界上最大的法国达飞轮船公司 16020TEU 级集装箱船"马可波罗"号多出 11%。把数字说得形象一点，18000 个标准箱所提供的空间足以装下 1 亿 1 千 1 百万双运动鞋。如果把这些运动鞋一双一双叠起来可以到达 47 千米的高度，让人惊叹不已。

马士基首席营运官 Morten H. Engelstoft 表示，所谓 3E 级集装箱船理念，顾名思义，第一个 E 代表规模带来的经济性，就是说一次就能运走 18000 个集装箱；第二个 E 是能效，3E 级集装箱船比起目前船队里能效最高的船只来能减少大约 20% 的能耗；第三个 E 是环境，由于减少了能耗，碳排放也相应减少了 20%。

图 2-8 马士基首 3E 级集装箱船

（三）世界主要集装箱运输航线认知

情境导入

林欣熟悉了集装箱船舶之后，跟着公司前辈学习船舶调度，可是他对船舶航行的路线一无所知。他找来了世界地图，准备熟悉全球集装箱运输航线。

目前，世界上规模最大的三条集装箱航线是远东—北美航线，远东—欧洲、地中海航线和北美—欧洲、地中海航线。这三条航线将当今全世界人口最稠密、经济最发达的三个板块—北美、欧洲和远东联系起来。这三大航线的集装箱运量占了世界集装箱水路运量的一大半（图 2-9、图 2-10 和表 2-3）。

1. 远东—北美航线

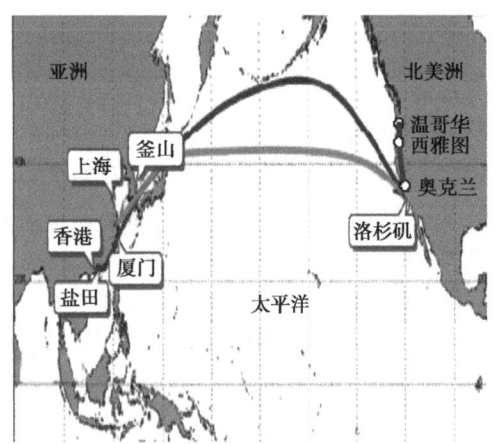

图 2-9　远东—北美西海岸航线

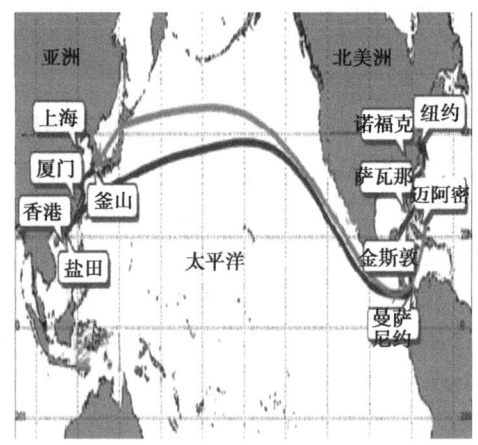

图 2-10　远东—北美东海岸航线

表 2-3　远东—北美航线

航　　线	描　　述	远东港口	北美港口
远东—北美航线	远东—北美西岸线：东南亚国家、中国、东北亚国家各港，横渡太平洋至美、加西海岸各港	高雄、釜山、上海、厦门、盐田、中国香港、东京、神户、横滨等	西海岸港口：北美西海岸的洛杉矶、西雅图、奥克兰和温哥华等
	远东—北美东岸线：东南亚国家、中国、东北亚国家各港，横渡北太平洋，越过巴拿马运河，至美、加东海岸各港。		东海岸港口：纽约、迈阿密、萨瓦那、金斯顿等

2. 远东—欧洲、地中海航线（图2-11、表2-4）

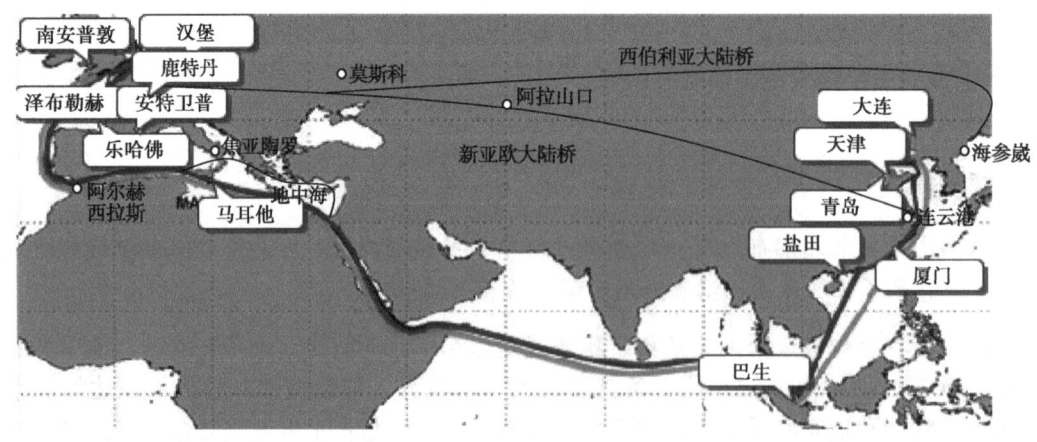

图 2-11　远东—欧洲、地中海航线

想一想：远东到欧洲、地中海航线经过了一条具有战略意义的运河，是什么运河？有什么作用？

表 2-4 远东—欧洲、地中海航线

航　　线	描　　述	远 东 港 口	欧洲、地中海港口
远东—欧洲、地中海航线	远东—欧洲航线：将中国、日本、韩国和东南亚的许多国家与欧洲联系起来，与这条航线配合的，还有西伯利亚大陆桥、新欧亚大陆等欧亚之间的大陆桥集装箱多式联运	高雄、釜山、上海、中国香港、东京、神户、横滨等	欧洲港口：荷兰的鹿特丹港，德国的汉堡港，比利时的安特卫普港，英国的费利克斯托港
	远东—地中海航线：由远东经过地中海，到达欧洲		地中海港口：西班牙的阿尔赫西拉斯港、意大利的焦亚陶罗港和地中海中央的马耳他

3. 北美—欧洲、地中海航线

本航线实际包括了如下三条航线：北美东岸－欧洲航线，北美东岸－地中海航线，北美西岸经巴拿马运河到欧洲、地中海航线（图 2-12～图 2-14）。

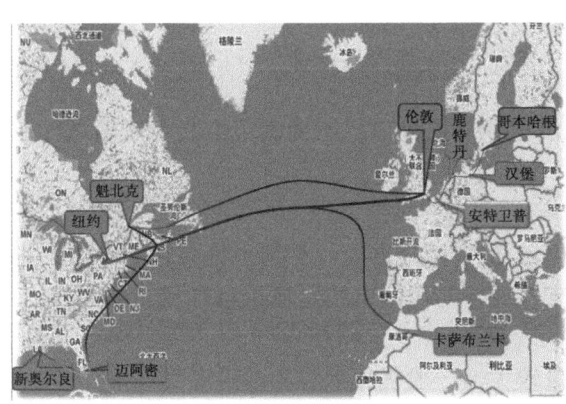

图 2-12 北美东海岸—欧洲航线

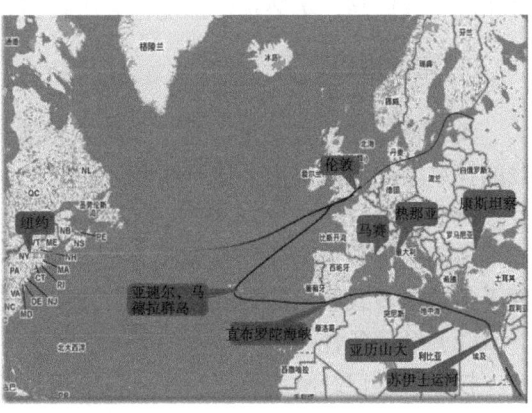

图 2-13 北美东海岸—地中海航线

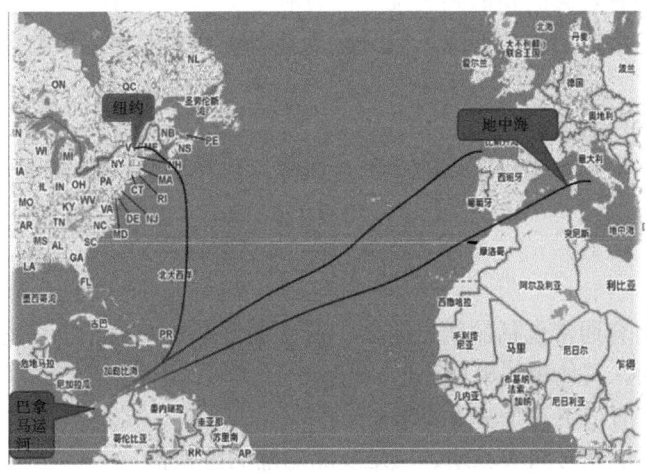

图 2-14 北美西海岸—欧洲、地中海航线

41

（四）集装箱运输航线设计

林欣所实习的航运部由于业务需要，准备设计一条亚太地区的集装箱班轮航线。林欣跟着前辈参与会议讨论。林欣陷入沉思，设计集装箱运输航线需要考虑哪些因素呢？

1. 考虑政府运输政策

集装箱运输投资较大，而且需要各种运输方式的综合应用。特定地区集装箱运输的开展通常与政府的运输政策规划和政策实施有密不可分的联系。

2. 考虑货源

货源与地区的经济发达程度和人口稠密程度有密切联系。需要注意的是人口稠密地区适箱货物不一定高，而且装卸设备不一定齐全，只有经济达到一定的发达程度，适箱货物的比例才能相应提高，集装箱化程度也会比较高。

3. 考虑港口

集装箱航线的挂靠港，是一条集装箱航线沿途停靠的港口。正确确定集装箱班轮运输航线的挂靠港，通常决定了该航线营运的成功。

（1）地理位置

挂靠的港口应与铁路集装箱办理站及公路集装箱中转站靠近，有利于集装箱的集散，也便于集装箱多式联运的开展，还应有开辟沿海支线运输与内河支线运输相对有利的条件。

（2）经济条件

挂靠的港口经济应该比较发达，适箱货源量较大，一般优先考虑各国沿海大城市。

（3）港口自身条件

挂靠的港口必须有较大面积的码头堆场，有利于集装箱的堆存，同时港口的泊位数量要多，码头岸线要长，港口的水位要深，同时必须具备现代化的集装箱的装卸机械，港口管理效率要高。

（4）相关服务要齐全

挂靠的港口应该要具备比较发达的金融、保险、代理中介、检验检疫、集装箱维修、清洗等相关服务。

4. 考虑船期表

班轮船期表的内容通常包括航线、船名、航次编号，始发港、中途港、终点港港名，到达和驶离各港的时间，其他相关事项等。

编制船期表通常有以下几个基本要求。

（1）船舶的往返航次时间（班期）应是发船间隔的整数倍

船舶往返航次时间与发船航次时间之比，应等于航线配船数。在实际操作中，按航线参数及船舶技术参数计算得到的往返航次时间，往往不能达到这一要求，多数情况下采取延长实际往返航次时间的办法，人为地使其成为倍数关系。

$$I = t_R / C$$

式中，t_R——集装箱船往返航次时间；

C——集装箱船艘数；

I——派船间隔（d）。

（2）船期表要有一定弹性

在制定船舶运行的各项时间时，均应留有余地。因为海上航行影响因素多，条件变化复杂。在港口停泊中，因装卸效率变化、航道潮水影响等，对船期也会产生复杂的影响，对这些问题，都应根据统计资料和以往经验，留有一定的余地，保持足够的弹性。

林欣参与了亚太地区的集装箱班轮运输航线船期表的制定。设计出来的船期表应该是怎么的？已具备条件如下。

该航线的船舶为 HANJIN BASEL、HANJIN SHICAGO、TIAN LI HE、SANFRANCISCO BRIDGE，共四条 3000TEU 全集装箱船。航线要求挂靠上海、宁波、香港、深圳蛇口、新加坡（Singapore）、泰国曼谷（Bangkok）。已知上海到宁波的航程为 12h，宁波到香港的航程为 48h，香港到蛇口的航程为 3h，蛇口到新加坡的航程为 96h，新加坡到曼谷的航程为 72h，相同路程往返时间一样。船舶于北京时间 3 月 1 日早 8 点在上海港首航，在每个港口挂靠 20h。请根据航程时间和船舶的数量，合理安排发船间隔。

根据集装箱班轮船期表的编制原则，先由船舶数量和往返时间确定发船间隔，再依次确定每艘船的船期。

集装箱船往返航次时间 $t_R = t_{往} + t_{返} + t_{停}$

$t_{往返} = (12+48+3+96+72) \times 2 = 462h$

其中在往返航程中，共在 10 个港口各挂靠 20h。

$t_{停} = 20 \times 10 = 200h$

$t_R = 462 + 200 = 662h \approx 28d$

派船间隔 $I = 28 \div 4 = 7d$

船期表见表 2-5。

表 2-5　设计的亚太航线船期表

VSL	Pork	ETA	ETD
HANJIN BASEL	Shanghai	Mar.1　8:00	
	Ningbo	Mar.1　20:00	Mar.2　16:00
	Hong Kong	Mar.4　16:00	Mar.5　12:00
	Shekou	Mar.5　15:00	Mar.6　11:00
	Singapore	Mar.10　11:00	Mar.11　7:00
	Bangkok	Mar.14　7:00	Mar.15　3:00

续表

VSL	Pork	ETA	ETD
HANJIN SHICAGO	Shanghai	Mar.8　8:00	
	Ningbo	Mar.8　20:00	Mar.9　16:00
	Hong Kong	Mar.11　16:00	Mar.12　12:00
	Shekou	Mar.12　15:00	Mar.13　11:00
	Singapore	Mar.17　11:00	Mar.18　7:00
	Bangkok	Mar.21　7:00	Mar.22　3:00
TIAN LI HE	Shanghai	Mar.15　8:00	
	Ningbo	Mar.15　20:00	Mar.16　16:00
	Hong Kong	Mar.18　16:00	Mar.19　12:00
	Shekou	Mar.19　15:00	Mar.20　11:00
	Singapore	Mar.24　11:00	Mar.25　7:00
	Bangkok	Mar.24　7:00	Mar.29　3:00
SANFRANCISCO BRIDGE	Shanghai	Mar.21　8:00	
	Ningbo	Mar.21　20:00	Mar.22　16:00
	Hong Kong	Mar.24　16:00	Mar.25　12:00
	Shekou	Mar.25　15:00	Mar.26　11:00
	Singapore	Mar.30　11:00	Mar.31　7:00
	Bangkok	Apr.3　7:00	Apr.4　3:00

三、实习岗位——箱务管理部门

情境导入

航线设计出来了，在航线上需要配备一定数量的集装箱，这需要与箱务管理部门合作。林欣被航运部的张经理派到箱务管理部门进行业务配合。在设计的亚太航线上至少需要配备多少数量的集装箱呢？林欣在箱务管理部门开始了第三阶段的轮岗实习。

集装箱箱务管理是集装箱运输系统中极其重要的环节，其内容包括集装箱的备用、租赁、调运、保管、交接、发放、检验及修理等工作，做好集装箱箱务管理，对降低集装箱运输总成本，减少置箱投资，加快集装箱的周转，提高集装箱货物的装载质量和货运质量，提高企业经济效益和国际航运市场的竞争能力均具有重要意义。

（一）航线集装箱配备量确定

为了保证集装箱运输的正常开展，集装箱船公司应根据航线特点、货源情况、港口堆存期及内陆周转期的长短等因素配备一定数量的集装箱，以供运输需要。

1. 理想条件下航线集装箱配备量确定方法

假设集装箱班轮航线为简单直达航线，仅挂靠两个端点港，班轮公司在两端点港既无调剂箱又无周转机动箱，且不考虑箱子修理与积压延误、特种箱使用的不平衡性，航线集装箱需备量可按以下方法确定：

$$Q = K \times L$$

式中，Q——航线集装箱需备量（TEU）；

K——航线集装箱需备套数；

L——每套集装箱的数量（TEU），如船舶满载则为船舶载箱量，但是根据不同航线，船舶装载利用率不同，并不是所有的航程船舶都能够满载。

所以 L 与集装箱船舶的载箱量利用率 f 有关，计算公式如下：

$$L = D \times f$$

航线集装箱需备套数 K 取决于航线集装箱平均总周转天数 T 和航班派船间隔 I，其计算公式如下：

$$K = T \div I$$

式中，T——航线集装箱平均总周转天数（天），为集装箱船舶往返航次时间与集装箱在 A、B 两个端点港平均港口堆存期和内陆周转时间之和的总和，即

$$T = T_A + T_R + T_B$$

为了更好利用集装箱，提高集装箱周转率，港口集装箱平均堆存期与内陆周转时间之和一般要求小于发船间隔。发船间隔 I 取决于集装箱船舶往返航次时间 T_R 及航线配置的船舶艘数 N，即

$$I = T_R \div N$$

帮林欣想一想：如果不考虑中间的挂靠港，东方海外公司设计的亚太航线从上海到泰国曼谷，共派四条 3000TEU 全集装箱船。船舶往返航次时间为 28 天，集装箱在上海港和曼谷港的平均堆存期与内陆周转时间之和分别为 9 天和 5 天。船舶载箱利用率约为 75%，该公司在此航线上须配备多少集装箱？

（1）求发船间隔 I：$I = T_R \div N = 28 \div 4 = 7$（天）

（2）求集装箱平均周转天数 T：$T = T_A + T_R + T_B = 28 + 9 + 5 = 42$（天）

（3）求该航线集装箱配备套数 K：$K = T \div I = 42 \div 7 = 6$（套）

（4）求每套集装箱数量 L：$L = D \times f = 3000 \div 75\% = 2250$（TEU）

（5）求该航线集装箱配备总数 Q：$Q = K \times L = 6 \times 2250 = 13500$（TEU）

2. 实际情况下航线集装箱配备量的计算方法

在实际集装箱箱务管理的过程中，集装箱航线的配箱量不仅与上述因素有关，而且还与集装箱在内陆周转过程中可能发生的修理、积压和延误等情况密切相关，还要考虑由于在挂靠两个以上港口时在中途港配置周转箱量以及特殊集装箱箱型在往返航向上的使用量不平衡须增加箱量数等。所以，实际配备箱量还应结合具体情况,可用以下计算公式求得：

$$Q = (K \times D \times f + \sum C_i \times L_i + R_N + S_N) \times \lambda$$

式中，L_i——中途港卸箱量（假设中途卸箱后再装同样数量的集装箱），$i=1,2,\cdots,m$，m 为中途港编号。

C_i——中途港箱量系数（如果中途港集装箱在内陆周转时间小于发船间隔，则系数为 1；如内陆周转时间大于发船间隔，则系数大于 1）。

S_N——往返航次特种箱不平衡所需增加的箱数；

R_N——全程周转期内港口内陆修理、积压和延误总箱量；

λ——富裕系数，一般取值在 1.05～1.10。

想一想：东方海外公司航运部所设计的航线如果在中途挂靠港口宁波、中国香港、深圳蛇口、新加坡分别卸箱 500TEU，同时装箱 500TEU，中途港集装箱在内陆周转时间小于发船间隔，不考虑特种箱以及内陆修理、积压和延误总箱量，富裕系数取 1，那么该航线应该配备多少集装箱？

知识拓展

由于我国部分地区内陆集疏系统不够完善，有关代理制度及进出口手续办理尚存在不足之处，因此我国某些地方集装箱港口堆存期及内陆周转期较长，增加了整个集装箱周转时间，因而造成航线集装箱需备量加大，增加了备箱投资，提高了运输成本，影响了企业经济效益及竞争能力。

（二）班轮公司的置箱策略

想一想：箱务管理部门根据各港口实际情况统计出新的航线需要的集装箱量大约为 17000TEU。这些集装箱都需要购买吗？还有其他置箱方式吗？

班轮公司考虑到自身的投资能力、管理能力和经济效益，通常采用以下三种"置箱策略"。

1. 全部由班轮公司自备

班轮公司较少使用这种方法。因为班轮公司购船已经花费巨额投资，再为置箱花费巨额投资，无形中增加了投资的风险。而且巨大的置存箱量将给班轮公司带来非常沉重的箱务管理工作量，在很大程度上会分散班轮公司的管理精力。

2. 部分由班轮公司自备

这种方法比较灵活。大部分班轮公司采用这种办法。根据班轮公司的航线情况、淡旺季情况以及班轮公司规模，班轮公司自备一定比例的集装箱，同时与租箱公司签订短期或长期合约，采用租箱业务。

3. 全部向租箱公司租赁

可以大大节省班轮公司的初始投资，降低投资风险。而且可以省去箱务管理工作，专心从事航线营运。但是班轮公司会因此受到租箱公司的制约，如果租箱公司箱量不足，会影响到班轮公司的航线营运，而且从长期角度来看，租箱的成本较高。

（三）集装箱租箱业务

集装箱租赁业，是指为集装箱运输经营人或其他集装箱使用者提供集装箱租赁服务的行业。在租赁协议执行期间，箱体由承租人管理使用，承租人负责箱体的维修保养，确保避免损坏与灭失。协议期满，承租人将箱子归还到协议指定堆场。

在整个集装箱运输体系中，世界各租箱公司的集装箱保有量，已经占到世界集装箱总保有量的一半，成为集装箱运输体系中不可分割的重要组成部分，租箱业促进了集装箱运输业的发展。

1. 集装箱租赁的优点

（1）集装箱班轮公司以租赁的方式获得集装箱，能够减少巨额投资。一个 20ft 的集装箱售价一万元左右，而租赁集装箱才几十元，如果签订长期协议，还可获得优惠的协议价。不但能够满足业务发展的需要，还能避免固定资产折旧，减轻资金积压，减少利息支出。

（2）在来回程航线货源不平衡的情况下，可通过单程即期租赁的方式解决空箱问题，减少集装箱调运费用。

（3）在货主有特殊运输要求或某些货物需用特种集装箱时，可以通过短期或者临时租用不同类型集装箱来满足。

（4）集装箱需求的供应保障。班轮公司进行全球航线运营，不同地点不同季节集装箱需求不同，采用集装箱租赁业务，能够尽可能地保障集装箱的供应。

总之，集装箱船公司应根据企业实际情况，以降低经营成本为目标决定集装箱的购置和租用数量。

2. 集装箱的租赁方式

集装箱租赁方式虽然很多，但总的来说可划分为以下三大类。

（1）期租

集装箱的期租分为长期租赁和短期租赁两种方式。长期租赁一般是指有一段较长的租用期限，而短期租赁则根据所需要的使用期限来租用集装箱，时间比较短。

长期租赁又可分为"融资租赁"与"用期租赁"两种方式。前者指租箱人在使用期届满后购入所租用的箱子，后者系指租箱人在使用期届满后将箱子退还给集装箱出租公司。

> **知识拓展**
>
> **关于融资租赁**
>
> 融资租赁方式的实质是通过"融物"而进行"融资"。承租人表面上是租用集装箱，而实际上是向出租人借钱，购入集装箱。所以融资租赁租入集装箱，实际上和班轮公司自备箱没有很大的区别。融资租赁是现代企业融资的一种常用方式，当企业需要使用某种设备，但暂时又没有相应的资金，或感觉通过融资方式解决资金来源对企业更有利，有时只是为了降低企业的运营风险，就会采用融资租赁的方式增添设备。
>
> **想一想**："融资租赁"和"用期租赁"哪一种租金较高？

集装箱长期租赁的特点是：租箱人只按时支付租金，即可如同自备箱一样使用；租金较低，租期愈长租金愈低。因此，目前采用长期租赁方式较多。这种方式在租期未满前，租箱人不得提前退租，但可在合同中附有提前归还集装箱的选择条款。对租箱公司而言，采用这种方式可在较长的租期内获得稳定的租金收入，减少租箱市场的风险，也可减少大量的提、还箱等管理工作。

同长期租赁比较，短期租赁较灵活。租箱人可根据自己需要的时间、地点来确定租用期限，但其租金比较高。

（2）程租

集装箱的程租包括单程租赁和来回程租赁两种方式。

船公司在货源往返不平衡的航线，会采用单程租赁方式租用集装箱，在本公司空箱资源缺乏的地区租箱，将货物运往目的地。这样，船公司就可节省一笔空箱调用的费用。

知识拓展

关于单程租赁

如果从缺箱地区单程租赁到集装箱积压地区，租箱人需要向租箱公司支付较高的租金，因为此时租箱公司需要从集装箱积压地区往短缺地区调运空箱，租金中一般要包含空箱调运费，有时还要支付提箱费及还箱费。而如果从集装箱积压地区租赁到集装箱短缺地区，承租人则可享受租金优惠，可较少支付、甚至免除提箱费和还箱费，有时还可能在一定时间内免费租箱。现在，单程租赁经常成为船公司进行箱务管理的一种策略。

来回程租赁通常用于来回程有较平衡货运量的航线。该种租赁方式租期不受限制，在租赁期间，租箱人有较大的自由使用权，不局限于一个单纯的来回程。这种租赁方式对还箱地点有严格的限制。

想一想：在现有的班轮航线上，绝大多数的冷藏货物的流向是单向的，而干货箱也普遍存在着双向的数量差异。以中国——澳大利亚航线为例，南行（中国至澳大利亚）承运的货物以汽车、日用百货、服装、粮食等为主，轻工业产品居多；而北行（澳大利亚至中国）则以肉类等冷藏货物为主，从而形成了南北向的两个不平衡：即相对于澳大利亚而言，干货箱进口大于出口，而冷藏箱出口大于进口。为解决这两个不平衡，船公司必须依靠调运空箱解决，即南行调运冷藏空箱至澳大利亚，北行调运普通空箱至中国。调运空箱是不得已而为之的，所有的船公司都试图利用有限的舱位装满重箱，取得运费收入，而非"运送空气"。

你能想到几种办法解决这种问题？

（3）灵活租赁

灵活租赁又称活期租赁，是指在集装箱租赁合同有效期内，承租方可以在出租方指定的地点灵活地进行提、还箱的租赁方式。对承租方而言，在经营使用上具有较大的灵活性，且在大量租用箱子时，租金有回扣，其租金近乎于长期租赁一样便宜，因而使用相当广泛。特别在集装箱货运量大，经营航线较多且来回程货运量不平衡的情况下，采用这种租赁方式能比较容易适应变化，是一种很有价值的租赁方式。灵活租赁的租期通常为一年，一般每隔一定时间（通常一年）订立一次集装箱租赁总协议（Master Lease Agreement，MLA）。作为租箱人，在进行租箱业务时，可以充分了解并掌握各租赁公司的特点，尽可能利用各公司的长处，与多家租赁公司签订灵活租赁合同。

想一想：灵活租赁对租箱公司有什么风险？

3. 集装箱租箱量的确定

一般集装箱班轮公司都采用部分租箱的方式，尽可能节省投资，降低风险。可根据最小自备量原则先确定船公司的年度总租箱量，然后再进一步确定长期和短期的租箱量，这是一种简便又实用的计算方法。

（1）求出年度用箱总量 S_T

$$S_T = \sum M_i = M_1 + M_2 + \cdots + M_{12} \text{(TEU)}$$

其中：M_i——1月份~12月份预测的月用箱量数据。

（2）求出年度最低自备箱量 S_s

$$S_s = 12 \times \min(\sum M_i) \text{ (TEU)}$$

其中：$\min(M_i)$——1月份~12月份预测数据中最小的用箱量数据。

（3）求年度租箱量 S_c

$$S_c = S_T - S_s \text{(TEU)}$$

东方海外集装箱船公司预计2015年度每月用箱量见表2-6。

表2-6　东方海外集装箱船公司每月用箱量

月　　份	1	2	3	4	5	6	7	8	9	10	11	12
用箱量（万TEU）	5.4	4.2	3.5	3.2	3.0	3.1	3.7	4.2	5.6	4.8	5.1	4.2

确定公司年租箱总量。

解：① 求年总用箱量 S_T：

$$S_T = \sum M_i = M_1 + M_2 + \cdots + M_{12} = 5.4 + 4.2 + \cdots + 4.2 = 50 \text{（万 TEU）}$$

② 求年最小自备量 S_s：

$$S_s = 12 \times \min(M_i) = 12 \times 3.0 = 36 \text{（万 TEU）}$$

③ 求年度租箱量 S_c

$$S_c = S_T - S_s \text{(TEU)} = 50 - 36 = 14 \text{（万 TEU）}$$

（4）求年度长期租箱量 S_{LC}

$$S_{LC} = 1/2(S_c + 12 \times m - S_s - \sum |m - M_i|)$$

S_c——年度租箱量；
m——$S_T/12$，即平均月用箱量；
S_s——年最小自备量。
M_i——1月份~12月份预测的月用箱量数据。

（5）求年度短期租箱量 S_{sc}：

$$S_{sc}=S_c-S_{LC}$$

（6）求年长期租箱量 S_{LC}：

$m=S_T/12=50/12=4.2$（万 TEU）

$S_{LC}=1/2(S_c+12\times m-S_s-\sum|m-M_i|)$

$\quad =1/2[14+12\times4.2-36-(|4.2-5.4|+|4.2-4.2|+\cdots+|4.2-4.2|)]$

$\quad =1/2[14+50-36-8.5]$

$\quad =9.8$（万 TEU）

（5）求年短期租箱量 S_{sc}：

$S_{sc}=S_c-S_{LC}=14-9.8=4.2$（万 TEU）

以上通过确定航线配备量计算公式所确定的用箱量，一般情况下应能满足市场需求，其中以实际用箱量最小的月份为基数，计算年最小自备量，是为了将置箱投资压缩到最低限度。如果市场需求上升引起月用箱量增加，则可采用租赁的办法弥补箱量不足。

4．集装箱租赁合同及主要条款

集装箱租赁合同是规定租箱人与租箱公司双方权利、义务和费用的协议和合同文本。租箱人在签署合同之前一般要与租箱公司（或其代理人）商定租箱方式，数量，租金，交、还箱期，地点，租、退箱费用，损害修理责任及保险等事宜。租箱合同的主要条款一般有四个方面内容。

（1）交箱条款

交箱条款主要是制约租箱公司的条款，是指租箱公司应在合同规定的时间和地点将符合合同条件的集装箱交给租箱人。其内容主要有：

① 交箱期。是指租箱公司将箱子交给租箱人的时间。为了给双方都提供一些方便，交箱期通常规定一个期限，一般为 7～30 天。

② 交箱量。为了适应市场上箱、货供求关系的变化，合同中对交箱量有两种规定方法，一种是规定的交箱数量（或最低交箱量），另一种是实际交箱量（可高于或低于前者）。

③ 交箱时箱子状况。租箱公司交给租箱人的箱子应符合有关国际公约与标准的规定，同时租箱人还箱时应保证箱子保持和接近原来的状况。

（2）租金及费用支付条款

租箱人应按时支付合同中规定承担的各种费用及租金，不按时支付费用和租金则构成违约，租箱公司有权采取适当的行动直至收回集装箱。其主要内容有：

① 租期。租期一般理解为从交箱之日起至还箱之日止的一段时间。

② 租金计算方法。租用天数计算一般从交箱当日起算至租箱公司接收还箱的次日为止。在超期还箱情况下，超期天数按合同规定的租金另行支付（通常比正常租金高一倍）。如合同中定有提前终止的条款，租箱人支付提前终止费用（一般相当于 5～7 天租金）后，租期到集装箱进入还箱堆场日终止。

③ 租金支付方式。一般租金支付方式有两种——按月支付或按季支付。租箱人应在收到租金付通知单后，在规定时间内（一般为 30 天）支付。如延期则按合同规定的费率加付利息。

④ 交、还箱手续费。租箱人应按合同规定支付交、还箱手续费。该费用主要用来抵偿因在堆场交、还箱所产生的费用（装卸车费、单证费等），其数额或由合同规定，或按交、还箱所在堆场的费用确定。

 想一想：下面这份合同条款里有上述的内容吗？

集装箱租赁合同部分条款（举例）

一、租赁集装箱类型、规格

40 英尺框架箱

二、租赁集装箱数量

10 UNITS（以实际提箱数量为准）

三、租赁方式为灵活租用，各个集装箱的租赁期限分别按该箱的实际起租日计至退租日止。

四、租金和租金支付及押金条款

1. 租金：40′FR 租金为 4.00 美元/每天

2. 租金支付：

租金每月支付一次，不满一个月按实际租赁天数计算，甲方应于每个月的 5 日前向乙方提供上个月的账单。

五、租赁集装箱交付条款

1. 交接地：上海甲方指定堆场_____。

2. 箱况：甲方保证提供完好适货的集装箱（SEAWORTHY 标准）。

3. 上车费：由乙方直接跟甲方指定堆场结算。

（3）还箱条款

租箱合同中的还箱条款主要是制约租箱人的条款，是指租箱人应在租用期满后，按合同规定的时间、地点将状况良好的箱子还给租箱公司。其主要内容如下。

① 还箱时间。指规定的还箱日期。如超期还箱，合同一般通过对超期天数加收租金的方式解决；如果可能提前还箱，则要求事先订立提前终止条款，定有该条款时，租箱人可提前还箱；如未订立此条款，即使是提前还箱，租箱人仍须补交提前日数的追加租金。

② 还箱地点。租箱人应按合同规定或租箱公司另用书面形式确认的具体地点还箱。在订立合同时，租箱人应尽量使还箱地点与箱子最终使用地点一致或接近，这样可以减少空箱运输费用。

③ 还箱时箱子状况。租箱人在还箱时应保证箱子外表状态良好，即保证箱子保持提箱时双方签订的设备交接单上说明的状况。该条款一般规定如果还箱时外表有损坏，租箱人应承担修理责任与费用。

④ 超期还箱的处理。租箱合同中一般还规定还箱期满若干天（有的是 30 天）后，租箱人仍未还箱，租箱公司将作为箱子全损处理。租箱人应按合同规定的金额支付赔偿金，在租箱公司未收到赔偿金前，租箱人仍须按实际天数支付租金。

（4）损害修理责任条款

租箱人还箱时，应按设备交接单上记载的状况还箱，如有损坏，则应负责将箱子修理好后还箱，或承担维修费用。

集装箱运输管理

> **知识扩展—DPP条款**
>
> 在集装箱租赁条款中可以有一项 DPP（Damage Protection Plan）条款，相当于租箱人对租箱期内集装箱的损害进行了保险。租箱时在合同中订立 DPP 条款并按规定付费，则租箱人对租箱期内所造成的损坏在一定程度上不负修理责任，可将未修理的箱子退还租箱公司。不论箱子在租箱期内是否损坏，DPP 费用一律不予退还。
>
> 习惯上租箱公司只负责比箱子当时价值低一些的一个固定限额之内，如超过此限额，则超过部分仍需要租箱人承担。DPP 费用一般按租箱天数收取。

 想一想：下面的合同条款里有上述的内容吗？

集装箱租赁合同部分条款（续）

六、用途：乙方租赁甲方集装箱应用于通常的合理的用途，不得用于从事任何非法活动，否则因此而造成的一切损失和后果均由乙方承担全部责任。

七、集装箱在租赁期间的保养和维修

乙方在租用其内正常使用并妥善维护集装箱。如果集装箱在使用中发生故障，乙方应按集装箱的技术支持手册进行检查后，并予以维修。

八、租赁集装箱还箱条款

1. 还箱地点为：上海××堆场（上海××区××路××号）

2. 还箱时集装箱的质量问题：

2.1 甲方应当提前 5 个工作日通知乙方具体还箱堆场。乙方须安排集装箱退还至指定堆场。

2.2 退箱时由甲方负责检验（按 SEAWORTHY 标准）。若甲方发现集装箱损坏需要修理的，则修理费由乙方来承担。但甲方在修理前应将估价单书面通知乙方，并允许乙方进行检验。如果乙方在收到通知之日起 10 个工作日内未对估价单提出任何异议，则视为乙方同意修理。乙方应在甲方修理完毕之日起 30 天内向甲方支付该修理费。

2.3 退租下车费：USD5.0/UNIT，由乙方在租金账单中与甲方结算。

3．重置费：若集装箱在租赁期间丢失、损毁或甲方确定已不能修复时，乙方必须根据集装箱重置费向甲方赔偿损失。按照 USD4500/40'FR 为准，乙方支付重置费后，相关集装箱所有权归乙方所有。

（四）集装箱调运业务

集装箱调运管理的水平，决定了集装箱的周转速度，直接影响企业的服务质量和经济效益。

集装箱的调运包括重箱调运和空箱调运两个方面，其中对于重箱的调运工作，主要是重箱的跟踪和及时追还拆空的集装箱；而空箱的调运涉及航运公司、场站、中转站、港口等多个部门，业务手续相对多，且空箱一般不创造经济效益，应尽量缩短空箱调运时间、降低空箱调运成本、提高集装箱的利用率。所以对集装箱的调运管理，应更多地着眼于空箱的调运工作。

学习情境二 海运集装箱运输的体验(一)

1. 集装箱空箱产生的原因见表 2-7。

表 2-7 集装箱空箱产生的原因

客 观 原 因	主 观 原 因
港口进出箱量不平衡	空箱积压
港口进出箱型不平衡	管理水平落后
装箱的生产地到投入使用地之间的空箱运输	租箱协议中有关退租地点的限制
特殊箱型的使用	区域间个箱成本和修箱标准的差异

2. 空箱调运方式

① 国际间调运。

国际航线上货源、货物流向、流量不平衡等原因,均可造成国际各港口的空箱数量的不平衡,这就需要将某个港口的剩余空箱调运到空箱不足的港口使用。箱管部门应与货运部门配合,尽快掌握各港的空箱数量以及各港的空箱需求量,及时做好调运计划,通过在各港的船代或集装箱代理人做好报关、装运等工作,及时将根据调运计划安排的空箱按其类型、数量调运到指定的港口。

② 国内间调运。

空箱在国内调运时,不需要办理海关报关手续,所以箱管部门在做好调运计划的前提下,通过水路运输空箱时,一方面要与货运部门配合,掌握空箱的需求情况,另一方面必须与航运部门合作,了解船舶的配载情况,充分利用船舶的剩余舱位进行空箱的调运,尽量不影响重箱的装载量,以降低运输成本。

③ 港到堆场、货运站、中转站间的调运。

如果空箱在某些港口大量积压,必须及时将空箱调运到各堆场、货运站等地。箱管部门必须尽早掌握空箱的达到时间、数量,及时(提前)为各堆场、货运站、内陆运输部门签发"集装箱设备交接单",联系运输单位,采用直取方式或尽早将空箱调运到使用空箱的地点。

④ 堆场、货运站之间的调运。

一般情况下,空箱除少部分在港口堆存外,大量在堆场和货运站堆存。由于堆场和货运站之间使用的不平衡,箱管部门应根据各场站的空箱需求量,进行堆场、货运站等地之间的空箱调运。

场站之间调运时,箱管部门应制定调运计划,联系各运输单位,签发"集装箱设备交接单",将空箱从指定的提箱地点运至指定的收箱地点。

⑤ 临时租用箱的调运。

由于空箱调运需要一定的时间,往往不能满足当前的需要,这时箱管部门必须向租箱公司临时租箱或向其他船公司临时租用集装箱。箱管部门向租箱公司或其他船公司提出租用集装箱申请,经同意后办理设备交接手续,将空箱运至本公司的协议堆场或货运站,同时做好设备交接工作。使用完毕,应将空箱运至租箱公司或其他船公司指定的场地,按规定办理交还手续和支付租金。

⑥ 还箱的调运。

对于租期已满不再继续租用的集装箱，以及由于货源不足需要归还的租用集装箱，箱管部门应及时与租箱公司联系，确定还箱的方案，按照租箱公司指定的地点将空箱运还并办理交接手续。

⑦ 其他调运。

集装箱在修理、清洗、改装、熏蒸、检验时，箱管部门应根据调运计划，联系运输公司将集装箱运至指定地点；拆空的集装箱一般由货方或其代理、内陆承运人负责还箱运输。箱管部门应及时掌握以上集装箱的动态，使空箱能及时投入使用，从而提高集装箱的周转速度。

（五）集装箱的堆存业务

1. 重箱的堆存

集装箱码头堆场为避免港区集装箱积压现象发生，一般规定在装船前 3 天受理重箱进场作业，箱管部门应通知货方或其代理、内陆运输人等，在进场截止时间前将重箱运至港区内指定的堆场，并做好集装箱设备交接工作。堆场则将不同目的地、不同箱型、不同尺寸的进出口重箱分别堆放，并兼顾重箱装卸作业的需要，减少翻箱率、避免作业线路的交叉和拥挤，提高堆场利用率。

2. 空箱的堆存

一般情况，集装箱的所有者会委托箱管代理或各堆场、货运站经营人作为自己的集装箱代理人，由他们对集装箱进行管理，空箱堆存在货运站和码头堆场等地，集装箱所有者须向代理人支付堆存、保管费用。

货运站和堆场存放的空箱主要来自两个方面，一是收货人归还的空箱，二是运输公司调运的空箱。集装箱代理人在收箱时要做好检查工作，办理好设备交接手续，发现集装箱有损坏现象时，要明确责任，并及时通知箱主，安排修理等事宜；在搬运过程中应注意安全，避免集装箱出现工残；在安排空箱堆存过程中，应将各运输公司的集装箱分别堆放，同公司的集装箱应按不同箱型分别堆放，便于提箱；在正确掌握各堆场、货运站的空箱类型、数量的前提下，应充分利用各货运站、堆场入场初期的免费条款及其他优惠条件，将堆存期较长的集装箱调运出去，做载货用箱或调运至需要空箱的地方。

四、实习岗位——船公司配载中心

林欣来到配载中心开始了船公司最后一阶段的实习。刚进配载中心，就看到配载中心的桌子上和电脑里密密麻麻都是格子图（图 2-15）。林欣开始犯迷糊了，这些图是什么意思呢？有什么作用呢？

学习情境二　海运集装箱运输的体验（一）

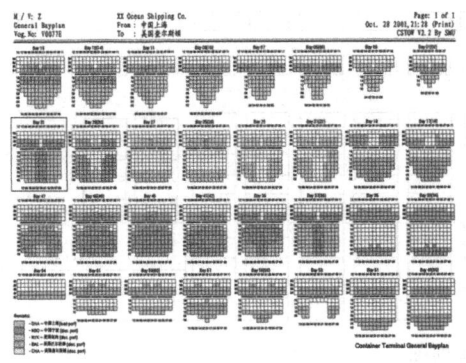

图 2-15　集装箱船配载图

配载中心的主要职责就是编制、检测、跟踪、监督集装箱船舶的配载。所谓集装箱船舶配载，就是指把预定装载出口的集装箱，按船舶的运输要求和码头的作业要求制定的具体装载计划。配载必须满足船舶的运输要求，现代集装箱船舶载箱量很大，尤其是甲板载有大量集装箱，这使得对集装箱船舶的安全要求更高。同时，集装箱货物通常以中高价货为主，货物的运输安全显得十分重要，配载就是要按照船舶既定的技术规范，科学合理地分配每一个集装箱在船舶上的具体位置，以保证船舶的航行安全和货物的运输安全。配载还应兼顾码头的作业要求，现代集装箱码头配置了大量集装箱专用机械设备，设定了专门的集装箱装卸工艺，具有连续、高效、大规模的生产特点，因此配载还要按照码头作业要求，使码头能合理、有序和有效地组织生产作业。

（一）认识集装箱船箱位图

为准确表示每一集装箱在船上的装箱位置，便于计算机管理和码头装卸人员正确辨认，集装箱船每一装箱位置应按国际统一的代码编号方法表示。该箱位号由 6 位阿拉伯数字组成。这 6 个数字反映了箱子在船上的三维空间坐标（表 2-8）。

表 2-8　箱位号表示方法

箱位号表示方法	想　一　想
前两位数字表示集装箱的排号（行号）	这六个数字怎么和电脑里的配载图相对应
中间两位数字表示集装箱的列号	
后两位数字表示集装箱的层号	

1. 行号（BAY）

前两位数字表示行。行是从船首向船尾按序排列。装 20 英尺集装箱的箱位依次以 01、03、05……奇数表示。当纵向装 40 英尺集装箱时需要占两个箱位，则该 40 英尺集装箱的箱位行号用所占的两个 20 英尺箱位奇数行号之间的一个偶数表示。如图 2-16 所示，若在 01 和 03 两行上装载某一个 40 英尺集装箱时，则该箱行号就以介于 01 和 03 之间的 02 这一偶数作为其行号。集装箱船装载示意图如图 2-17 所示。

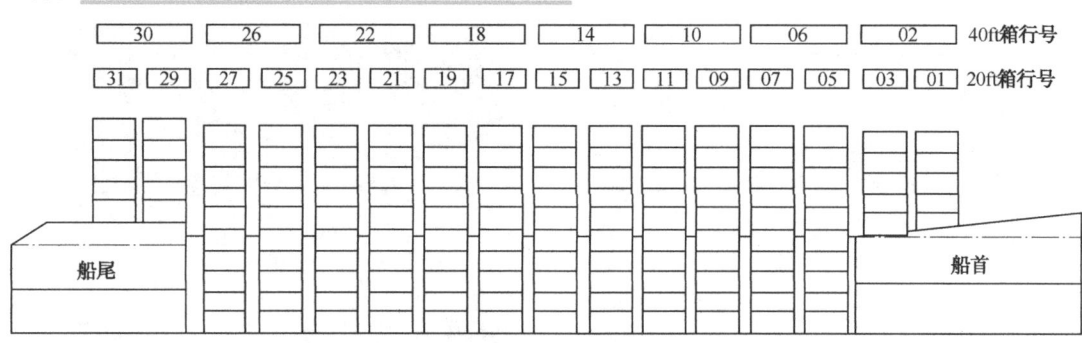

图 2-16　行排列图

图 2-17　集装箱船装载示意图

2. 列号（ROW）

中间两位数字表示列。列是集装箱在船舶上的左右位置。列位常用的表示方法是通常从中间向右舷以 01、03、05……的奇数表示，向左舷以 02、04、06……的偶数表示。若集装箱船舶的集装箱箱位总列数是奇数，则位于当中的一列命名为 00 列（图 2-18）。

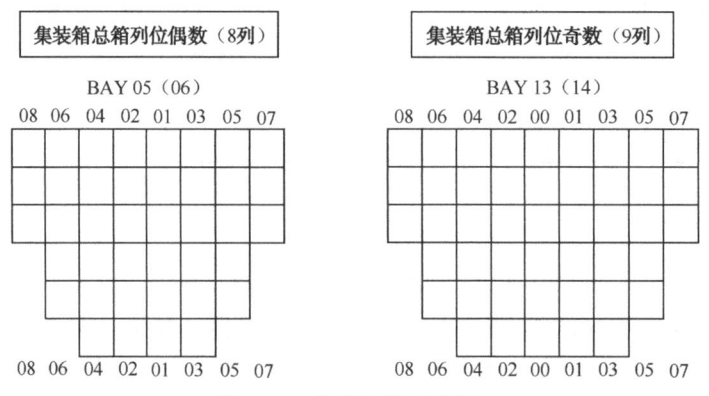

图 2-18　集装箱船列号图

3. 层号（TIER）

最后两位数字表示层。层号是集装箱箱位的上下排列。通常舱内依次用 02、04、06、08、10、12、14 等表示，舱面依次用 82、84、86、88、90 等表示。层的排列如图 2-19 所示。

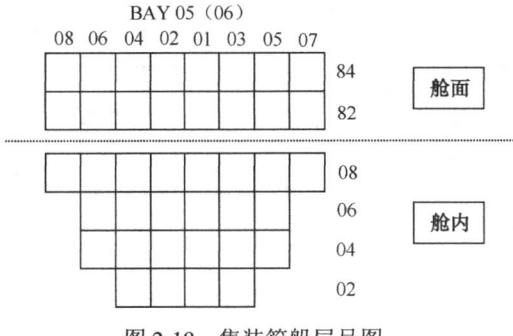

图 2-19　集装箱船层号图

4. 综合表示方法

 想一想：

A 表示几英尺集装箱？A 的箱位号是什么？

B 表示几英尺集装箱？B 的箱位号是什么（图 2-20）？

按照我们之前学的箱号，A 表示 20ft 集装箱，A 的箱位号是 09（行）02（列）06（层）B 因为占了两个箱位，所以 B 表示 40ft 集装箱，B 的箱位号是 22（行）06（列）86（层）。

那么下面的配载图可以看得懂了吗？请把图 2-20 中的 A、B 分别在图 2-21 上标出来。

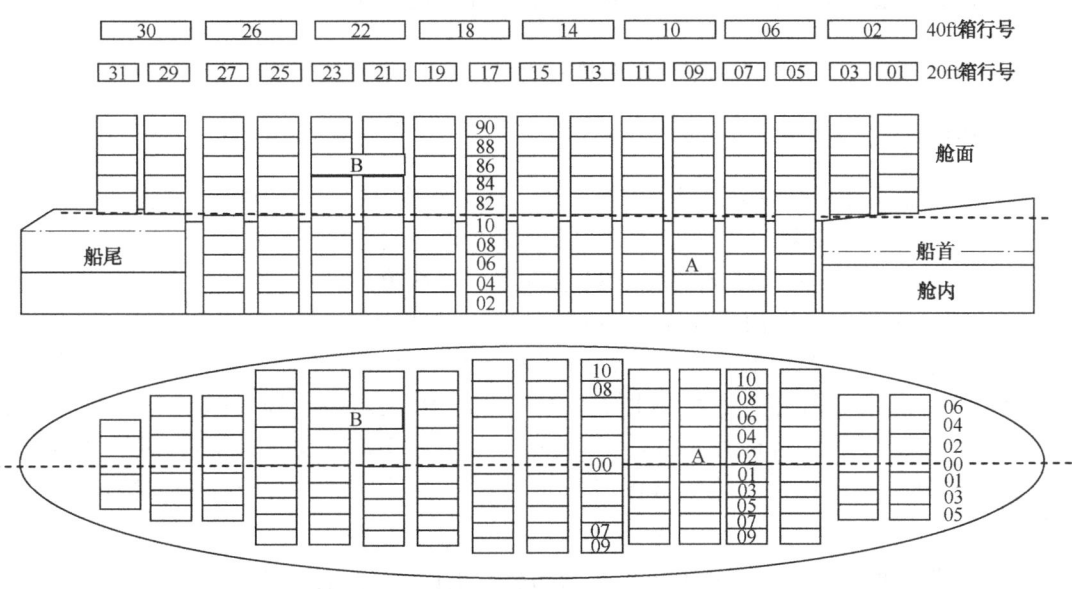

图 2-20　集装箱船装载位置示意图（1）

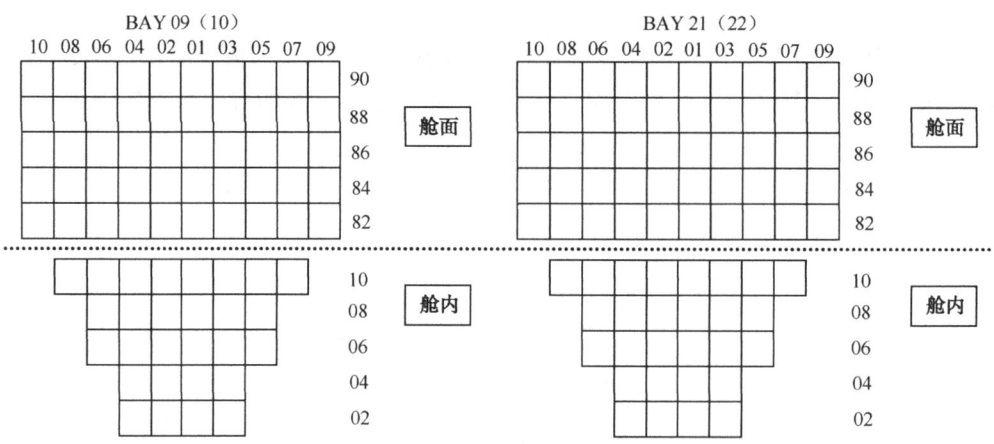

图 2-21　集装箱船装载位置示意图（2）

（二）认识集装箱船配积载图

认识和制作集装箱船舶配积载图是集装箱船公司、码头堆场、理货公司、船长船员等相关人员必须掌握的一项基本技能。

集装箱船舶配载图：装船前把预定装载出口的集装箱，按船舶的运输要求和码头的作业要求制定具体装载计划。集装箱船舶积载图：装船时码头实际装箱情况与预配图会有出入，所以装船后还要根据实际装箱情况编制船图。这些图主要用来表示所装货物的装卸港、重量、性质、状态及装载位置等内容。

想一想：集装箱船舶配载图和积载图最主要的区别在哪？

主要分为预配图、实配图和最终积载图三种。

1. 预配图

预配图是整个集装箱船舶配载中的第一步，这是最关键的一个步骤，是制作集装箱船舶实配图及最终积载图的基础与依据。它关系到船舶的航行安全和作业效率。

集装箱预配图由三幅图组成：字母图、重量图、特殊箱图。

第一幅：字母图。在图上每个集装箱箱位的小方格内，用一个英文字母（通常为卸货港英文名首字母）表示该箱位集装箱的卸港。为了使接收图者清楚每个字母所代表的集装箱卸港，通常在图的空白处用注解说明。例如 B 表示波士顿（Boston），N 表示纽约（Newyork），L 表示洛杉矶（Los Angeles），S 表示上海（Shanghai）。对于 40ft 集装箱，因为占据了两个箱位，填字母图时只填写前一行号方格，后一行号方格记为"×"（图2-22）。

想一想：图 2-22 表示什么？去纽约的有几箱货？去长滩的有几箱货？去休斯顿的有几箱货？其中有 40 英尺的集装箱吗？

学习情境二 海运集装箱运输的体验（一）

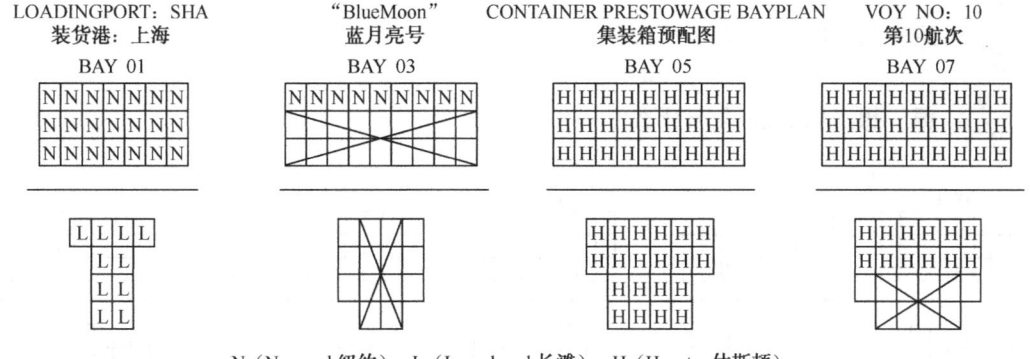

图 2-22 预配图字母图举例

第二幅：重量图。在图上每个集装箱箱位的小方格内，以吨为单位标出所配集装箱的重量。对于 40ft 集装箱，因为占据了两个箱位，填箱货总量时只填写前一行号方格，后一行号方格记为"×"（图 2-23）。

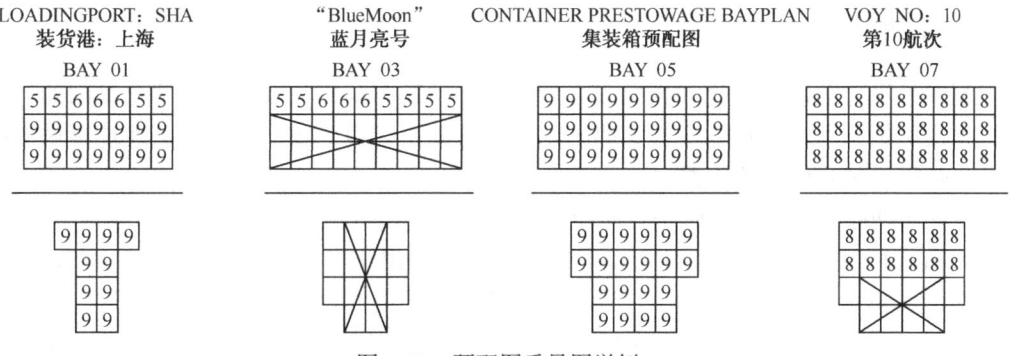

图 2-23 预配图重量图举例

 想一想：图 2-23 表示什么？

第三幅：特殊箱图。最常见的特殊箱为冷藏箱和危险品箱。其他特殊项有空箱、选港箱、平板箱、台架箱、开顶箱等。危险货箱用圆圈"○"标记在所配箱位的小方格上，旁边用"D"加上数字表示在《国际危规》中的类别等级，如"D4.1"表示该箱装的是《国际危规》4.1 类危险品，有些图直接标上"4.1"。冷藏箱在小方格上标注"R"，空箱在小方格上标注"E"，开顶箱标注"O"，平台箱标注"PR"，框架箱标注"FR"，罐式箱标注"TK"。选卸港箱，可在箱位上加注选卸港名称，如 HAM/LON。超高箱可在箱位小方格上方加"∧"作为超高标记，并加注超高尺寸；超宽箱则用"＜（左侧）"或"＞（右侧）"作为超宽标记，并加注超宽尺寸（图 2-24）。

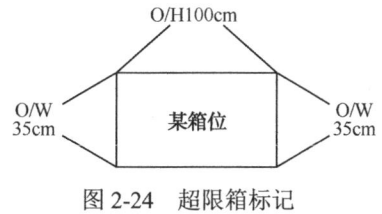

图 2-24 超限箱标记

 想一想：图 2-24 表示什么？

 想一想：图 2-25 表示什么？

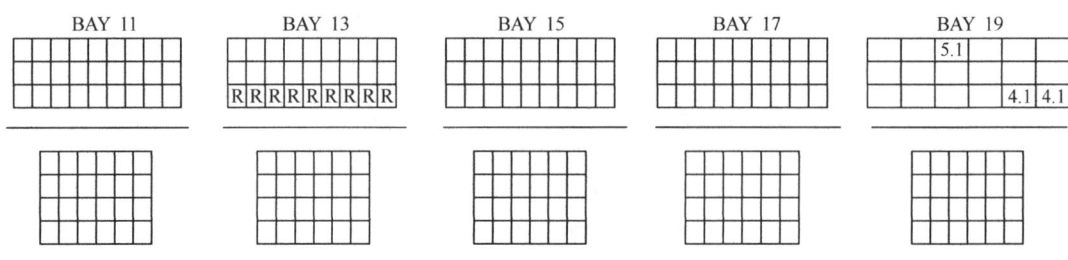

图 2-25 特殊箱图标记

对于 40ft 集装箱，因为占据了两个箱位，填箱货总量时只填写前一行号方格，后一行号方格记为"×"。

2. 实配图

实配图是港口装卸公司收到预配图之后，根据预配图和码头实际进箱情况编制的。实配图会根据实际情况考虑船舶稳定性、船舶结构、装卸工艺等。实配图是码头现场操作的指导性文件，是码头装卸作业的依据。

实配图由两张图组成：一张是封面图，另一张是行箱位图。

第一幅：封面图，反应集装箱船舶整体装卸计划的图样。封面图与预配图相似，不同之处在于在集装箱实配图的封面图上，通常只标注集装箱的卸港和特殊箱标记。卸港的标注有两种方法：一是用一个大写的英文字母表示卸港，如上海港以 S 表示；另一种是用不同颜色表示不同卸港。特殊箱的标注方法同预配图一样。

第二幅：行箱位图（图 2-27）。行（排）箱位图每行位（BAY）一张，表示每一行的具体装箱情况，是码头现场作业的指导文件，也是船公司及船上工作人员的重要参考资料。行箱位图内的内容包括：

（1）集装箱的卸货港和装货港。港口名均用三个英文字母表示。一般卸货港在前，装货港在后。例如 NYK/SHA，有时只标注卸货港，装货港省略不写。

（2）集装箱的总重（箱子自重加上货物重量），单位为吨。

（3）集装箱箱号，由箱主代码、顺序号以及核对号组成，共 11 位字符。

（4）集装箱在堆场的箱位号。表示集装箱在堆场上的堆放位置。码头理货员可按照图上的指示，告诉拖车司机取箱位置。

图 2-26 中箱位的内容表示什么？

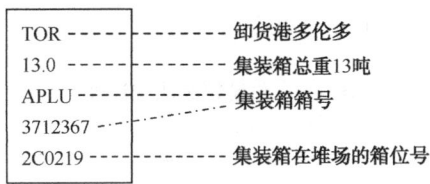

图 2-26　行箱位图举例

BAY 05（06）

TOR 12.0 COSU 0012342 5G0101	TOR 10.0 COSU 1597860 5G0102	TOR 9.0 COSU 3963542 5G0103	TOR 8.0 COSU 3602157 5G0104	TOR 8.0 COSU 4567898 5G0105	TOR 8.0 COSU 6457891 5G0106	TOR 10.0 COSU 8001215 5G0107	TOR 12.0 COSU 1205978 5G0108
TOR 10.0 COSU 8156958 8C0101	TOR 10.0 COSU 8023169 8C0102	TOR 10.0 COSU 8175069 8C0103	TOR 10.0 COSU 8183932 8C0104	TOR 10.0 COSU 8210621 8C0105	TOR 10.0 COSU 8028833 8C0106	TOR 10.0 COSU 8011419 8C0107	TOR 10.0 COSU 8157511 8C0108
TOR 12.0 TTNU 4050250 6D0101	TOR 10.0 TTNU 9263984 6D0102	TOR 9.0 CRXU 9251031 6D0103	TOR 8.0 TGHU 7834960 6D0104	TOR 8.0 TGHU 7028265 6D0105	TOR 8.0 SITU 4989119 6D0106	TOR 10.0 MEAU 6598726 6D0107	TOR 12.0 MEAU 4568750 6D0108
	TOR 13.0 MEAU 6545677 2C0212	TOR 13.0 MEAU 6575642 2C0213	TOR 13.0 MEAU 4567723 2C0214	TOR 13.0 MEAU 7404723 2C0215	TOR 13.0 MEAU 4507623 2C0216	TOR 13.0 MEAU 6751254 2C0217	
	TOR 13.0 APLU 0726443 2C0218	TOR 13.0 APLU 3712364 2C0219	TOR 13.0 APLU 3820760 2C0220	TOR 13.0 APLU 6598723 2C0221	TOR 13.0 APLU 4047854 2C0222	TOR 13.0 APLU 0786412 2C0223	
		TOR 19.0 APLU 4001464 2C0224	TOR 19.0 APLU 6486107 2C0225	TOR 19.0 APLU 7892045 2C0226	TOR 19.0 APLU 1067545 2C0227		

图 2-27　行箱位图标记

 想一想：箱位 "050406"、"050382" 表示什么？

3. 最终积载图

最终积载图又叫主积载图。在集装箱装船结束后，由船舶理货员根据船舶实际装箱情况及每只集装箱在船上的箱位，编制最终积载图，是计算船舶稳性、船体受力状况和吃水差的依据。它由最终封面图、最终行箱位图和装船统计表三部分组成。

最终积载图中的最终封面图、最终行箱位图与实配图中的封面图和行箱位图在形式和内容方面基本相同，只是在最终行箱位图中删除了集装箱在堆场的箱位编号。

装船统计表中包括以下内容，见表 2-9。

① 装箱港、卸箱港和选箱港；

② 集装箱状态，分重箱、空箱、冷藏箱、危险货物箱以及其他特种箱；

③ 箱型，分 20ft 和 40ft；
④ 数量（个）和重量（吨）的小计和总计。

表 2-9 集装箱装船统计表

船名：Y　　　　航次：××　　　　日期：2014 年×月×日

装箱港	港口 / 箱型 / 状态		卸货港 1		卸货港 2		……		总计		选港
			20ft	40ft	20ft	40ft	20ft	40ft	20ft	40ft	40ft
装货港 1	重箱（Full）										
	冷藏箱（Reefer）										
	危险货物箱（Dangerous）										
	空箱（Empty）										
装货港 1	重箱（Full）										
	冷藏箱（Reefer）										
	危险货物箱（Dangerous）										
	空箱（Empty）										
……	……		……	……	……	……	……	……	……	……	……
总计	箱数										
	重量										
	总重										

想一想：

填写表 2-9 集装箱装船统计表。

蓝月亮号第 E1023 航次起航。装货港 SHA（上海），20 英尺箱，箱型有重箱和冷藏箱。

卸货港依次为 LAX（洛杉矶）、BOS（波士顿）、MIA（迈阿密）。

洛杉矶卸货的箱子重箱有 52 个，重 416 吨，冷藏箱 10 个，重 90 吨。

波士顿卸货的箱子重箱有 80 个，重 640 吨，冷藏箱 1 个，重 10 吨。

迈阿密卸货的箱子重箱有 420 个，重 2520 吨，冷藏箱 20 个，重 200 吨。

小结——集装箱船舶积配载图的使用过程

（1）由船公司的集装箱配载中心或船舶大副，根据收集分类整理的订舱单，编制航次集装箱预配图。

（2）航次集装箱预配图由船公司直接寄送给港口的集装箱装卸公司，或通过船舶代理用电报、电传或传真形式转给港口集装箱装卸公司。

（3）港口装卸公司收到预配图后，由码头船长（Terminal Captain）或集装箱配载员，根据预配图和码头实际进箱情况，编制成集装箱实配图。

（4）待集装箱船靠泊后，码头配载员持实配图上船，交由大副审查，经船方同意后签字认可。

（5）码头按大副签字认可的实配图装船。

（6）集装箱装船完毕后，由理货公司的理货员按船舶实际装箱情况，编制成最终积载图。

操作实训

1．厦门远达电子进出口贸易向美国纽约出口电子产品，使用 20 英尺集装箱运输，商品外包装为纸箱，纸箱的体积为：长 46cm×宽 26cm×高 18cm，请估算集装箱内能够装进多少个包装箱。（20ft 集装箱内部尺寸为：长 5.92m×宽 2.34m×高 2.41m）

2．集装箱箱位确定。请在图 2-28 中标出集装箱的箱位，将 ABCDE 填入相应的位置。

A 箱位号为 050484，B 箱位号为 050208，C 箱位号为 050886，D 箱位号为 050306，E 箱位号为 050084。

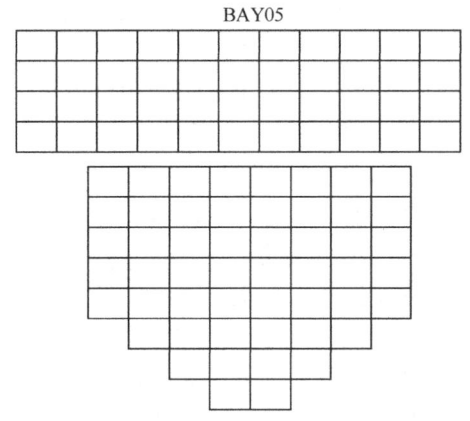

图 2-28 集装箱箱位图

3．AMERICAN LINE 厦门—迈阿密航线的船舶为 COS YONGFENG、COS JOY、COS XIAMEN、SANFRANCISCO BRIDGE，共四条 4000TEU 全集装箱船。航线要求挂靠深圳、香港、纽约、美国萨凡纳（SAVANNAH GA）、美国迈阿密（MIAMI FL）。已知厦门到深圳的航程为 2 天，深圳到香港的航程为 1 天，香港到纽约的航程为 18 天，纽约到萨凡纳的航程为 3 天，萨凡纳到迈阿密的航程为 2 天，相同路程往返时间一样。船舶于北京时间 2 月 1 日在上海港首航，在每个港口挂靠 1 天。请根据航程时间和船舶的数量，合理安排发船间隔。

4．集装箱班轮公司在其经营航线上配置 3 艘载箱量为 2500TEU 的集装箱船舶，船舶往返航次时间为 30 天。集装箱在内陆周转的情况如下：在端点港 A 较理想，平均港口堆存期和内陆周转时间之和为 7 天；在端点港 B，集装箱内陆周转情况随集装箱返抵港口的天数与和返抵箱量的变化而变化，其中，60%的箱量在 10 天之内返抵港口待装船；30%

的箱量在 10～20 天之内返抵港口待装船；100%的箱量在 20～30 天之内返抵港口待装船。如果船舶载箱利用率为 80%，试求集装箱船公司在该航线上须配备多少个集装箱（TEU）？

5. 根据所给材料，确定 K-LINE 公司年租箱总量，并分组讨论拟制集装箱租赁合同。

K-LINE 集装箱船公司预计 2016 年度每月用箱量见表 2-10。

表 2-10　K-LINE 集装箱船公司每月用箱量

月　　份	1	2	3	4	5	6	7	8	9	10	11	12
用箱量（万 TEU）	6	5	7	5	4	3	4	6	5	5	6	7

实训步骤：

① 学生自由分成 5 组，每组分甲、乙两方。
② 各组成员计算租箱量后发挥想象，完善资料，拟制完整集装箱租赁合同。
③ 由其他组成员针对集装箱租赁合同进行审核并提问。
④ 由教师进行点评和总结。

6. 自测题

（1）对集装箱进行交接、保管的场所，可称之为_____。
　A．集装箱编排场　　　　　　　　B．前方堆场
　C．集装箱堆场　　　　　　　　　D．集装箱货运站

（2）_____是集装箱码头的出入口，也是划分集装箱码头与外界有关部门责任的分水岭。
　A．控制塔　　　B．货运站　　　C．闸口　　　D．编排场

（3）计算集装箱船稳性、吃水差的依据是_____。
　A．预配图　　　B．实配图　　　C．最终积载图　　　D．重量图

（4）可以解决同一条航线上货源不平衡的集装箱租赁方式是_____。
　A．灵活租赁　　　B．单程租赁　　　C．来回程租赁　　　D．融资租赁

（5）按照装卸集装箱的方式不同，全集装箱船可以分为吊装式全集装箱船和_____。
　A．载驳船　　　B．多用途船　　　C．滚装船　　　D．巴拿马型船

（6）下列集装箱船在装卸作业时，对码头岸上装卸机械依赖性最强的是_____。
　A．载驳船　　　B．滚装船　　　C．半集装箱船　　　D．吊装式全集装箱船

（7）世界上著名的集装箱班轮公司美国总统轮船公司，其英文缩写是_____。
　A．MSC　　　B．APL　　　C．COSCON　　　D．POND

（8）规定租箱人和租箱公司之间权利、义务、费用的合同性文件称为_____。
　A．设备交接单　　　B．租箱合同　　　C．租箱货票　　　D．场站收据

（9）到了租箱合同规定的还箱期_____天后，租箱人仍没有还箱，租箱公司则认为箱子全损，租箱人应按合同规定的赔偿支付赔偿金。
　A．20　　　B．30　　　C．40　　　D．60

（10）租箱合同中，说明还箱时租箱人无须对租赁期间造成的任何损坏负维修责任的合同条款是_____。

A．DPP B．DDP C．DSS D．ETC

（11）为了节省时间，简化还箱手续，租箱人在支付提前终止费用后，集装箱进入租箱堆场，租期即告终止的合同条款是_____。

A．DPP B．DDP C．DSS D．ETC

（12）超期还箱的租金，其超期天数的租金按合同规定的租金另行支付，通常为正常租金的_____倍。

A．一 B．二 C．三 D．四

学习情境三
海运集装箱运输的体验（二）

 **教学分享**

学习目标：

海运集装箱运输中，集装箱码头是水陆联运枢纽站，是集装箱货物在转换运输方式时的缓冲地，也是货物的交接点。拼箱货物则交由集装箱货运站处理。本学习任务涉及码头堆场角色的操作要点和集装箱货运站角色的操作要点。在完成本学习任务后，学生应当能够：

① 掌握集装箱码头在集装箱运输体系中的作用；
② 掌握集装箱码头的基本构成以及主要装卸搬运设施；
③ 熟悉集装箱码头堆场闸口作业；
④ 运用所学知识，进行码头堆场策划，包括货位分配和堆放；
⑤ 运用所学知识，进行码头堆场堆存能力的确定；
⑥ 利用所学知识，熟悉集装箱码头主要装卸工艺流程及装卸操作业务；
⑦ 利用所学知识，进行集装箱码头泊位策划；
⑧ 熟悉集装箱货运站作业。

教师在教授本学习情境时，应把握的知识重点包括：闸口职能、集装箱堆场、码头前沿泊位、控制中心功能、码头装卸搬运设备、集装箱码头堆场策划原则、堆放编码原则、堆垛规则、高度原则。技能重点包括：码头闸口操作业务、分配码头堆场货位、确定码头堆场堆存能力、码头泊位策划、确定装卸船操作流程及人员、集装箱货运站拼拆箱业务。

教学方式方法：

建议采用讲解、体验式教学（包括音像视频资料学习、网络资源学习等）、小组工作、角色扮演和计算启发等方式方法。

学习环境要求：

学习场地：① 多媒体教室；
② 一体化实训室。
学习资料：① 网络资源——典型集装箱运输企业网站及网址；

② 视频资源——集装箱班轮公司、货代公司、码头等现场音像资料。

学习评价：

① 阐述集装箱码头在集装箱运输体系中的作用。（教师评价）
② 模拟闸口业务流程。（小组评价、教师评价）
③ 根据具体堆场业务，进行堆场策划。（小组评价、教师评价）
④ 能根据计划，进行集装箱码头泊位策划。（小组评价、教师评价）
⑤ 能根据计划，完成集装箱货运站拼拆箱业务。（小组评价、教师评价）
⑥ 完成本情境任务过程中的团队合作能力和学习态度。（个人自评、小组评价）

情境导入

林欣在船公司实习了一段时间后，对集装箱货物海运的航线、箱务管理以及船舶配积载等有了深入的了解。他知道集装箱货物海运业务除了船公司，还与码头堆场密不可分。今天，他来到厦门东渡海天码头堆场面试，准备通过企业实习再熟悉下集装箱码头堆场和货运站作业。在他印象中的码头堆场是这个样子的（图3-1）。

图3-1　码头堆场全景图

● 集装箱码头堆场角色实习。
● 集装箱货运站角色实习。

任务一　集装箱码头堆场角色体验

课前思考

林欣到了厦门东渡码头，迎面就看到这个，这个是什么呢（图3-2）？有什么作用呢？

图 3-2　码头堆场初体验

一、集装箱码头堆场初体验

（一）认识闸口

闸口是集装箱码头的门户（图 3-3）。集装箱码头都有闸口这一设施，一般设置在码头后方。在闸口布置有集卡通道、地磅和闸口业务人员的工作室，并配置计算机、摄像头、电话等设备。所有进出集装箱码头的集装箱一般都有两条途径：一是在岸边通过船舶装卸进出，二是在闸口通过集装箱公路运输进出。闸口就是码头与集装箱卡车进行集装箱交接的场所，无论是空箱还是重箱，无论是进场还是出场，都必须在闸口进行检查并进行必要的单证交接以及作业信息记录。每个闸口的通道数量视码头规模而定，码头规模小的可设 4、5 条通道，规模大的可以有十几条通道。

图 3-3　闸口

闸口的基本职能如下：

1. 检验集装箱箱体，进行集装箱交接

集装箱卡车司机拖箱进入或驶出集装箱码头，必须在闸口与业务人员共同检验集装箱箱体，并通过集装箱设备交接单来完成集装箱交接手续。

2. 审核有关集装箱单证，通过地磅称出出口箱实际重量

无论是提箱还是进箱，都由闸口负责装箱单、危准单、提箱凭证、进箱凭证等集装箱单证的审核处理。对于出口重箱还应在闸口称出口箱的实际重量，以提供配载准确的数据，同时，集装箱卡车司机向闸口递交出口集装箱装箱单，业务人员审核后做出相应信息记录。

3. 配合堆场作业，指定收箱或提箱堆场箱位

在使用计算机管理的码头，收箱进场或发箱出场的堆场箱位由计算机自动处理，未使用计算机管理的码头或尚未自动化处理的码头，应由闸口业务人员以手工操作指定堆场箱位。

4. 进场、出场集装箱的信息汇总处理

在使用计算机管理的码头，每一只进场或出场的集装箱均由闸口业务人员在计算机上做出相应的记录，以供各部门实时查询和按需要打印汇总表和分类报表，对尚未实行计算机化的码头，应由闸口人员手工完成记录工作。

> **知识链接**
>
> **宁波港口主要集装箱码头实现智能闸口"全覆盖"**
>
> 2012年12月17日，宁波远东码头经营有限公司4号大门的智能闸口项目建成并投入试运行，标志着智能闸口建设在宁波港主要集装箱码头实现"全覆盖"。宁波港智能闸口系统是宁波港信息化建设的一大重要举措，是实现宁波口岸物流的数据传输全程化的基础工程。该系统将箱号识别（OCR）、车号识别（RFID）、箱体检查（CCTV）、EDI和实时控制等先进技术予以有机结合，以港口作业流程为核心，对车辆作业号、集装箱箱号、电子地磅进行现场数据采集，动态监控进出港车辆的分布情况，调整机械设备和人力的分配，加快物流的通行速度，并为码头管理提供科学的数据分析，实现集装箱闸口管理由人工方式转为智能方式的变化。
>
> 数据来源：港口科技平台

（二）认识集装箱堆场

集装箱堆场是进行集装箱交接和保管的场所（图3-4）。由于进出码头的集装箱基本上均需要在堆场上存放，因而堆场面积的大小必须适应集装箱吞吐量的要求，应根据设计船型的装载能力及到港的船舶密度、装卸工艺系统、集装箱在堆场上排列形式等计算、分析确定。集装箱堆场中靠码头一侧会有专门的场所被划分出来供待装船的集装箱和即将卸船的集装箱堆放，称为集装箱编排场。其主要作用是保证船舶装卸作业快速而不间断地进行。

集装箱运输管理

图 3-4　集装箱堆场

 想一想：船公司的集装箱在集装箱堆场是按固定位置摆放的吗？

集装箱码头 80%以上的面积都用来作为堆场，在堆场上通常同时存放几万个集装箱。集装箱运到码头堆场后，如果随意摆放，势必造成码头堆场的混乱、集装箱查找困难。因此在码头堆场有一种表示集装箱摆放位置的方法，以便根据集装箱在码头堆场的摆放位置，迅速查找到所要的集装箱。集装箱堆场上按集装箱的尺寸预先在场地上用油漆划好方格，即箱位，箱位上编上"箱位号"，在集装箱装船时，可按照船舶配载图中的行箱位图找到这些待装箱的箱位号，然后有次序地装船。

（三）认识码头前沿和泊位

码头前沿是码头岸壁到集装箱堆场之间的码头面积。码头前沿设有岸边集装箱装卸桥及其运行轨道。码头前沿的宽度可根据岸边集装箱装卸桥的跨距及使用的其他装卸机械种类而定，一般取 40 米。

泊位是专供集装箱船靠泊的位置。靠泊设施主要由码头岸线和码头岸壁组成。码头岸线是供来港装卸的集装箱船舶停靠使用的，一般泊位长度 300 米，水深 12 米。不同的港口泊位略有不同。安排船舶的停靠主要依靠计算机进行泊位策划。码头岸壁上设置集装箱船停靠时所需要的系船设施，用于集装箱船靠泊时拴住集装箱船。岸壁上还设有防撞装置（图3-5）。

图 3-5　码头前沿和泊位靠泊

（四）认识控制中心

控制中心是集装箱码头作业的指挥中心（图3-6）。主要任务是监视和指挥船舶装卸作业及堆场作业。在码头实际操作中，由于堆场面积大，进出码头提箱或前来交箱的车辆多，再加上船舶的装卸作业，码头堆场内作业非常繁忙。控制中心主要负责统一指挥，将有关信息和指令在各个部门间传递，保持码头作业有条不紊地进行。其硬件设施主要是计算机、打印机以及对讲机。

图3-6　码头控制中心

（五）认识集装箱码头装卸搬运设备

要充分发挥集装箱运输高效率的优点，集装箱码头生产必须具有高效率，因而对码头作业机械有较高要求，码头作业必须使用现代化的、先进的装卸设备，以缩短码头装卸作业时间，加快作业进度，达到船舶停港时间短、周转快的目的，实现集装箱高效率运输。

1. 岸边集装箱装卸桥

目前专业集装箱码头前沿装卸集装箱船舶采用专用船舶装卸设备（图3-7）。它临海侧有外伸的悬臂，悬臂是活动的，平时悬臂竖起，悬臂放平即可进行装卸船作业；悬臂的陆侧有后伸臂；整个岸桥可以在沿着与码头岸线平行的轨道上行走。根据海侧和陆侧两片门框和拉杆组成的门架，按外形结构分类主要有A型门架、H型门架等。海、陆侧门框在顶部相交的A型门架，侧平面呈现"A"型，造型美观，不致碰上船舶上层建筑，但整机较轻，稳定性稍差，制造拼装较麻烦。海陆侧门框平行的H型门架，侧平面呈"H"型，整机较重，稳定性较好，制造拼装容易、焊接工艺性好，高度较低，在海侧轨道离岸壁较远时，足以保证起重机不致碰到船舶上层建筑。我国现大多采用H型门架岸边集装箱起重机。

图3-7　集装箱装卸桥

2. 门座式起重机

门座起重机是结构复杂的电动装卸机械（图 3-8）。它具有较好的工作性能和独特的优越结构，通用性好，被广泛地用在港口杂货码头。它的工作原理是：通过起升、变幅、旋转 3 种运动的组合，可以在一个环形圆柱体空间实现物品的升降、移动，并通过运行机构调整整机的工作位置，故可以在较大的作业范围内满足运移物品的需要，能满足港口、码头、船舶和车辆的机械化装卸、转载，充分使用港口、码头场地，适应船舶的空载、满载作业，以及地面车辆的通行要求；还具有高速灵活、安全可靠的装卸能力，对提高装卸生产率，减轻繁重的体力劳动都具有重大的意义。

图 3-8 门座式起重机

3. 集装箱龙门起重机

其根据设备底座可分为轮胎式和轨道式两种，俗称"龙门吊"（图 3-9）。一般的作业流程为：卸船时，集装箱装卸桥将船上卸下的集装箱装在拖挂车上，运至堆场，再用龙门起重机进行卸车和码垛作业；装船时，在堆场由轮胎式龙门起重机将集装箱装上拖挂车，运往码头前沿，等待装卸桥装船。龙门起重机堆场面积利用率高，适应性强，机械结构简单，维修方便，作业的可靠性高，维修管理费用低，营运费用低。

图 3-9 轮胎式起重机和轨道式起重机

想一想：哪种是轮胎式起重机，哪种是轨道式起重机？

4. 集装箱跨运车

集装箱跨运车是在码头前沿和堆场之间搬运集装箱的专用无轴车辆（图 3-10）。跨运车的作业流程也和龙门起重机相似。集装箱在码头内的水平运输，在堆场内收发箱和翻箱等作业均可由跨运车承担。跨运车作业灵活，机动性强，当作业量发生变化时，可随时重新增减作业线数和跨运车台数，不会影响船舶装卸作业，装卸效率高，堆场利用率较高，所需的场地面积较小。但是跨运车车体较大，司机室的位置高，视野差，操作时要配备一名助手，同时对司机的操作水平要求较高，司机对位不准容易造成集装箱损坏。

图 3-10　集装箱跨运车

5. 集装箱叉车、侧面吊、正面吊

（1）集装箱叉车

集装箱叉车是一种用于堆场作业的机械，由于起重量小，所以一般用于空箱堆场的作业。它的堆码能力最高可以达到 8 层，即可堆垛 8 个集装箱的高度。它是通过其前端伸出的与龙门起重机吊具相似的吊具插入集装箱顶部的插孔中，达到提升集装箱的目的。作业时回转半径大，需要的作业场地大，作业不灵活，取箱时间长，装卸效率低（图3-11）。

（2）侧面吊

侧面吊有半个吊排。起吊时集装箱只有一侧受力，即吊起一边。侧面吊利用液压装置进行升降。

（3）正面吊

正面吊有与龙门起重机一样的吊具，而且具有伸缩式的臂架，可带载变幅，集装箱的起降由臂架伸缩和变幅来完成，在臂架伸出和俯仰油缸伸出时，其起升速度较快，在下降时同时锁入，可获得较快的下降速度。在作业时，可同时实现整车行走、变幅、臂架伸缩动作，具有较高的工作效率。在起吊后，可旋转吊具，以便通过比较狭窄的通道。同时，吊具可以左右侧移各 800mm，以便于在吊装时对箱，提高作业效率。可进行跨箱作业，特别适用于中小港口、铁路中专站和公路中专站的集装箱装卸，也可在大型集装箱码头作为辅助设备来使用。

集装箱运输管理

图 3-11 集装箱叉车、侧面吊、正面吊

 想一想：哪台设备是集装箱叉车？哪台是侧面吊？哪台是正面吊？

6. 码头堆场搬运设备——底盘车系统

码头的前沿采用岸边集装箱装卸桥承担船舶的装卸作业。底盘车承担码头前沿与堆场之间的水平运输，以及集装箱进、出码头作业（图 3-12）。底盘车系统的作业流程：卸船时，集装箱由装卸桥直接卸到底盘车上，集装箱牵引车将载有集装箱的底盘车拖到堆场按顺序存放，存放期间集装箱与挂车脱离；出口装船时，集装箱由集装箱牵引车将载有集装箱的底盘车从港区外拖进港区停放在堆场上，装船时再由集装箱牵引车将载有集装箱的底盘车从堆场拖到码头前沿，由岸边集装箱装卸桥将箱吊装上船。

图 3-12 底盘车系统

二、码头堆场操作

（一）闸口作业

林欣在海天码头堆场开始实习，他的第一个岗位就是闸口。刚好中远物流的车队载运一批集装箱货物（表3-1），要求在2014年6月5日10:20分通过闸口进入码头。如何进行进闸作业呢？

表 3-1 中远物流载运的集装箱货物

箱信息（集装箱6个）					
箱 号	箱 型	尺 寸	数 量	性 质	关 封 号
COSU0012342 COSU1597860	干货箱	40ft	2	空箱	无
COSU3963542	干货箱	40ft	1	重箱	F1380
COSU3602157	干货箱	20ft	1	重箱	F1381
COSU4507898 COSU6457891	冷藏箱	20ft	2	重箱	F1382、F1383
货 信 息					
箱 号	货品名	重 量	件 数	体 积	包 装
COSU3963542	牛仔服	18t	200	20m³	纸箱
COSU3602157	牛仔服	12t	120	13m³	纸箱
COSU4507898	冻肉	14 t	150	10m³	纸箱
COSU6457891	冻肉	14 t	150	10m³	纸箱
目的港		温哥华	提单号		DALIN123459
箱公司		中远物流	货主		厦门多美达进出口有限公司
船舶名		中远温哥华号	航次		V.809

1. 闸口的出口业务

（1）提运空箱

发货人根据贸易合同及其装运期，在订舱托运和完成备货后，通常委托集装箱卡车司机凭船公司或船代签发的集装箱空箱放箱凭证到码头办理提空箱手续。

① 集装箱卡车进入闸口时，司机向业务人员递交提空箱凭证和集装箱设备交接单，闸口业务人员审核单证后将提运集装箱的箱号、箱型、尺寸以及作业号、集装箱卡车车牌号等信息输入计算机，由计算机自动打印指定堆场箱位的发箱凭证交集装箱卡车司机。

② 闸口业务人员通过计算机系统通知堆场设备操作人员所发空箱的箱号、堆场箱位和

集装箱卡车车牌号。集装箱卡车司机根据发箱凭证到指定的堆场位置等待装箱。

③ 集装箱卡车装载空箱后，驶经出场检查口，司机递交发箱凭证并与业务人员共同检验箱体。检验内容外观、种类及尺寸。外观主要包括：检验箱体各面有无破损（顶面除外）；检验箱体外表应具有的附件是否齐全，状态是否良好；检验箱门是否安全关好。

④ 如无异常则双方无批注在集装箱设备交接单上签字确认，集装箱卡车司机拖运空箱驶离码头。如果空箱有残损、不适合装货，由闸口业务人员取消该次作业，重新办理提空箱。

（2）重箱进场

发货人拖回空箱，完成装箱、报关、施封、填制集装箱装箱单后，在装船前三天可委托集装箱卡车司机拖运重箱进场，进闸时集装箱要经过检验。

① 集装箱卡车司机在闸口向业务人员递交集装箱装箱单和集装箱设备交接单，闸口应审核单证是否一致：包括船名、航次、箱号、箱型、尺寸、提单号等，并核对单证上的箱号与集装箱上的箱号是否一致，同时将过磅的集装箱实际重量标注在集装箱装箱单上，并将其存储在数据库中。

② 检查口验箱员与集装箱卡车司机共同检验箱体和封志，同时手持终端（射频装置）扫描箱信息和车信息，将车号、箱号等信息读入终端并查验箱体状况（顶面信息由监控摄像头读取），并通过终端将信息发到主控室进行核对。对冷藏箱还应检查箱子温度是否与装箱单注明的温度一致；对危险品箱还应审核危险货物集装箱装箱证明书，并检查箱体四面的危标是否完好无损；对框架箱、平台箱等装载重大件的集装箱，还应检查货物包装及其固定是否良好。

③ 检查船公司及海关书面文件的格式与表达是否与船公司或海关的备案文件相一致，是否有有效签名。有无有效印章，办理的时间是否在文件注明的有效期内。

④ 如无异常，双方在集装箱设备交接单上无批注签字确认。如有异常，由闸口业务人员如实在集装箱设备交接单上批注，并由双方签字以明确责任。

⑤ 闸口业务人员收下单证，由计算机打印收箱凭证，并自动通知堆场设备司机据以收箱。卡车司机根据小票信息指示，将集装箱运到指定的堆场位置卸箱。

（3）退关箱出场

退关箱是指由于货主的原因（例如变更贸易合同）或船方的原因（例如爆舱）造成不能正常装船出运而滞留在码头的集装箱。发货人如暂时不打算出口，在海关、船代、码头办妥退关等手续后，委托集装箱卡车司机凭提箱凭证到码头提运退关箱，闸口业务人员审核提箱凭证和设备交接单后，按提运重箱业务程序操作。

2. 闸口的进口业务

（1）提运重箱

① 收货人办妥报关报验等进口手续后，通常委托集装箱卡车司机凭提货单到码头办理提运进口重箱手续，集装箱卡车司机在闸口向业务人员递交提箱凭证和集装箱设备交接单。

② 闸口审核单证后，将箱号、箱型、尺寸、提单号以及作业号、集装箱卡车车牌号等信息输入计算机，由计算机打印发箱凭证交集装箱卡车司机。

③ 闸口业务人员通过计算机系统通知堆场设备操作人员所发重箱的箱号、堆场箱位和

集装箱卡车车牌号。集装箱卡车司机根据发箱凭证到指定的堆场位置等待装箱。

④ 集装箱卡车载箱后驶经出场闸口，司机递交发箱凭证，检查口业务人员核对所载运集装箱的箱号，并与司机检验箱体和封志，共同在集装箱设备交接单上签字确认后，集装箱卡车拖重箱驶离码头。

（2）回空箱进场

收货人完成拆箱后，还应负责将空箱按时返回指定的还箱点，如还箱点为码头，应由闸口办理回空箱进场手续。

集装箱卡车司机在检查口向业务人员递交集装箱设备交接单，检查口将箱号、箱型、尺寸、持箱人以及集装箱卡车车牌号等信息输入计算机，验箱员与集装箱卡车司机共同检验箱体，如箱体良好，双方在集装箱设备交接单上无批注签字确认。如箱体有损坏，由检查口人员在集装箱设备交接单上如实批注后双方签字确认。完成验箱及其单证手续后，由计算机打印收箱凭证交司机，集装箱卡车驶到指定的堆场箱区卸箱后，经出场检查口递交收箱凭证，再驶离码头。

想一想： 中远物流的6个集装箱属于哪些类型？林欣应该如何进行进闸作业呢？

（二）集装箱堆场策划

中远物流的车队载运的六个集装箱顺利通过码头闸口，进入堆场。堆场是如何进行堆场堆放安排的呢？堆场的堆存能力应该如何确定？

1. 堆场分配的基础知识和原则

码头堆场是存放集装箱的场所，是集装箱码头最大的工作场所，是集装箱码头内用于存储和保管重箱、空箱和搬运集装箱的专设区域，为海运和陆运的顺利衔接起到缓冲中转作用。堆场面积大，需要存放的集装箱数量、种类繁多。堆场内通常存放空箱、重箱、危险货物箱等，同时又分进口箱、出口箱，而且箱的结构尺寸也不一样，箱主也不同，这些都使得堆场的管理变得困难。堆场必须要克服这些困难，充分利用有限的堆场面积，合理划分堆场，给每一个集装箱配置理想的位置，提高堆场利用率和码头生产的作业效率。

通常情况下，集装箱码头堆场按照箱区功能来进行划分，分为出口重箱箱区、进口重箱箱区、中转箱箱区、空箱箱区、冷藏箱箱区、超限箱箱区、危险品箱箱区，其中后四种可统称特种箱箱区。在码头堆场的实际运营中，人们一般习惯将出口重箱置放于码头堆场前方，以便于集装箱船舶的装卸作业，缩短船舶在港时间，将中转箱置放于堆场中间区域；而将进口重箱、冷藏箱、危险品箱和空箱置放于码头堆场后方。

码头堆场集装箱堆放基本原则

- 重箱、空箱分开堆放。
- 不同箱型的箱子分开堆放，例如20ft、40ft。
- 不同种类的箱子分开堆放，特种箱要放在相应的专用箱区。

- 进口箱和出口箱分开堆放。
- 中转箱必须存在海关指定的中转箱区。
- 出口重箱要求按装船要求分港、分吨位堆放。
- 空箱按不同持箱人、不同的尺码、不同箱型分开堆放。
- 污箱、坏箱分开堆放。

2. 集装箱码头堆场堆放方式

目前，集装箱港口码头主要采用进出口箱分开堆放和进出口箱混合堆放两种集装箱堆放方式来对进出口重箱进行集中管理。

进、出口箱混合堆存方式适合于堆场场地较为紧张的港口，如香港港和宁波北仑港。这种堆放方式的最大优点就是能够充分利用已有的堆场空间资源，使得堆场的空间利用率达到最大，进而能够减少重复作业箱。然而这种堆放方式的缺点也是显而易见的，由于进出口箱混合堆放在一起，因为，很容易造成集装箱堆场倒箱率偏高，并且进出口箱混合作业时，作业流程复杂，此外，这种堆存方式一般采用较大的堆高，这样势必会加大龙门吊等装卸设备的作业难度，降低其实际工作效率。

进出口箱分开堆放方式一般适用于堆场场地资源相对富裕的集装箱码头，采用这种堆放方式的集装箱码头堆场，通常将码头划分为前方堆场和后方堆场两部分。前方堆场用于存放出口箱，缩短船舶在港时间；后方堆场用于存放进口箱以便满足客户提箱的需要，提高客户满意度。采用这种堆放方式，对于堆场场地资源不是很紧张的码头来说，一方面，可以减少堆场取箱和进箱作业的复杂程度，从而达到降低倒箱率的目的，另一方面，能够有效改善堆场作业设备的作业效率，降低堆场管理的难度，提升港口服务的满意度。

 想一想：总结混合堆放和分开堆放的区别。

我国大部分堆场都采用进出口箱分开堆放的方式。

3. 集装箱堆场策划原则

（1）出口箱堆场策划原则

① 按照就近的原则，尽量安排出口集装箱摆放在靠近桥位的龙门吊作业区，以避免远距离操作。

② 根据每条船的泊位、同期操作船舶情况、装箱量、出口箱类型、尺寸等设定出口箱在码头摆放位置。

（2）进口箱堆场策划原则

① 平衡原则，根据空箱场和龙门吊作业区的密度和可以使用的机械，合理地调节操作，从而有效地使用有限的堆场位置，避免因操作量过于集中影响到场地机械的运作。

② 提进口箱的基本原则为先入先出原则。

4. 集装箱堆场堆放编码规则

图 3-13 为集装箱箱区码头堆场的箱位号划分。各功能箱区内，都画有一个以 20ft 集装箱箱底为标准单位的用于堆放集装箱的长方形格子，习惯称之为场箱位。在每个箱区的两端，都标有对应的编号，通常称之为箱区号。对堆存在堆场上的集装箱，其位置都有唯一编码标识，通常称之为箱位号，分别代表箱区号、行号、列号、层号。图为 01A 场 01 行 E 列第 2 层，所以它的箱位号为：01A01E2。

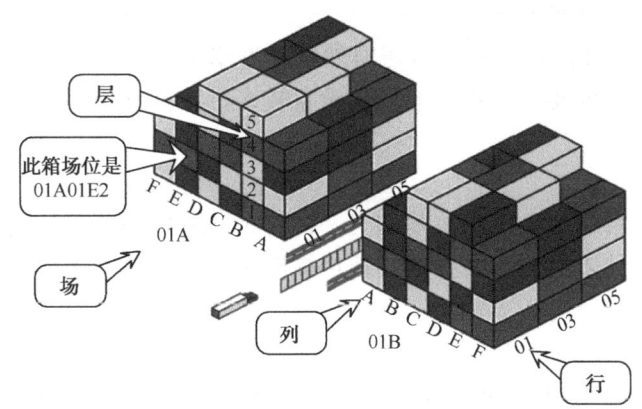

图 3-13　集装箱堆场堆放编码规则

5. 集装箱堆场码垛规则

（1）出口箱箱区码垛规则

在配载装船过程中，为了提高出口箱装船效率，尽量减少装船时翻箱量，出口箱在码头堆场进行堆放时，必须遵循一定的原则。

① 按行堆放。

同一行内，堆放相同卸货港、相同重量吨级的出口箱。在出口箱进场堆存时，按空行选位策略执行。

② 按列堆放。

相同卸货港、相同重量吨级的出口箱尽可能堆放于同一列内；但同一行内不同的列，可以堆放不同港口、不同吨级的箱。

③ 按行、列堆放。

同一行内，堆放相同卸货港、不同重量吨级的出口箱；而该行内同一列内，堆放相同卸货港、相同重量等级出口箱。在进场堆存时，按空位选位。

④ 在同一行中，靠近车道的两列一般堆放较重的出口，最里面两列一般堆放较轻的出口箱。较中间的列一般堆放中等重量等级的出口箱。重吨级的箱可以压较轻吨级的箱。

⑤ 在多条路进箱时：

a. 根据集装箱卡车的车号判别交替进箱，如第一辆车进 A 区，则第二辆车进 B 区，依次类推。

b. 先进完 A 区，再进 B 区。

（2）进口箱箱区码垛规则

进口箱卸船，其进口重箱堆放于堆场进口重箱区，主要采用全场混堆、半混堆和分票堆存三种堆存模式。实际运作过程中视具体情况客观分析。

① 进口箱全场混堆。

即进口重箱不分船名航次，将其随机卸至码头的进口箱区各块。采用这种模式，极大提高了作业灵活性，占用机械少，在场地机械不足时，可提高卸船作业的效率，但提箱时翻箱率极高。

② 进口箱按船名航次半混堆。

即同一船名航次下进口集装箱，按照自然箱箱型集中堆放于对应的进口重箱区中。这种方式，其灵活性较混堆要差，占用的场地设备较多，箱区利用率较低，但可降低提箱翻箱率。

③ 分票堆存。

即按相同进口船名航次集中堆放基础上，再将相同进口提单号的集装箱集中堆放。这种方式灵活性较前两种方式差，需要的场地机械较多，特别适合中转型集装箱码头的卸船作业。

（3）空箱箱区码垛规则

空箱箱区码垛规则的选定。必须依据该空箱的具体类型确定不同的考虑因素来做出具体的堆码规则。

对于进口空箱区，根据持箱人、箱型不同，将空箱箱区再划分为不同存储区。

对于空箱的摆放位置，通常指规定区位和段位，而没有行位和间位，主要因为空箱的使用很少有指定箱号的。如果客户（船公司）要去空箱区装货，只要是该船公司的空箱就可以了，没必要指定某一个号码的空箱。所以，在码头堆场上，会划出几个空箱区，专门存放空箱，每个区分为若干个段，再将段分给集装箱箱主。

（4）特种箱码垛规则

① 危险品箱区。

装有危险货物的集装箱称为"危险品箱"，根据国际危险品箱运输规则的隔离要求，按危险货物的不同类别分开堆场。能暂存的货箱应堆存在有保护设施的场所，而且堆放的数量不能超过许可的限度，对于不能暂存的货箱应在装船预定时间内，进场后即装上船舶。危险品集装箱目前只允许堆码两层高。

各码头须严格执行危险品集装箱堆场管理制度，建立危险品集装箱进出记录、交接班日志和喷淋记录。在高温季节期间，当温度超过 30℃时，对可喷淋的危险品集装箱要每 2h 进行一次喷淋，要求箱体四周都能喷到。对于在危险品管理中发生特殊情况，要立即向营运操作部门报告，营运操作部门应协助码头及时解决。危险品集装箱专用堆场除了实行温度、湿度等项的日常监控，设置事故报警系统和撤离通道外，还要配备齐全的消防器材和处理材料，对操作人员进行严格培训，派专人负责。对场内的危险品集装箱应按照公安、消防等部门制定的行车路线和时间集疏，杜绝一切人为事故隐患。

② 冷藏集装箱。

冷藏集装箱，堆放在冷藏箱堆场，一般堆放不超过三层。

冷藏箱进场后，监控人员必须经常巡视堆场堆存情况，应定时检查所有冷藏箱制冷设备运转情况,并按规定填写监控记录,认真做好交接班记录。对堆存在场内的冷藏集装箱应及时接通电源,每天还应定时检查冷藏集装箱和冷冻机的工作状况是否正常,箱内温度是否保持在货物所需要的限度内。在装箱和出入场内,应及时解除电源。

③ 超限集装箱。

超限货物一般使用平板集装箱、框架集装箱、开顶集装箱来装,为保证作业和存储安全,一般仅堆放 1 层高。超限箱超宽超过 30cm,相邻列不得堆放集装箱。超限箱长度超过 50cm,相邻位不得堆放集装箱。

6. 集装箱堆场码放高度原则

集装箱堆场的码放高度除了受到箱型限制,还受到堆场设施设备以及堆放安全等因素的限制。

(1) 设施设备限制

堆场常用设备轮胎式龙门起重机分为堆三过四型和堆四过五型。堆三过四的轮胎吊一般堆 3 层高,箱区最高限度为堆 4 层。堆四过五的轮胎吊一般堆 4 层高,箱区最高限度为堆 5 层。第六列应比其他列少一层。

(2) 堆放安全

考虑到堆放的安全系数,孤立的层高之差不得大于三。各箱区之间要留有合适的通道,使集装箱卡车能够在堆场内安全行驶。

 想一想: 下面图 3-14 中的堆放哪个是正确的?为什么?

图 3-14 堆放层数的判断

7. 集装箱堆场堆存能力的确定

对于每一个堆场,其每个箱位的允许堆高层数不仅和总堆存面积有关,和具体的场地装卸设备如龙门起重机、叉车也有关系。如龙门起重机堆 4 层却按 5 层计算,结果只能出现实际操作无法实施的局面;反之,如果龙门起重机可以堆 5 层,却按 4 层考虑,就造成场地面积的浪费。

在同一区场地,不能将所有行都堆高置 4 层或 5 层,必须在每一列靠边的 1、2 行位置留出足够的空间,将其作为装卸作业时翻箱之用。例如想取行底的箱,必须先将压在底部箱子上的箱子移开才能取出。移开的箱子就要先放到翻箱位。根据经验,堆放 4 层时,应留 3 个翻箱位;堆放 5 层时,应留 4 个翻箱位。所以一列中 6 行 4 层共计 24 个箱位,但实际上只能堆放 21 个箱,留三个翻箱位(图 3-15)。

 想一想: 一列 6 行 5 层实际只能堆放几个箱?

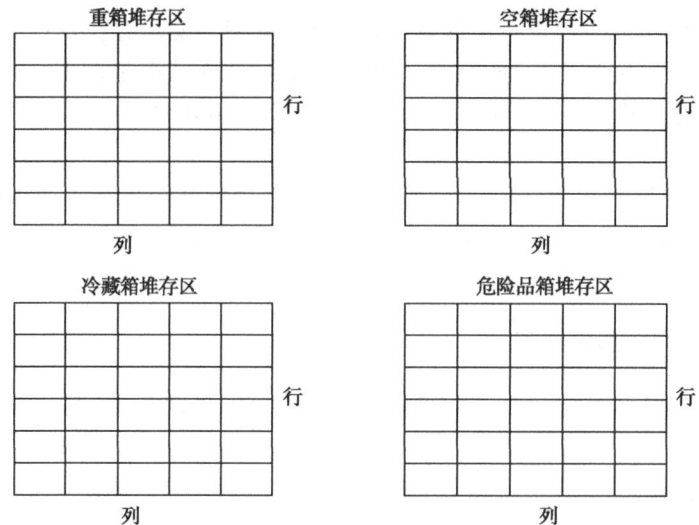

图 3-15 堆场堆垛示意图

想一想：上面的堆场如果堆四层实际堆存能力是多少个 20ft 集装箱？多少个 40ft 集装箱？

堆五层呢？中远物流车队载运的六个集装箱在堆场中应该如何分区堆放呢？

知识链接

免费堆存期

除个别港口不设码头前方堆场外，一般码头对于进口卸货都有免费的堆存期，根据各港口的不同情况，通常为 3~15 天。厦门堆场目前为 3 天。

免费堆存期是指集装箱在码头存放的免费期间，超出这一时间，有些港口为了加强港口周转率，会强制货主将箱子提走，而有些港口则采用征收滞箱费的形式作为处罚。滞箱费、堆存费经常采用递增费率，其目的就是为了加快箱子的周转率。

（三）码头泊位策划

情境导入

林欣在码头堆场操作部经过一段时间的实习，对于出口集装箱堆码装船业务已经逐步掌握。今天他跟着泊位策划员开始学习泊位策划。现有一批集装箱货物装载于一艘船名为"PANHE 号"的集装箱船上，到港时间为 6 月 21 日 1 点，离港时间为 6 月 21 日 13 点，停靠泊位为 200—350，需要装卸桥 3 台。泊位策划员要刚刚开始学习的林欣尝试在图纸上画出该船的泊位分配图，林欣该怎么画（图 3-16）？

泊位策划是预先为每天到港的船舶安排停泊的位置。泊位策划的好坏，直接影响到船舶在港时间的长短和码头装卸作业的快慢，最终影响到集装箱运输的生产效率。

学习情境三 海运集装箱运输的体验（二）

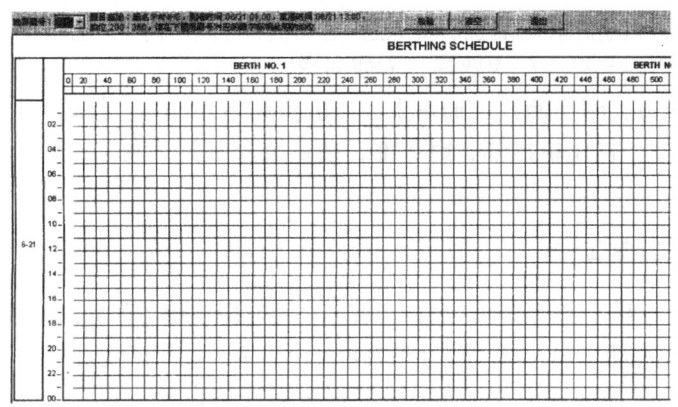

图3-16 泊位分配图

 想一想：泊位策划有什么作用？

泊位策划一方面可以在船舶到港之前让有关各方知道船舶的到港时间、停泊位置，让有关各方做好准备工作。另一方面是船舶在码头随意停放，就会造成装卸货混乱。船舶的停泊位置与船本身的长度、泊位的岸线长度、船上所装卸货物的装载位置以及在本港装船的集装箱在码头堆场的堆放位置有关。

进行泊位策划要做出泊位分配图。

1. 泊位分配图的内容

泊位分配图是将近期的船舶动态，如到港时间、靠泊时间和靠泊位置、离泊时间、装卸箱量等重要信息集中在一张图样上。它主要包括下面5项内容。

① 反映从当天起，连续 5 天的船舶到港情况，包括船名、航次、到港时间、船的长度、停靠泊位、靠泊方向等。

② 装卸桥的需求数。

③ 需要传送的单位和部门。

④ 制作日期与时间。

⑤ 码头现有泊位分布情况，按比例据实汇出，并标出装卸桥或龙门起重机的配置情况和每个泊位的岸线长度。

2. 泊位分配图的制作方法

① 绘制码头泊位分布图。码头泊位分布图是以一定的比例反映出码头泊位的布置和每个泊位的大小的真实情形（即岸线长度）的，如码头现有的泊位数，泊位所占的岸线长多，位置等。泊位分布图通常已事先绘制好并存储在计算机里，使用时直接调用便可。

② 根据计算机里已经有的船期资料，找出从当天起连续 5 天的船舶到港情况，如船公司、船名航次、到港时间、装卸数量等，并与船公司电话联系，对船期做进一步确定。

③ 根据每条船的长度以及待装货物在堆场上的存放位置决定该船的泊位，同时还应考虑装卸桥的状况是否良好，如果装卸桥在维修，必须注明修理所需时间。

④ 每艘大船在泊位图上的位置应准确无误，大船在桥位上的安全检查间隔应不小于30m。

⑤ 将已定好泊位的船舶在泊位分布图上相应泊位的上方按到港日期的先后从下至上图示出来，要求图形整齐美观，层次感强，方便阅读。

⑥ 泊位分配图每天制作两次。通常上午 10 点和下午 4 点完成，并打印出来，送给堆场、调度室、策划部、操作机械部、财务部、杂货组、海关、港监、外代、外理、轮驳、引航、理货组。

3. 泊位策划的日常工作

① 经常与船公司及其代理密切沟通，了解船公司对码头服务的要求，以不断提高码头为船公司服务的水平，协助船公司及其代理办理船舶进出口手续，保证到港船舶按期靠泊和离泊。

② 与政府各口岸管理机构及引水站、轮驳公司保持良好关系，以取得他们的积极配合与支持，保证船舶安全顺利地抵港。每周五要向港监、边检、引航站、轮驳公司及代理预报下周抵港船舶动态；船到前一天还应传真"抵港船舶动态"给以上单位，确认第二天抵港船舶的确切时间。

③ 统筹管理船公司资料，除管理好船公司原有船舶资料外，船公司如有新船挂靠本港，应将新船资料提前输入电脑，船公司资料应及时通报给码头各部门，以便码头各部门及时掌握船舶在港的动态，增加工作的主动性，保证各部门操作顺利进行。

④ 随时掌握码头装卸桥的维修情况。

⑤ 在每艘船到港前，应分别致电外代、船公司、拖轮公司、边检、海关，务必使他们都明白无误地知道船期，并在船舶靠泊前，准时派人在桥边候命，以便船舶靠泊后及时办理有关手续，尽早进行装卸作业。如船舶靠离泊时间有变，应尽快通知各有关单位更改时间（尤其在下班后、午饭时以及星期六、星期日等时间内），以免延误船期。

⑥ 当需要海关在非办公时间（如节假日）或下班后继续办理货物清关和船舶进出口清关手续时，泊位策划的职员应与船公司及其代理认真协商，将需要加班的时间及有关加班的事项（如清关货物和转关货物的数量、船名及航次等）清楚写明在"海关加班申请表"上，以便海关安排适当人手。

⑦ 对于每一艘靠离泊的船舶，泊位策划的职员均应编写"泊桥报告"，反映船舶从进入港口水域到离港过程。

例题 1

A 集装箱码头岸线长度 660m，分布有两个泊位，每个泊位长度为 330m，该码头配备 10 台装卸桥，装卸桥效率为每台每小时 40TEU，本周的船舶靠泊安排如下：

8 月 15 日，HANJIN NY 轮靠泊，HANJIN NY 轮船长 270m，原定靠泊时间安排是 2:00 到锚地，3:00 靠泊码头，4:00 开始装卸作业，作业量如下：装 20ft 集装箱 1600 个，卸 20ft 集装箱 2000 个，计划用 4 台装卸桥同时对其进行作业。

8 月 15 日，HANJIN BJ 轮靠泊，HANJIN BJ 轮船长 280m，原定靠泊时间安排是 13:00 到锚地，14:00 靠泊码头，15:00 开始装卸作业，作业量如下：装 20ft 集装箱 2200 个，卸 20ft 集装箱 1600 个，计划用 5 台装卸桥同时对其进行作业。

8 月 16 日，AN LINE 轮靠泊，AN LINE 轮船长 260m，原定靠泊时间安排是 7:00 到锚地，8:00 靠泊码头，9:00 开始装卸作业，作业量如下：装 20ft 集装箱 1600 个，卸 20ft 集装

箱 2200 个，计划用 4 台装卸桥同时对其进行作业。

8 月 16 日，SAN FRANCISCO 轮靠泊，SAN FRANCISCO 轮船长 270m，原定靠泊时间安排是 11:00 到锚地，12:00 靠泊码头，13:00 开始装卸作业，作业量如下：装 20ft 集装箱 2000 个，卸 20ft 集装箱 1200 个，船长希望在靠泊码头后 16h 内完成全部作业并离开码头，是否能够实现？

8 月 17 日，ABI 轮靠泊，ABI 轮船长 270m，原定靠泊时间安排是 4:00 到锚地，5:00 靠泊码头，6:00 开始装卸作业，作业量如下：装 20ft 集装箱 2000 个，卸 20ft 集装箱 1000 个，计划用 4 台装卸桥同时对其进行作业。

8 月 17 日，AVO 轮靠泊，AVO 轮船长 280m，原定靠泊时间安排是 20:00 到锚地，21:00 靠泊码头，22:00 开始装卸作业，作业量如下：装 20ft 集装箱 3000 个，卸 20ft 集装箱 1500 个，船长希望在靠泊码头后 20h 内完成全部作业并离开码头，是否能够实现？

已知两艘以上的船相邻停靠，两船之间的最小间隔距离为较长船的船长的 10%，请完成该码头的泊位规划，并制作本周的泊位分配规划图（图 3-17），并要求在泊位分配规划图中标出船名、船长、预计到达时间、预计出发时间、卸箱量、装箱量等信息。

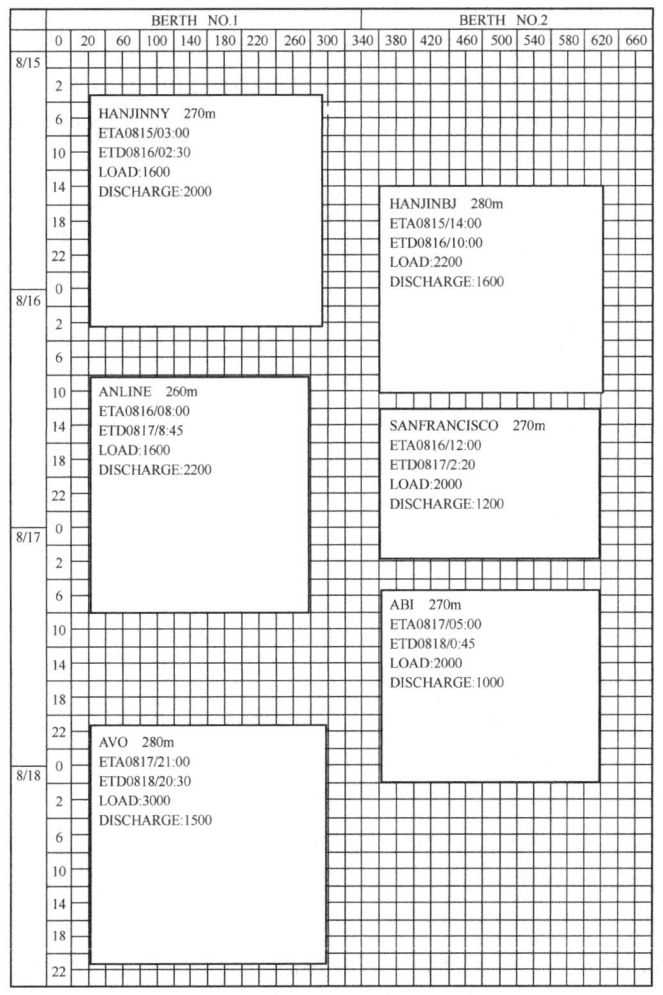

图 3-17 A 集装箱码头泊位分配图

（四）码头卸船与装船操作

情境导入

PANHE 船舶靠泊码头后，需要先把船上的集装箱卸下来，再进行装船作业。

卸船：工作人员根据船舶的进口舱单、进口船舶积载图以及相关货运单证资料将卸船计划和卸船清单发往各个部门，指导卸船计划。卸船作业是怎样的呢？

装船：码头操作部事先接到了船公司发过来的预配图。海天码头集装箱的配载员根据预配图和码头实际收箱情况编制出了船舶的集装箱实配图。卸完船后，码头配载员持实配图上船，交船长审核。船长签字认可后开始装船。装船作业是怎样的呢？

1. 卸船作业流程

（1）做好卸船计划。

（2）船舶到达港口预先安排好的制定泊位。

（3）船舶的理货员核对积载图和卸装清单内容及集装箱箱号。船上工人检查进口集装箱的外箱体，看有无破损和封条是否完好。如有问题立即通知理货人员。

（4）甲板集装箱解开捆绑装置，根据积载图指示，如果集装箱处于甲板上，工人需要打开旋锁及解开捆绑装置。

（5）码头控制中心提前编制好卸船计划和卸船清单，在将卸箱具体命令发送给装卸桥司机的同时，也通过拖车上的车载终端设备将其发送给拖车司机，指挥司机按顺序前往装卸桥下等待装卸集装箱。拖车司机将卸下的集装箱拖离船舶。

（6）作业区的外轮理货员（代表国家公证机关行使公证权利）核对箱号、封条号码，并在舱单、装箱单、积载图上标注卸下船的集装箱，逐一圈销卸船的集装箱箱号。

（7）拖车司机继续按车载终端设备的下一个提示指令将集装箱送去堆场指定位置卸箱。

（8）拖车司机拖箱到堆场指定位置卸箱后返回装卸桥下，重复上述过程，直至船舶上行箱位图上标明的集装箱全部卸完为止。

2. 装船作业的内容

根据船期预、确报，在船舶抵港前，预先做出堆场配置计划、船舶配载计划以及泊位、场地、机械、人力配置计划。在具体操作上，应认真做好以下工作。

（1）出口作业计划的编制。出口作业计划编制的依据和需要参考的货运资料是：集装箱装载清单、场站收据、堆场积载图、预配船图、危险货物说明书、特种箱的有关要求、船舶规范等。码头调度室业务员应根据相关货运资料进行核对与统计。

① 收箱结关后，将场站收据有关联于装船前一定时间内送外轮理货并签证交接。

② 接到船舶代理送交或转送的出口装载清单后，按箱型尺寸统计到港的各类型集装箱数。

③ 将场站收据、危险货物说明书、冷藏箱温度情况与舱单进行核对。

④ 将堆场积载图与装载清单进行核对，并编制实配船图。

（2）出口作业计划的实施。调度室业务员在出口装船前，应将实配船图送船长或大副审核，经船方签字确认后，方可根据实配图编制集装箱装船顺序表并由业务员签字，连同其他装船单证送交码头堆场箱控室，由堆场箱控室下达指令，按实配图及装船顺序表组织装船作业。

（3）资料管理。出口装船作业完毕，调度室业务员应将场站收据相关联及装载清单等资料进行整理存档。同时集装箱码头还要按装船作业的实际情况，编制一系列单证，主要如下。

① 装船作业签证。

装船作业签证是集装箱码头完成装船作业后签发的一份向船方收取费用的凭证，包括船名航次、靠泊时间、离泊时间、开工时间、完工时间等内容，并详细列明该航次装船集装箱的数量、尺寸、箱型、危险品箱、特种箱以及开关舱盖板的块数，如系非港方原因造成的翻装，则记明翻装的箱数、箱型、尺寸及翻装次数，翻装船作业签证由船舶指挥员签发，要求仔细核对，如实填写，并与大副共同核审无误后，双方在装船作业签证上签字，作为向船方结算装船费用的原始凭证。

② 系解缆作业签证。

系解缆作业签证是码头提供系解缆服务而签发的一份向船方收取费用的凭证，包括船名航次、船舶净重、停靠泊位和日期等内容，并列明该船系解缆的具体时间。系解缆作业签证经大副审核无误签字确认后，作为向船方结算系解缆费用原始凭证。

③ 船舶供水签证。

在船舶停泊期间，如码头为船方提供加淡水服务，则签发供水签证，主要内容有船名航次、停靠泊位和日期等内容，并列明该船供水的吨位和具体时间。该签证须经大副审核无误、签字确认后，作为向船方结算供水费用的原始凭证。

④ 出口单船小结。

出口单船小结是装船结束后根据该船名航次实际装船集装箱而编制的汇总表，主要内容有船名航次、靠泊时间、离泊时间等，并详细列明装船集装箱总数及其分类箱数。出口单船小结是集装箱码头统计装卸业务量的凭证，也是重要的备查资料。

⑤ 船舶离港报告。

船舶离港报告是装船工作结束后有关该船名航次作业情况的报告，包括船名航次、靠泊时间、离泊时间、装卸时间、装卸箱量、作业时间等内容，它是提供给船代以掌握船舶动态情况的单证。

3. 装船作业流程

装船作业流程主要是各种设备与工人之间的配合。

（1）船到达指定的泊位。

（2）拖车根据桥边理货员的指示到堆场提箱，堆场理货员指挥龙门起重机司机将指定箱装到拖车上。

（3）拖车拖箱到装卸桥下，外轮理货员及桥下理货员核对箱号和封条号，桥下工人指挥装卸桥司机将箱吊往船上。

（4）船上理货员核对箱号并指示装卸桥司机该箱的摆放位置，装卸桥司机将箱装在船上，装箱完毕。

（5）如果是装载在甲板上的集装箱，桥下工人还应负责装锁，船上工人则应负责锁紧及捆扎集装箱。

（6）一个箱装上船后，桥下理货员又会告诉拖车司机去堆场另一个位置取箱，重复上述过程，直到实配图行箱位图上每个箱都装上船为止。

> **知识链接**
>
> **集装箱船舶装卸至少需要多少人？**
>
> 　　一艘集装箱船的装卸作业通常会有几个作业班组同时进行，每个班配一台装卸桥，而每天装卸桥就代表一个班组。一个班组的人员配备主要如下。
>
> 　　（1）工人 4 名，船上与装卸桥下各配 2 名，主要任务是负责验箱、拆除固定以及捆扎装置、负责配合指挥装卸桥司机的装卸箱作业。
>
> 　　（2）理货员 2 名，船上与装卸桥下各配 1 名，主要任务是指挥拖车运行、核对集装箱箱号、指挥船上装箱。桥下的理货员还负责即时录入集装箱数据以及提醒拖车司机卸箱和提箱位置。
>
> 　　（3）外轮理货员 1 名，在装卸桥下工作。外轮理货员代表国家公证机关行使公证权利，主要任务是监督整个装卸过程，记录集装箱箱号和封条号。
>
> 　　（4）各台装卸设备的司机、码头堆场理货员等。

任务四　集装箱货运站角色实习

情境导入

从 PANHE 船舶上卸下的集装箱有一部分被运到码头货运站进行拆箱。林欣觉得很奇怪，之前认识集装箱的时候学过货运站是负责拼箱和拆箱作业的，可是为什么货运站的地点不在车站而在码头呢？

一、认识集装箱货运站

集装箱货运站（CFS）是以集装箱货物装箱、拆箱、保管、交接，以及报关报检、洗箱修箱等为主要业务的作业场所。集装箱货运站按照所处地理位置不同可以划分成内陆货运站和港口货运站两类。

1．内陆货运站

内陆货运站通常设在内陆交通发达、货源充足的地点，配备必要的装拆箱机械、场所和堆存报关货物的仓库，称为集装箱公路运输的集散地。内陆集装箱货运站将货物预先集中，进行装箱，装箱完毕后，再通过内陆运输将集装箱运至码头堆场。

2. 码头货运站

码头货运站一般设在港口地区，作为港口多元化服务的一个组成部分。其业务范围受码头面积的制约，是码头装卸服务的一种延伸，主要为货主或内陆承运人提供装箱、拆箱服务。

本节主要介绍码头货运站。

二、集装箱码头货运站的功能

集装箱码头货运站的主要设施设备有仓库、装拆箱区、装卸机械、集装箱车辆以及供车辆通行的道路等。集装箱码头货运站的主要功能如下。

（1）CFS 条款交货的进口集装箱，安排拆箱进库、保管、交货。

（2）对 CY 条款交货的进口集装箱，而客户要求拆箱，进行车提、落驳、装火车提货的，安排拆箱装汽车、驳船、火车。

（3）对在码头装箱出口的货物，安排货物的进站、装箱。

（4）对库存的货物进行保存、管理及有关信息统计。

三、集装箱码头货运站的业务

集装箱码头货运站业务一般包括拆箱提货业务、出口装箱业务以及库存管理业务三部分。

（一）拆箱提货业务

1. 拆箱

舱单上注明货物交货条款是 CFS 条款的，码头 CFS 仓库员根据仓库的库存情况，应在集装箱卸船后三天内安排拆箱；舱单上的交货条款是 CY 条款，但由于客户没有整箱提货的能力或其他原因而向码头申请在码头拆箱的，也由码头 CFS 负责拆箱。拆箱时 CFS 工作人员会同承运人代理共同理货，双方对货物进行清点、检验、记录，如发现货损、货差等异常，由承运人代理出具货物残损记录，以区分拆箱前后的责任。拆箱结束后，将空箱移交给码头堆场，并将拆箱信息及时通知客户服务部，以便客户服务部接受客户的提货申请。

2. 进库

对于从集装箱内掏出的货物，应根据货物的性质、重量、尺寸、包装等特征，选择合适的仓库货位进行存放。库存的货物应实行定期盘点，与记录核对，以保证账货相符；贵重、危险货物，要有专门的管理制度，以保证货物的安全；发现超期无人领取的货物，按规定处理，以保证仓库的有效周转。

3. 受理

收货人或内陆承运人凭"提货单",到码头客户服务部申请拆箱车提、落驳、装火车的作业计划,码头客户服务部结清有关码头费用后,接受客户的申请,并制作拆箱车提、落驳、装火车"作业申请单"联,同交货记录联一起交给客户。客户再凭作业申请单和提货单第三联(交货记录)到码头 CFS 仓库提货。仓库管理员应仔细审查交货记录是否加盖印鉴,有关费用是否全部结清,是否超过了规定的免费保管期限,如发现交货记录无效、费用尚未支付、无交货记录等情况一律不予发货。

4. 提货

收货人或内陆承运人提货的主要方式有车提(公路运输)、落驳(水上运输)、装火车(铁路运输)三种。对于车提作业的,CFS 仓库审核提货凭证无误后,当面清点、交接货物,并制作出门证交提货人,提货人凭出门证带货物驶离码头;对于落驳作业的,按落驳作业计划发货出库,在船边由码头人员与驳船船员清点、交接货物;对于通过港内铁路运输的,仓库人员根据装车计划发货出库,由码头人员与铁路人员在车厢边清点、交接货物。

5. 报表

在当日作业结束后,仓库管理员应及时将货物出库信息输入计算机,制作"仓库出仓日报"表。"仓库出仓日报"是当日货物提离仓库的汇总表,反映当日货物提离码头的动态,由仓库管理员根据提货单编制(图3-18)。

图 3-18 CFS 拆箱提货流程图

(二)收货装箱业务

对于 CFS 条款收货的出口货物,集装箱货运站负责办理装箱业务,其作业内容如下(图3-19)。

1. 受理

发货人完成备货和出口清关后,向码头集装箱货运站申请货物进库,受理台人员审核有关单证、收取费用,开具入库凭证给发货人,并通知 CFS 仓库做好入库准备。

2. 入库

码头 CFS 仓库人员根据入库作业计划做好货位安排,待发货人将货物送来后,认真核对入库凭证、清点检验货物,完成交接后出具收据交发货人。仓管人员对收到的货物根据其船期、数量、性质、尺寸等合理堆码,并及时编制货物信息。

3. 装箱

码头 CFS 仓管人员根据货物特性、航次、目的港、装箱计划等资料，选择箱型和尺寸合适的集装箱，按照装箱要求和操作规范进行装箱作业。装箱时由外理负责理货，对装入箱子的货物逐件登记，发现异常情况要记录；装箱完毕后，填写装箱单，并在海关监管下施封。出库装箱完毕后，要及时登记作业信息。

4. 出运

拼箱完毕后，码头货运站安排将重箱送到集装箱堆场，由码头堆场做装船配载计划，按船名、航次和船期组织装船出运。

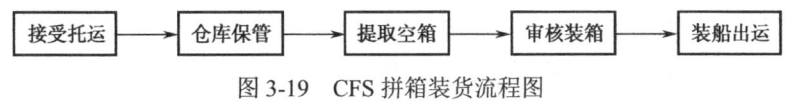

图 3-19 CFS 拼箱装货流程图

（三）库存管理

1. 货位设置

CFS 仓库内货物堆放的标准位置叫货位。货位划分应规划出作业通道，并根据使用的机械留出足够的宽度；为了安全和便于工作人员查看货物，应留出各种必要的间距，如库内墙距 0.5m、库内柱距 0.1m 等；货位划定后应给予编号，CFS 仓库货位编号通常以库内中间通道为界分左右两边，分别以单数和双数顺序编号。

2. 货物的堆码

货物在 CFS 仓库按一定形式和要求堆放，叫堆码，也叫码垛。货物堆码应做到：稳定、不会倒塌；整齐，易清点件数；作业方便安全；合理使用仓库，有效利用空间；大不压小，重不压轻，木箱不压纸箱；危险货物与普通货物分堆，化学性质互抵性货物不能同堆等。

3. 货物保管

当货物进入 CFS 仓库后，为确保不发生货损、货差等事故，应做好的工作有：健全台账制度，并定期盘点；仓库钥匙要专人保管，进出仓库人员应进行登记，防止盗窃破坏事件发生；根据货物情况配备消防器材，做好防火工作；做好防汛、防台风工作；加强对地脚货（外包装破损而散漏出来的货物）、超期货（超过三个月尚未有人来提的货物）的管理；对于危险货物要单独堆放，性质相抵触的危险品货物要分开堆放，并配备相应的消防器材和劳防用品；贵重物品应堆放在专用货位；定期对零星货物进行归、并、转位，以提高货位利用率。

操作实训

1. 通过网络查询厦门码头资料并填写表 3-2。

表 3-2 厦门码头查询表

公 司 名 称	网　　址	面　　积	经 营 概 况

2．在闸口，集卡车司机与码头进行提箱或进港业务的交接，向集卡车司机打印行车指南，安排其到指定箱区提箱或将集装箱运到指定箱区，同时向堆场控制中心发出作业指令，安排吊机放箱或提箱。请按照集装箱进出闸口的不同程序，分别进行从堆场取箱通过闸口出港的推演以及从港区外部通过闸口进入港区的推演。

3．现有厦门多美达进出口有限公司 6 个集装箱进入厦门建发堆场，其中有两个 40ft 冷藏箱，两个危险品箱，两个普通干货箱，所有箱体均完好。你作为厦门建发堆场的调度人员，请按照不同种类集装箱对于堆码保管的不同要求适当地对这些集装箱进行处理。

4．在厦门海投集装箱码头堆场中，分为普通重箱区、普通空箱区、冷藏货柜区、中转箱区，每格表示可以堆存一个 40ft 集装箱或两个 20ft 集装箱（图 3-20）。

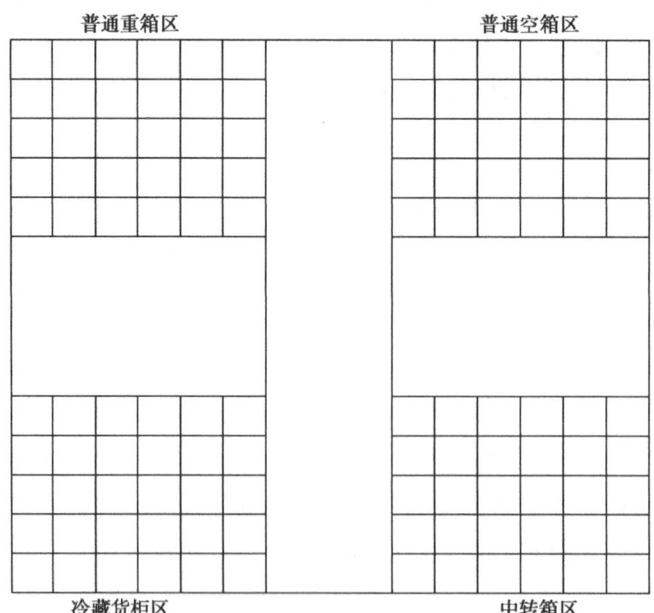

图 3-20　海投集装箱码头堆场 1 区

学习情境三 海运集装箱运输的体验（二）

在 8 月 2 日接到 COSCOJOY 船进港卸船的通知，进港期 8 月 6 日。你作为堆场策划员，需要根据集装箱卸船情况做出堆场策划。具体集装箱卸船情况见表 3-3。

请思考：（1）哪些集装箱需要进码头堆场存放；

（2）对于短期进口堆存的集装箱应如何安排堆存区域；

（3）根据交接方式不同，需要做出哪些不同安排？

表 3-3 COSCOJOY 进港卸船信息

箱　　号	船名/航次	箱　　型	箱　种　类	交　接　方　式
COSU8001215	COSCOJOY/022	20ft	冷藏柜	船边提箱
COSU8023169	COSCOJOY/022	40ft	冷藏柜	码头堆场提箱
COSU3963542	COSCOJOY/022	40ft	普通重箱	船边提箱掏箱后回空
COSU8175069	COSCOJOY/022	40ft	普通重箱	码头堆场提箱
MEAU6598726	COSCOJOY/022	40ft	普通重箱	码头堆场提箱掏箱后回空
MEAU4568750	COSCOJOY/022	40ft	普通重箱	码头堆场提箱掏箱后回空
COSU8210621	COSCOJOY/022	20ft	空箱	堆场提箱，装箱后转至 3 号泊位，10 号装船

5．自测题

（1）既可设在码头内，也可设在码头外，用于拼箱货物进行拆箱和拼箱的场所是_____。

　　A．集装箱编排场　　　　　　　　B．集装箱堆场

　　C．集装箱清洗场　　　　　　　　D．集装箱货运站

（2）集装箱在码头堆场上的位置表示顺序为_____。

　　A．区—行—段—间位　　　　　　B．区—段—行—间位

　　C．区—段—间位—行　　　　　　D．段—区—行—间位

（3）配置在码头岸边的装卸机械，有时称为"岸吊"的是_____。

　　A．装卸桥　　　　　　　　　　　B．龙门起重机

　　C．跨运车　　　　　　　　　　　D．门座式起重机

（4）由于起重量小，一般用于空箱堆场作业的机械是_____。

　　A．装卸桥　　　　　　　　　　　B．龙门起重机

　　C．叉车　　　　　　　　　　　　D．门座式起重机

（5）查找集装箱在码头堆场的具体位置时，如果跳出号码"1A0620"，则表示该箱在_____。

　　A．第 1 问 A 区第 6 行第 20 段　　B．第 1 区 A 问第 6 段第 20 行

　　C．第 1 行 A 间第 6 区第 20 段　　D．第 1 区 A 段第 6 行第 20 间

（6）负责载箱拖车或空架拖车离开码头的门户，可称为_____。

　　A．进闸　　　B．出闸　　　C．码头堆场　　　D．码头值班室

（7）对于进口重箱，码头都会给船公司及货主一个允许存放的时间期限，叫做免仓租期。通常规定为_____。

A. 6天 B. 7天 C. 8天 D. 9天

（8）海运集装箱货物采用的是 CY—CY 运输条款，但注明 CY—CY（LCL）字样，则表明货物的交货地点是_____。

A. 堆场 B. 货运站 C. 内地工厂 D. 中转站

（9）冷藏箱在堆场堆放尽可能不超过_____个箱高。

A. 2 B. 3 C. 4 D. 5

（10）如果是 CY-CFS 方式运输，则由_____负责安排提货。

A. 收货人 B. 承运人 C. 货运站 D. 被通知人

学习情境四
国际海运集装箱重点单证认知

 **教学分享**

学习目标：

在集装箱运输中，会涉及很多集装箱运输单据，这些单据的使用是为了方便运输过程的管理，明确各方责权关系，提高运输效率。本学习任务就集装箱运输过程中一些常用的单据做出介绍，以便在工作中清楚其用途。在完成本学习任务后，学生应当能够：

① 掌握集装箱进出口货运核心单证的名称、英文缩写和作用；
② 掌握集装箱场站收据联单的内容和缮制；
③ 掌握集装箱设备交接单的内容和缮制；
④ 掌握集装箱装箱单的内容和缮制；
⑤ 熟悉集装箱提单与海运提单的异同点；
⑥ 掌握集装箱提单的内容和缮制；
⑦ 掌握集装箱交货记录联单的内容和缮制；
⑧ 运用所学知识，掌握集装箱进出口各环节单证流转过程。

教师在教授本学习情境时，应把握的知识重点包括：场站收据的作用和内容、集装箱装箱单的作用和内容、集装箱设备交接单的作用和内容、集装箱提单的作用和内容、集装箱交货记录的作用和内容。技能重点包括：根据信用证以及相关货运合同资料识别、填制并审核场站收据、集装箱装箱单、集装箱设备交接单、集装箱提单、集装箱交货记录。

教学方式方法：

建议采用讲解、体验式教学（包括音像视频资料学习、网络资源学习等）、小组工作、角色扮演和场景模拟等方式方法。

学习环境要求：

学习场地：① 多媒体教室；
② 一体化实训室。
学习资料：① 网络资源——典型集装箱运输企业网站及网址；
② 视频资源——集装箱班轮公司、货代公司、码头等现场音像资料。

集装箱运输管理

学习评价：

① 阐述集装箱运输过程中常用的单据在集装箱运输体系中的作用。（教师评价）
② 能够根据模拟场景描述集装箱进出口流程及单证流转状况。（小组评价、教师评价）
③ 能够根据具体资料识别、填制、审核各种集装箱运输中常用单据。（小组评价、教师评价）
④ 完成本情境任务过程中的团队合作能力和学习态度。（个人自评、小组评价）

情境导入

集装箱进出口运输过程复杂、环节多、涉及多个责任人，使用到的单证多达 100 余种。林欣在海运集装箱海运岗位实习过程中，遇到了各种各样的单证。他发现集装箱进出口运输单证与普通海上进出口货物运输单证相比较，大多数单证的功能、内容、格式都基本相同，但其中也有几种重要的集装箱运输单证在传统件杂货国际运输中未曾使用过，在整个集装箱运输系统中起着重要的作用。

- 集装箱场站收据联单认知。
- 集装箱设备交接单认知。
- 集装箱装箱单认知。
- 集装箱提单认知。
- 集装箱交货记录单认知。

厦门银城企业总公司有两个集装箱的货需要进行托运订舱，需要填制哪些单据？

信用证主要内容

BENEFICIARY（受益人）：
XIAMEN YINCHENG ENTERPRISE GENERAL CORP
（厦门银城企业总公司）
176 LUJIANG ROAD XIAMEN, CHINA（地址）
APPLICANT（申请人）：BAMA SEA PRODUCTS. INC
（巴马海产品有限公司）
1499 BEACH DRIVE S.E.ST PELERSBURG. FL 33701,USA（地址）
NOTIFY（通知）：WILLIAMS CLARKE, INC.,
（威廉姆斯克拉克有限公司）
603 NORTH FRIES AVENUE, WILMINGTON, CA 90744,USA（地址）
AMOUNT（总额）：USD170450.00 CFR TAMPA FL. U.S.A.
PARTIAL SHIPMENT（分批装运）：PERMITTED（允许）
TRANSSHIPMENT（转运）：PERMITTED ONLY FROM XIAMEN CHINA FOR TRANSPORTATION TO LONG BEACH, CA. USA. WITH FINAL PORT OF DESTINATION TAMPA, FL, USA.

学习情境四 国际海运集装箱重点单证认知

(从厦门经美国长滩,最后抵达佛罗里达州的坦帕)

SHIPMENT CONSISTS OF(货物):34000KGS CHINESE SAND SHRIMP OR BIG HARD SHELLSHRIMP.BLOCK FROZEN SHRIMP (PTO),

(冷冻硬壳海虾,净重34000kg)

kgs.	SIZE(mm)	UNIT	PRICE(/kgs)
3000	71/90	USD6.60	USD19800.00
5000	91/110	USD6.35	USD31750.00
6000	111/130	USD5.45	USD32700.00
8000	131/150	USD4.55	USD36400.00
12000	151/200	USD4.15	USD49800.00

TOTAL: AMOUNT OF USD170450.00 CFR TAMPA FL. U.S.A.

(货值170450.00美元)

THE LATEST SHIPMENT DATE IS AUGUST 31. 2014

最后装运期为2014年8月31日

信用证项下货物的交接方式为CY—CY。

整批货被装在2个20尺,编号分别为COSU982341、COSU520142的集装箱内(尺寸类型代号 20RS),COSU982341集装箱内装1400箱(毛重17010kg,体积32.8 CBM),COSU520142集装箱内装1434箱(毛重17423.1kg,体积33.6CBM)。由YINHU A3032号船于8月30日装运出海。该批货物的合同号为BEIT0112。体积为66.4CBM。该批货物总共2834箱。每个纸箱重0.15kg,毛重34433.1kgs。该批货物需要冷藏,冷藏温度为-10℃。

唛头:BAMA SEA

TAMPA

BEIT0112

2834

任务一 集装箱场站收据联单认知

场站收据联单是集装箱运输中一份非常重要的综合性单证,它把货物托运单(订舱单)、装货单(关单)、大副收据、理货单、配舱回单、运费通知等多份单证汇成一份,对于提高集装箱货物托运的效率有很大的意义。

 想一想:场站收据联单主要包含哪些单据?各有什么不同呢?

一、场站收据联单的组成

场站收据联单在托运人口头或书面进行订舱,与船公司或船代达成了货物运输的协议,船代确认订舱后,由船代交托运人或货代填制。场站收据的组成和联数在不同的港、站有所不同，其联数有 7 联、10 联、12 联不等，并按照各联功能不同，采用不同颜色进行区分，厦门港的场站收据联单的组成见表 4-1。

表 4-1 场站收据联单的组成情况

序 号	名 称	颜 色	用 途
1	集装箱货物托运单-货方留底	白色	托运人留存备查
2	集装箱货物托运单-船代留底	白色	编制装船清单、积载图、预制提单
3	运费通知（1）	白色	计算运费
4	运费通知（2）	白色	运费收取通知
5	装货单—场站收据副本（1）	白色	报关并作为装货指示
	附页：缴纳出口货物港杂费申请书	白色	港方计算港杂费
6	场站收据副本（2）—大副联	粉红色	报关，船上留存备查
7	场站收据	淡黄色	报关，船代凭以签发提单
8	货代留底	白色	缮制货物流向单
9	配舱回单（1）	白色	货代缮制提单等
10	配舱回单（2）	白色	根据回单批注修改提单

 想一想：场站收据联单有什么作用？

二、场站收据十联单用途

其流转过程如图 4-1 所示。

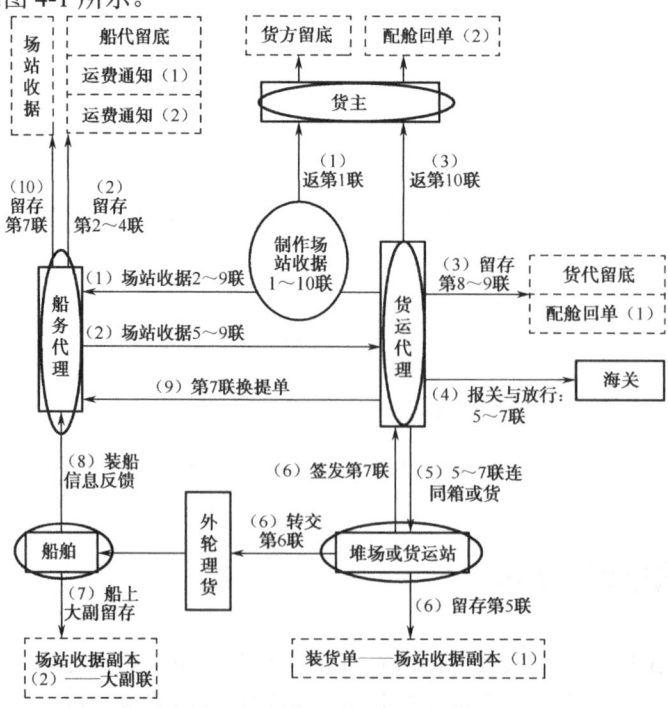

图 4-1 场站收据联单的流转过程

想一想： 场站收据联单流转过程中主要参与者是谁？

场站收据联单在货主口头或书面进行订舱，与船公司或船代达成了货物运输的协议，船代确认订舱后，由船代交托运人或货代填制，一般由货代代为填制，填制完场站收据联单后：

（1）第1联交给货方留底。

（2）2~9联由货代交于向船代订舱，船代留2~4联船代留底运费通知（1）（2），返还5~9联给货代。

（3）货代留存8、9联货代留底和配舱回单（1），同时返还第10联配舱回单（2）给货方。

想一想： 已经使用了场站收据联单的哪几联？还剩哪几联未使用？

（4）货代拿5~7联用于向海关报关。报关完成后与集装箱一起送到集装箱堆场或货运站。

（5）集装箱堆场或货运站留存第5联装货单，即场站收据副本（1），堆场或货运站将第6联场站收据副本（2）——大副联转交外轮理货，最迟一批必须赶在开装前4小时，收齐后由船方留存，同时签发第7联场站收据正本返还给货运代理。

（6）货代拿第7联场站收据正本换取提单。

（7）船代留存第7联，并签发集装箱提单。

小贴士

- 托运人或货代的出口货物，一般要求在装箱前24小时内向海关申报，海关在场站收据上加盖放行章后方可装箱。场站业务员签发的场站收据必须验看是否有海关放行章。没有海关放行章不得安排所载明的集装箱装船。
- 各承运人委托场站签发场站收据必须有书面协议。
- 托运人和货代对场站收据内容的变更，必须及时通知有关各方，并在24小时内出具书面通知，办理变更手续。
- 采用CY交接条款，货主对箱内货物的准确性负责；如采用CFS交接条款，装箱单位对货物负责。拼箱货物以箱为单位签发场站收据。

三、场站收据联单的内容与填制

场站收据联单各联内容大同小异。主要内容包括：发货人信息，收货人信息，承运船名、航次、装货港、卸货港、交货地点、目的地，集装箱号、标志、箱数，货物种类、名称、重量，费用交付方式，正本提单份数，集装箱种类，特殊货物备注，场站签章等。

我们来看看场站收据联单第一联托运单和第七联场站收据正本的内容，见表4-2和表4-3。

想一想： 中厦门银城企业总公司有两个集装箱的货需要进行托运订舱，应该如何填制场站收据联单中的第一联托运单呢？

发货人或代理填制场站收据,各栏目均要用电脑或打字机填制以求清晰。填写内容应正确完整。

(1) 发货人(Shipper):托运人、货主、信用证上的卖方或者无船承运人(双重身份时)等。托运单上应该填制"XIAMEN YINCHENG ENTERPRISE GENERAL CORP"以及厦门银城企业总公司的公司地址"176 LUJIANG ROAD XIAMEN, CHINA"。

(2) 收货人(Consignee):货主、信用证上的买方、无船承运人(双重身份时)等。托运单上应该填制"BAMA SEA PRODUCTS. INC"以及(巴马海产品有限公司)的公司地址"1499 BEACH DRIVE S.E.ST PELERSBURG. FL 33701,USA"。

(3) 通知人(Notify Party):详列通知方的名称、地址、电话、传真等;当没有通知人时,填写"SAME AS CONSINGEE"。托运单上应该填制"WILLIAMS CLARKE, INC."以及威廉姆斯克拉克有限公司的地址"603 NORTH FRIES AVENUE, WILMINGTON, CA 90744,USA"。

(4) 前程运输(Pre carriage by):联程运输时,相对收货地之前一段的货物运输承运方式或承运人。如果只是海运,则此栏不填。

(5) 收货地点(Place of Receipt):货物实际收货地点(一般为港口所在城市),如果不是联程运输,此栏不填。

(6) 船名/航次(Ocean Vessel/Voy.No.):船代在接收订舱时,按照配船要求确定。托运单上应该填制"YINHU"和"A3032"。

(7) 装货港(Port of Loading):货物实际装运海港名称。托运单上应该填制"XIAMEN"。

(8) 卸货港(Port of Discharge):将货物卸下的港口。托运单上应该填制"TAMPA,FL,USA"。

(9) 交货地点(Place of Delivery):承运人将货物实际交付的地点(可以是船舶班轮航线上的港口,也可以是通过其他船舶转运过去的交货港口,或通过铁路、公路运输方式转运过去的内陆交货地点)。

(10) 目的地(Final Destination for Merchant's Reference):客户或应贸易文件要求需要在提单上显示的货物交付的最终目的地。因为承运人是以交货地作为联运的交货点,所以承运人一般在出具的提单上并不显示此项内容。经承运人的同意,承运人或其签单代理人可以在提单的"包装种类与货名"栏中的包装、货名下空白处显示该项内容。托运单上应该填制"TAMPA,FL,USA"。

(11) 集装箱号(Container No.):此栏对应正本提单的相应栏,提单上显示的集装箱号显示在此栏的靠下空白部分。托运单上应该分行填制"COSU982341"、"COSU520142"。

(12) 标记与号码(Marks & Nos.):贸易合同上、发票上、装箱单上标明的、信用证等文件规定的货物标记与号码。托运单上应该分行填制"BAMA SEA"、"TAMPA"、"BEIT0112"、"2834"。托运单上的集装箱封志号暂时不填写。

(13) 箱数或件数(No.of Containers or Packages):贸易合同上、发票上、装箱单上标明的、信用证等文件规定的货物件数。托运单上应该填制"2834CTNS"。

(14) 包装种类与货名(Kind Packages:Description of Goods):贸易合同上、发票上、装箱单上标明的、信用证等文件规定的货物的包装种类、商品名称、商品规格等。托运单上应该填制"CHINESE SAND SHRIMP OR BIG HARD SHELLSHRIMP.BLOCK FROZEN SHRIMP (PTO)"。

（15）毛重（Gross Weight）：每一类货物的包装毛重，单位是 kgs（千克）；两类以上，要有合计数。托运单上应填制"34433.1kgs"。

（16）尺码（Measurement）：每一类货物的包装尺码（体积），单位是 CBM（立方米）；两类以上要有合计数。托运单上应填制"66.4CBM"。

（17）集装箱数或件数大写：若是多票托单自拼整箱，则相应托单上根据货物的件数、包装用英文大写字母予以表示托单上的件数（如 3 票托单拼 1 个 20'GP，其中 1 票的货物包装是 10CTNS，则大写为 SAY TEN CARTONS ONLY；若是 1 票托单中多个集装箱，则用英文大写字母予以表示集装箱数量或包装件数），如 100CTNS，装 2 个 20'普箱，FCL，CY/CY 交接，可以表示为 SAY ONE HUNDRED CARTONS（TWO CONTAINERS）ONLY。

想一想：课前思考例题中托运单上的此栏应该如何填写？

（18）运费和其他费用（FREIGHT & CHARGES）：除非信用证要求，一般只填写运费吨、运费率、运费是否支付的相关情况。如果在 CIF、CFR 条件下，填"FREIGHT PAID"或"FREIGHT PREPAID"；如果在 FOB、FAS 条件下，填"FREIGHT COLLECT"。

（19）预付地点或到付地点（Prepaid at"或"Payable at）：实际付款地点。托运单上填制"XIAMEN"。

（20）签发地点（Place of Issue）：场站收据联单实际签发地点。托运单上填制"XIAMEN"。

（21）货值金额（AMOUNT）：实际的货物价值。托运单上填制"USD170450.00"

（22）接收方式（Service Type on Receiving）和交付方式（Service Type on Delivery）：分别有 CY（集装箱堆场）、CFS（集装箱货运站）、DOOR（收发货人仓库或工厂）。

**想一想**：如果集装箱的交接形态是 LCL/LCL，那么它们的接收方式和交付方式应该是什么？

（23）货物种类（TYPE OF GOODS）：注明货物的种类是普通货物、冷藏货物、危险货物、裸装车辆、危险品、活动物或者散货。需要使用特种集装箱运输的货物，托运人要注明所需箱型规格。如系冷藏货出运应正确填报冷藏温度（Reeter Temperature Required），有华氏温度和摄氏温度两种类型。如系危险品出运，应正确填报类别、性能、《国际危规》页数和联合国编号（UN NO）。如《国际危规》规定主标以外还有副标，在性能项目栏用"主标/副标"方式填报。

（24）发货人或代理人名称地址：填写具体发货人或代理人的名称地址。

（25）是否允许转船：根据信用证填制，托运单填写"ALLOWED"。

（26）是否允许分批装运：根据信用证填制，托运单填写"ALLOWED"。

想一想：表 4-2 和表 4-3 有哪些细微差别？请填制表 4-2 和表 4-3。

表 4-2　集装箱货物托运单（场站收据联单第一联）

Shipper（发货人）（1）		委托号：Forwarding agents	
		B/L No.（编号）	第一联
Consignee（收货人）（2）		集装箱货物托运单 货方留底	
Notify Party（通知人）（3）			
Pre carriage by（前程运输）（4）	Place of Receipt（收货地点）（5）		
Ocean Vessel（船名）（6）	Voy. No.（航次）	Port of Loading（装货港）（7）	
Port of Discharge（卸货港）（8）	Place of Delivery（交货地点）（9）	Final Destination for Merchant's Reference（目的地）（10）	

Container No. （集装箱号） （11）	Seal No. （封志号） Marks & Nos. （标记与号码） （12）	No. of containers Or P'kgs. 箱数或件数 （13）	Kind Packages: Description of Goods （包装种类与货名） （14）	Gross Weight 毛重（公斤） （15）	Measurement 尺码（立方米） （16）

TOTAL NUMBER OF CONTAINERS OR PACKAGES (IN WORDS) 集装箱数或件数合计（大写）	（17）			
FREIGHT & CHARGES （运费与附加费）（18）	Revenue Tons（运费吨）	Rtae（运费率）Per（每）	Prepaid（运费预付）	Collect（到付）

Ex Rate:	Prepaid at （预付地点）（19）	Payable at （到付地点）（19）	Place of Issue（签发地点）（20）	BOOKING（订舱确认） APPROVED BY
	Total Prepaid （预付总额）	No.of Original B(s)/L （正本提单份数）	AMOUNT（货值金额）（21）	

Service Type on Receiving（22） □-CY, □-CFS, □-DOOR	Service Type on Delivery（22） □-CY, □-CFS, □-DOORS		Reeter Temperature Required（冷藏温度）（23）	°F　℃
TYPE OF　（23） GOODS （种类）	□Ordinary, □Reefer, □Dangerous, □Auto. （普通）（冷藏）（危险品）（裸装车辆） □Liquid, □Live Animal, □Bulk, □_____ （液体）（活动物）（散货）	危险品	Glass: Property: IMDG Code Page: UN NO.	

发货人或代理人名称地址：（24）			联系人：	电话：
可否转船：（25）	可否分批：（26）	装船期：	备注	装箱场站名称：
有效期：		制单日期：		
运费由　　　　支付，如预付运费托收承兑，请填准银行账号				

表4-3 集装箱货物场站收据（场站收据联单第七联）

Shipper（发货人）		委托号：Forwarding agents		第七联
		B/L No.（编号）		
Consignee（收货人）		场站收据 DOCK RECEIPT		
Notify Party（通知人）		Received by the Carrier the Total number of containers or other packages or units stated below to be transported subject to the terms and conditions of the Carrier's regular form of Bill of Lading		
Pre carriage by（前程运输） Place of Receipt（收货地点）				
Ocean Vessel（船名）Voy. No.（航次）Port of Loading（装货港）		场 站 章		
Port of Discharge（卸货港） Place of Delivery（交货地点） Final Destination for Merchant's Reference（目的地）				

Container No.（集装箱号）Marks & Nos.（标记与号码）	Seal No.（封志号）	No. of containers Or P' kgs. 箱数或件	Kind Packages: Description of Goods（包装种类与货名）	Gross Weight 毛重（公斤）	Measurement 尺码（立方米）

TOTAL NUMBER OF CONTAINERS OR PACKAGES (IN WORDS) 集装箱数或件数合计（大写）

Container No.（箱号）	Seal No.（封志号）	Pkgs.（件数）	Container No.（箱号）	Seal No.（封志号）	Pkgs.（件数）
		Received（实收）	By Terminal clerk/Tally clerk（场站员/理货员签字）		

FREIGHT & CHARGES	Prepaid at（预付地点）	Payable at（到付地点）	Place of Issue（签发地点） BOOKING（订舱确认） APPROVED BY
	Total Prepaid（预付总额）	No.of Original B(s)/L（正本提单份数）	AMOUNT货值金额：

Service Type on Receiving □-CY, □-CFS, □-DOOR	Service Type on Delivery □-CY, □-CFS, □-DOORS	Reeter Temperature Required（冷藏温度）	
			°F °C
TYPE OF GOODS （种类）	□Ordinary, □Reefer, □Dangerous, □Auto. （普通）（冷藏）（危险品）（裸装车辆） □Liquid, □Live Animal, □Bulk, □_____ （液体）（活动物）（散货）	危险品	Glass: Property: IMDG Code Page: UN NO.

发货人或胆力人名称地址：			联系人：	电话：
可否转船：	可否分批：	装船期：	备注	装箱场站名称：
有效期：		制单日期：		
运费由 支付，如预付运费托收承兑，请填准银行账号				

任务二　集装箱设备交接单认知

集装箱作为运输设备，其箱体状态的确认非常重要。设备交接单（Equipment Interchange Receipt，EIR or E/R）就是集装箱进出港口、场站时集装箱所有者（箱主或其代理人）与使用者（用箱人或运箱人）之间交接集装箱及设备的凭证。

在签收设备交接单时，可以划分明确各方对集装箱应承担的责任。设备交接单由箱主或其代理人印制、提供和签发。

一、集装箱设备交接单的组成

设备交接单分出场（OUT）联和进场（IN）联两种（表4-4）。

表4-4　设备交接单的组成

设备交接单类别	组　成	颜　色	用　途
出场联（OUT）	管箱单位留底联	白色	由港方交给船方留存
	码头堆场联	红色	堆场留存
	用箱人/运箱人联	黄色	提箱人留存
进场联（IN）	管箱单位留底联	白色	由港方交给船方留存
	码头堆场联	红色	堆场留存
	用箱人/运箱人联	黄色	提箱人留存

二、集装箱设备交接单的流转

流转原则：一箱一单、箱单相符、箱单同行

用箱人（一般以集装箱卡车司机为代表）要凭设备交接单进出港区场站，到设备交接单指定的提箱地点提箱，并在规定的地点还箱（图4-2）。

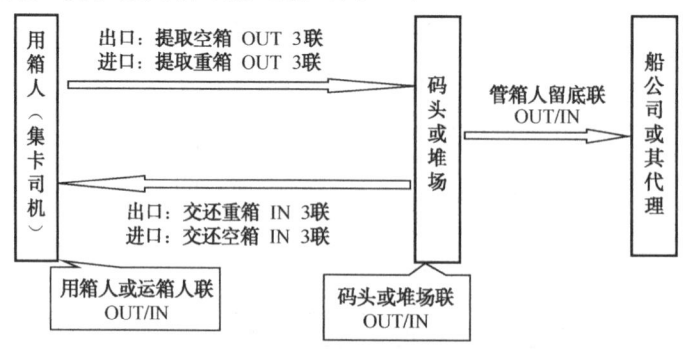

图4-2　集装箱设备交接单流转示意图

用箱人还必须在规定的日期、地点将集装箱和机械设备如同交付时状态还给管箱人，对

集装箱的超期使用或租用，用箱人要支付超期使用费。

对使用或租用期间发生的任何集装箱及设备的灭失或损坏，用箱人应承担赔偿责任。

（1）确认订舱后，船公司填制设备交接单交用箱人。

（2）集装箱出口：需要提取空箱装货后交还重箱。

① 提取空箱：用箱人（一般以集装箱卡车司机为代表）到码头堆场提取空箱时出示设备交接单（OUT）联，由经办人员对照设备交接单，检查集装箱外表状况后，双方签字，码头或堆场留下码头或堆场联、管箱人留底联，将用箱人联退还给用箱人，码头堆场将留下的管箱人联交还给船公司。

当集装箱出场时，闸口业务员与用箱人（集装箱卡车司机代表）应共同审核的内容：

● 用箱人名称和地址；
● 所提集装箱的箱号、规格；
● 出场日期；
● 出场目的，如当地装箱等。

② 交还重箱：当用箱人装箱后交还重箱给码头退场时出示设备交接单（IN）联，由经办人员对照设备交接单检查箱体后，双方签字，码头或堆场留下码头或堆场联、管箱人留底联，将用箱人联退还给用箱人，码头堆场将留下的管箱人联交还给船公司。

集装箱进场时，集装箱卡车司机持设备交接单，将集装箱从装箱地运至集装箱码头堆场。闸口业务员和集卡司机需要共同审核的内容：

● 还箱的时间和地点；
● 还箱人的名称和地址；
● 出口船舶的船名和航次；
● 进场目的，如准备装船、空箱还箱等。

 想一想：集装箱交接时，需要进行目测检查，要检查什么呢？

（3）集装箱进口：需要提取重箱拆箱掏货后交还空箱。

① 提取重箱：用箱人（一般以集装箱卡车司机为代表）到码头堆场提取重箱时出示设备交接单（OUT）联，由经办人员对照设备交接单，检查集装箱外表状况后，双方签字，码头或堆场留下码头或堆场联、管箱人留底联，将用箱人联退还给用箱人，码头堆场将留下的管箱人联交还给船公司。

② 交还重箱：当用箱人交还空箱给码头退场时出示设备交接单（IN）联，由经办人员对照设备交接单检查箱体后，双方签字，码头或堆场留下码头或堆场联、管箱人留底联，将用箱人联退还给用箱人，码头堆场将留下的管箱人联交还给船公司。

三、集装箱设备交接单的内容与填制

集装箱船公司、租赁公司及他们的代理人均印制有自己的设备交接单，但内容大同小异，主要分为填制部分和条款部分。具体正面内容见表4-5和表4-6。

设备交接单内容分别由箱管单位（船代）、用箱人/运箱人、码头堆场经办人填写。

表 4-5　集装箱出场设备交接单

×××××公司

集装箱发放/设备交接单

EQUIPMENT INTERXHANGE RECEIPT　　　　　　OUT　出场

NO.

用箱人/运箱人（CNTR. USER/HAULIER）		提箱地点（PLACE OF DELIVERY）	
发往地点（DELIVERED TO）：			
返回/收箱地点（PLACE OF RETURN）：			
船名（VESS）/航次（VOY）	集装箱号（CNTR.NO）	尺寸/类型（SIZE/TYPE）	营运人（CNTR. OPTR）
提单号（B/L）		铅封号（SEAL.NO.）	免费期限（FREE TIME PERIOD）
运载工具牌号（TRUCK WACON BARGE NO.）：			
货重（CARGO W.）	出场目的/状态（PPS OF GATE-OUT/STATUS）	进场目的/状态（PPS OF GATE-IN/STATUS）	出场日期（TIME OUT）
			年　月　日
出场检查记录（INSPECTION AT THE TIME OF INTERCHANGE）			
普通集装箱（GP. CNTR.）	冷藏箱（RF.CNTR.）	特种集装箱（SPL. CNTR.）	发电机（GEN. SET）
□正常（SOUND）	□正常（SOUND）　设定温度（SET）　℃	□正常（SOUND）	□正常（SOUND）
□异常（DEFECTIVE）	□异常（DEFECTIVE）记录温度（RECORDER）　℃	□异常（DEFECTIVE）	□异常（DEFECTIVE）

损坏记录及代号（DAMAGE & OODE）　BR　D　M　DR　DL
破损（BROKEN）　凹损（DENT）　丢失（MISSING）　污箱（DIRTY）　危标（DGLABEL）

左侧（LEFECT SIDE）　右侧（RIGHT SIDE）　前面（FRONT）　内部（CONTAINER INSIDE）

顶面（TOP）　底面（FLOOR BASE）　箱门（REAR）　如有异状，请注明程度及尺寸（REMARK）

除列明者外，集装箱设备交接时完好无损，铅封完整无损。
CONTAINER EQUIPMENT INTERCHANGED IN SOUND CONDITION AND SEAL INTACT UNLESS OTHER STATED.

用箱人/运箱人签署　　　　　　　　　　码头/堆场值班员签署
（CONTAINER USER/HAULIER'S SIGNATURE）　　（TERMINAL/DEPOT CLERK'S SIGNATURE）
　　年　月　日　　　　　　　　　　　　　　　年　月　日

表4-6 集装箱进场设备交接单

×××××公司

集装箱发放/设备交接单

EQUIPMENT INTERXHANGE RECEIPT　　　　　　　　IN　　进场

NO.

用箱人/运箱人（CNTR. USER/HAULIER）			提箱地点（PLACE OF DELIVERY）	
来自地点（WHERE FROM）：				
返回/收箱地点（PLACE OF RETURN）：				
船名（VESS）/航次（VOY）	集装箱号（CNTR.NO）	尺寸/类型（SIZE/TYPE）	营运人（CNTR. OPTR）	
提单号（B/L）		铅封号（SEAL.NO.）	免费期限（FREE TIME PERIOD）	
运载工具牌号（TRUCK WACON BARGE NO.）：				
货重（CARGO W.）	出场目的/状态（PPS OF GATE-OUT/STATUS）	进场目的/状态（PPS OF GATE-IN/STATUS）	进场日期（TIME OUT）	
			年　月　日	
进场检查记录（INSPECTION AT THE TIME OF INTERCHANGE）				
普通集装箱（GP. CNTR.）	冷藏箱（RF.CNTR.）		特种集装箱（SPL. CNTR.）	发电机（GEN. SET）
□正常（SOUND）	□正常（SOUND）　设定温度（SET）　℃		□正常（SOUND）	□正常（SOUND）
□异常（DEFECTIVE）	□异常（DEFECTIVE）记录温度（RECORDER）　℃		□异常（DEFECTIVE）	□异常（DEFECTIVE）

损坏记录及代号（DAMAGE & CODE）　BR 破损（BROKEN）　D 凹损（DENT）　M 丢失（MISSING）　DR 污箱（DIRTY）　DL 危标（DGLABEL）

左侧（LEFECT SIDE）　右侧（RIGHT SIDE）　前面（FRONT）　内部（CONTAINER INSIDE）

顶面（TOP）　底面（FLOOR BASE）　箱门（REAR）

如有异状，请注明程度及尺寸（REMARK）

除列明者外，集装箱设备交接时完好无损，铅封完整无损。
CONTAINER EQUIPMENT INTERCHANGED IN SOUND CONDITION AND SEAL INTACT UNLESS OTHER STATED.

用箱人/运箱人签署　　　　　　　　　　　码头/堆场值班员签署
(CONTAINER USER/HAULIER'S SIGNATURE)　　(TERMINAL/DEPOT CLERK'S SIGNATURE)
　　年　　月　　日　　　　　　　　　　　　年　　月　　日

1. 用箱人/运箱人栏

由箱管单位填写，可以是货主或者货代。

2. 提箱地点栏

由箱管单位填写，例如"厦门海天码头堆场"。

3. "OUT"联中的发往地点栏和"IN"中的来自地点栏

进口业务由箱管单位填写，出口业务由用箱人/运箱人填写，根据实际地址填写。

4. 返回/收箱地点

由箱管单位填写，例如"厦门海天"。

5. 航名/航次

由箱管单位填写。根据实际船名以及航次填写。

6. 集装箱号

进口业务中的"OUT"联和"IN"联由箱管单位填写。
出口业务中的"OUT"联和"IN"联由码头堆场填写。
一个集装箱填写一张设备交接单，根据实际箱号填写。

7. 尺寸/类型与营运人栏

全部由箱管单位填写，例如"20RS"、"COSCO"。

8. 提单号栏和铅封号栏

进口业务中的"OUT"联和"IN"联由箱管单位填写。
出口业务中的"OUT"联和"IN"联由用箱人/运箱人填写。根据实际情况填写。

9. 免费期限栏

由箱管单位填写。例如出口业务可填写"空出日/重进日七天"。

10. 运载工具牌号

由用箱人/运箱人填写，根据实际情况填写。

11. 进场目的/状态和出场目的/状态栏

由箱管单位填写。例如填写"E/VA 空箱/装箱"、"F/FL 重箱/装船"

12. 进场/出场日期栏

由码头堆场填写。

运箱人和码头堆场经办人共同签署：交接过程中，对集装箱箱体出现破损、污染、标志不清等异常情况的，要在"设备交接单"检查栏上进行批注。

 想一想：课前思考中的案例应该填写几份设备交接单？由箱管单位出具的设备交接单上应该有哪些内容？

任务三　集装箱装箱单认知

集装箱装箱单（Container Load Plan，CLP 或者 Unit Packing List，UPL）是详细记载每一个集装箱内所装货物名称、数量、尺码、重量、标志和箱内货物积载情况的单证。对于特殊货物还应加注特定要求，比如对冷藏货物要注明箱内温度的要求等。不论是发货人自己装箱，还是由集装箱货运站负责装箱，负责装箱的人都要制作装箱单。

 想一想：Container Load Plan 和 Unit Packing List 有什么区别？

一、集装箱装箱单的组成

一般集装箱装箱单为一式五联，分别为：码头联、船代联、承运人联及两份发货人/装箱人联，其余可根据实际情况进行联数增减，见表 4-7。

表 4-7　集装箱装箱单组成

序 号	名 称	用 途
1	码头联	作为发货人、集装箱货运站与集装箱码头堆场之间货物的交接单证
2	船代联	作为向船公司通知集装箱内所装货物的明细表
3	承运人联	计算船舶吃水差，稳性的基本数据来源，集装箱船舶进出口报关的单据
4	发货人联	装箱地向海关报关单据 发生货损处理索赔事故的原始单据
5	装箱人联	货主或货运站安排拆箱、理货作业的重要单据
6	其他	根据实际情况进行联数增减

二、集装箱装箱单的流转

集装箱装箱单的流转程序如图 4-3 所示。

（1）发货人或货运站将货物装箱，缮制实际装箱单一式五联，并在装箱单上签字。

（2）五联装箱单随同货物一起交付给拖车司机，指示司机将集装箱送至集装箱堆场，在司机接箱时应要求司机在装箱单上签字并注明拖车号。

（3）集装箱送至堆场后，司机应要求堆场收箱人员签字并写明收箱日期，以作为集装箱已进港的凭证。

（4）堆场收箱人在五联单上签章后，留下码头联、船代联和承运人联（码头联用以编制装船计划，船代联和承运人联分送给船代和承运人用以缮制积载计划和处理货运事故）。

（5）集装箱堆场将发货人/装箱人联退还给发货人或货运站。

（6）发货人或货运站除留一份发货人/装箱人联备查外，将另一份送交发货人，以便发货人通知收货人或卸箱港的集装箱货运站，供拆箱时使用。

整箱货：

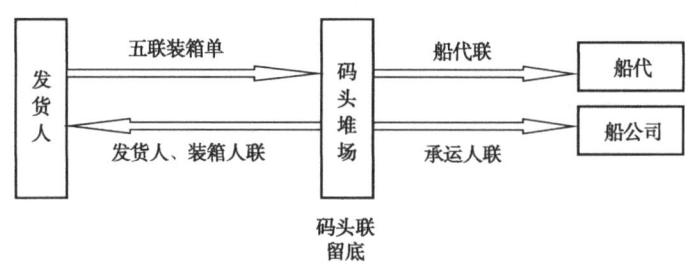

拼箱货：

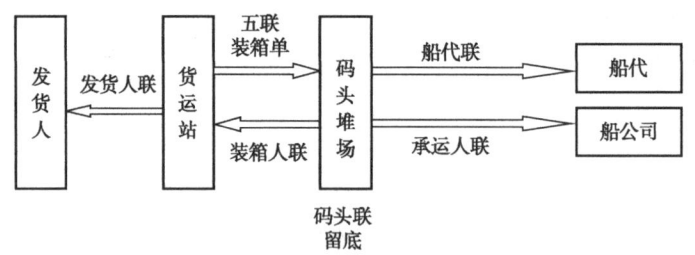

图 4-3 集装箱装箱单的流转程序

三、集装箱装箱单的内容与填制

 想一想：课前思考例题中需要填制几张集装箱装箱单？

装箱单主要的填写内容参照表 4-8。需要填写一些常规内容包括船名、航次、收货地点、交货地点、装货港、卸货港、提单号、唛头号、件数及包装种类、品名、重量、尺码等。

其他内容如下。

1. 集装箱号与铅封号

根据实际装箱情况填写。集装箱号由 11 位编码组成。铅封号是在货物装号后，给集装箱装一个锁，每一个铅封锁上面都有一个号码，铅封只有破坏才能打开。如果因为某些特殊原因例如海关检查需要开箱必须在装箱单下部栏内写明开箱原因并注明重新铅封号。

想一想：集装箱号、铅封号与唛头号有什么区别？

2. 集装箱规格

根据集装箱尺寸规格表，包括 20GP（20 英尺标箱）、20RS（20 英尺冷箱）、40GP（40 英尺箱）、40HC（40 英尺高箱）等。

3. 冷藏温度

如果是冷藏集装箱，需要填写冷藏温度，分为华氏温度和摄氏度两种。

4. 箱主

集装箱的所有者，根据实际情况填写。

5. 发货人、收货人、通知人

分行填写，格式为"1．SHIPPER

****

2．CONSIGNEE

****

3．NOTIFY

***************************"

6. 底（Front）—门（Door）

若所装箱子的货物品种不同，所装货物的唛头号、件数、包装、货名、重量、尺码必须按箱子前部（Front）到后部（Door）的顺序填写，即按装箱顺序填写。

想一想：请根据课前思考内容填制表 4-8。

表4-8 集装箱装箱单

装　箱　单
CONTAINER LOAD PLAN

船名 Ocean Vessel	航次 Voy. NO.					集装箱号 Container No.	集装箱规格 Type of Container: □ 20 □ 40
箱主 Owner	提单号码 B/L No.	收货地点 Place of Receipt □ 场 CY □ 站 CFS	2.收货人 Consignee	3.通知人 Notify		铅封号 Seal No.	冷藏温度 Reffer.temp.Required °F °C
		1.发货人 Shipper				卸货港 Port of Discharging	交货地点 Place of Delivery □ 场 CY □ 站 CFS □ 门 Door
				装货港 Port of Loading			
				标志和号码 Marks & Numbers	件数及包装种类 NO. & Kind of Pkgs.	货　　名 Description of Goods	重量（公斤） Weight kgs. / 尺码（立方米） Measurement Cu. M.
						总　件　数 Total Number of Packages 重量及尺码总计 Total Weight & Measurement	
危险品要注明危险品标志分类及风险 In case of dangerous goods, please enter the label classification and flash point of the goods.	重新铅封号 New Seal No.	开封原因 Reason for breaking seat			装箱日期 装箱地点	Data of vanning: ...... at: ...... 地点及国名（Place & Country）	
	出口 Export	堆场签收 Received by CY	驾驶员签收 Received by Drayman		装箱人： Packed by: 发货人 货运站 (Shipper/CFS)	（签署）Signed	皮　重 Tare Weight
	进口 Import	货运站签收 Received by CFS	驾驶员签收 Received by Drayman			发货人或货运站留存 1. SHIPPER/CFS （1）一式十份 此栏每份不同	总毛重 Gross Weight

（图示：底 Front — 门 Door）

学习情境四　国际海运集装箱重点单证认知

任务四　集装箱提单认知

集装箱提单（Container B/L）是集装箱货物运输中主要的货运单据，适用于集装箱运输的提单有两类：一类是港—港的集装箱海运提单，另一类是内陆—内陆的多式联运提单。无论是哪一种提单，其法律效力和作用与传统海运提单都是相同的。

　想一想：集装箱提单的作用是什么？集装箱提单是物权凭证吗？

一、集装箱提单的内容与格式

集装箱提单的内容分为可变部分和固定部分。

可变部分是指提单正面的内容，主要包括船名、装运港、目的港、托运人名称、收货人名称（如托运人指定收货人时）、被通知人名称、货物名称、集装箱封志号、箱号、货物标志、包装、件数、重量或体积、运费、提单正本份数、提单签发日期、承运人或船长签字等。

固定部分是指提单背面的运输条款，对有关承运人的责任、托运人的责任、索赔与诉讼等问题均有详细的规定。

集装箱提单的格式很多，每个船公司都有自己的提单格式，但基本内容大致相同。集装箱提单分正本与副本，正本提单可以流通、议付，副本则不行。正本提单的份数应按信用证规定办理。副本提单没有固定的份数，主要分发给那些对提单有需要的人或单位，以供其参考或使用。

二、集装箱提单与海运提单的区别

1. 正面内容区别

为了适应集装箱运输的需要，集装箱提单的正面内容在传统海运提单的基础上，增加了收货地点、交货地点、集装箱号、铅封号等内容，见表4-9。

> **小贴士**
>
> - 由于集装箱交接一般在码头堆场，集装箱提单一般是待装船提单。为了与信用证要求一致，集装箱提单一般增加装船备忘录栏。以便必要时加上"已装船"批注成为已装船提单。
> - 集装箱提单在制作时在"箱数或件数"栏内既要填写集装箱数又要填写箱内所装货物件数，否则如果发生货物灭失损害只能以箱作为理赔单位。拼箱货一般还要在"箱数或件数"栏内补充标注交接方式（"CFS/CY、CFS/CFS"等）。

2. 背面内容区别

为了集装箱运输的实际需要，集装箱提单的背面条款做了修改，增加了一些新条款。

（1）承运人的责任期限

普通船舶海运提单遵循"钩到钩原则"。

集装箱提单是"从收到货物开始至交付货物时止",就是说,承运人对收货前、交货后的货物损害不负责任。责任期限是根据集装箱货物的交接方式或运输条款来决定的。

① 交接方式:整箱货接收,整箱货交付(FCL/FCL)。

想一想:交接地点有哪些?DOOR TO DOOR? DOOR TO CY? CY TO DOOR? CY TO CY?

② 交接方式:整箱货接收,拼装货交付(FCL/LCL)。

想一想:交接地点有哪些?

③ 交接方式:拼箱货接收,拼箱货交付(LCL/LCL)。

想一想:交接地点有哪些?

④ 拼箱货接收,整箱货交付(LCL/FCL)。

想一想:交接地点有哪些?

根据下述交货地点:

发货人工厂或仓库(DOOR)——表明货物由发货人自行装箱,集装箱运输经营人在收货后,签署场站收据,并负责安排内陆运输,发货人凭场站收据换取 B/L。

集装箱码头堆场(CY)——表明发货人在装箱后,自己负责安排内陆运输,发货人和集装箱运输经营人接受货物地点以堆场为界,经营人收货后,签场站收据,发货人凭其换取提单。

集装箱货运站(CFS)——发货人将货物运至 CFS,由 CFS 负责装箱。

上述情况下签发的提单均属待装船提单。

案例分析

德国某公司租用中国天津远洋运输公司货轮装载 10 个集装箱服装从汉堡运至上海,交接地点为 DOOR-DOOR,货物于签订航次租船合同的当天从德国公司仓库装上集装箱卡车准备运到汉堡港码头仓库装船。但是,在路上,集装箱卡车发生事故,造成部分集装箱货物受损。该德国公司向承运人天津远洋运输公司索赔。请问货物尚未装船,承运人的责任开始了吗?承运人需要对货物损失负赔偿责任吗?

(2)舱面货选择条款

集装箱提单中规定了一条舱面货(甲板货)条款,规定装载舱面运输的集装箱与舱内集装箱享有同样的权益。例如中远联运提单第 17 条 1 款规定:集装箱中所装货物,不论是由承运人或由货方装载,都可作为舱面装运或舱内装运,而无须通知货方。

(3)制约托运人的责任条款

发货人装箱计数或不知条款。货主应向承运人保证,集装箱箱内货物适合运输。承运人在根据货主提供的内容,如实记载于提单的同时,保留"Shipper's load count and seal"即"S.T.C"条款以最大限度地达到免除责任的目的。也就是说整箱货交接时,船方承运人接收的是外表状况良好，铅封完整的集装箱，有关箱内货物的详情概不知悉。当承运人在箱子外表状况良好，铅封完整的集装箱下交付时，就认为承运人完成交货义务。

案例分析

某托运人将 2000 件货物送到 CFS 办理托运，由 CFS 负责装箱，CFS 收到托运人送交的货物后向托运人出具仓库收据，记载为 2000 件。CFS 在装箱完毕后，在装箱单上记载为 1950 件。提单上记载有 STC 条款。想一想：

① 此时提单上应该记载货物实际数量几件？
② 收货人收到货物后发现有货差应向谁提出赔偿？为什么？

（4）货物检查权条款

承运人有权但没有义务在任何时候将集装箱开箱检验，核对其装载的货物。如发现所装载的货物全部或一部分不适合运输，承运人有权对该部分货物放弃运输。或由托运人支付合理的附加费后完成这部分货物的运输，或将其存放在岸上或水上具有遮蔽的或露天的场所。这种存放已认为按提单交货，即承运人的责任已告终止。承运人在行使这一权利时，无须等到托运人的预先同意，其费用由货主负担。

（5）海关启封检查条款

海关有权检查集装箱。海关打开集装箱检查，并重新施封而造成任何货物灭失、损害以及其他后果，承运人概不负责。在实际业务中，承运人对这种情况应做好记录，并保留证据，以使其免除责任。

（6）发货人对货物内容准确性负责条款

在接受货物时，视为发货人已向承运人保证资料准确无误。集装箱货物在由货主自行负责装箱时，在以下情况下货主负担损失并赔偿其对承运人造成的损害：

① 由于货主自己装载不当。
② 箱内货物不适合装载集装箱。
③ 箱内货物包装不牢，标志不清。
④ 装箱之前未对箱子做合理的检验。
⑤ 运输途中非承运人能控制的原因。
⑥ 未能保证货物内容的准确、完整。
⑦ 对第三者生命财产造成损害。
⑧ 对由于货主自己搬运，运输造成的损害等。

案例分析

"上海天华贸易有限公司"与"海燕船务公司"签订一批运输合同，运输一批电子设备到日本名古屋港口。双方约定，由上海天华贸易有限公司提供集装箱，并且自行装箱、铅封完好后交给海燕船务公司。4月18日，货物运抵上海洋山港，装上预先约定的集装箱货运船"破浪号"，经检查集装箱外表完好，故而签发已装船的清洁提单。4月22日，船舶到达日本名古屋港口。4月23日，收货人"日本福贸国际贸易公司"凭借提单去提取货物。

若是收货人"日本福贸国际贸易公司"打开集装箱后，发现电子设备有多处破损，倘若它向"海燕船务公司"提出索赔，"海燕船务公司"可以拒绝赔偿吗？

（7）危险货物运输条款

承运人在接受具有爆炸性、易燃性、放射性、腐蚀性、有害性、有毒性等危险货物时，只有在接受货主提交的书面申请时方可进行。在集装箱运输过程中，箱子外表应贴有危险品标志。

承运人对事先不知其性质而装载的具有危险性的货物，可在卸货前任何时候、任何地点将其卸上岸，或将其销毁而不予赔偿。该货物的所有人对于该项货物引起的直接或间接的一切损害和费用负责。如承运人了解货物的性质，并同意装船，但在运输过程中发现该货物对船舶和其他货物构成危险时，也同样可在任何地点将货物卸上岸，或将其销毁而不负责任。

三、集装箱提单正面内容填制

 想一想：请根据课前思考内容填制表 4-9。

1. 托运人（Shipper）

托运人是指委托运输的人，即将卖方的名称和地址填入此栏。若信用证规定要求某一第三者作为托运人，则应按要求填制。

2. 收货人（Consignee）

这一栏的填写应严格按照 L/C 的规定在记名收货人、凭指示和记名指示中选一个。

例如：

（1）来证要求："Full set of B/L made out to order"，提单收货人一栏则应填"To order"。

（2）来证要求："B/L issued to order of Applicant"，此 Applicant 为信用证的申请开证人 Big A. Co.，则提单收货人一栏填写"To order of Big A. Co."。

（3）来证要求："Full set of B/L made out our order"，开证行名称为 Small B Bank，则应在收货人处填"To small B Bank's order"。

3. 被通知人（Notify Party）

通知栏为接收船方发出货到通知的人的名址。它可以由买方选择，既可以是买方本人或其代理，又可以是第三方。但被通知人无权提货。如果来证未说明哪一方为被通知人，那么就将 L/C 中的申请人名称、地址填入副本 B/L 中，正本先保持空白。

4. 船名和船期（Vessel and Voyage Number）

如货物需要转运，填写第二程船的船名与航次（但信用证无要求时，则不用填写第二程船的船名）；如果货物不需要转运，填写第一程船的船名与航次。

5. 装运港（Port of Loading）

如果货物需要转运，填写中转港口名称；如果货物不需要转运，填写装运港名称。

6. 卸货港（Port of Discharge）

填写卸货港（指目的港）名称。

7. 接受地（Place of Receipt）

承运人接收货物的地点。如货需要转运，填写收货的港口名称或地点；如果货物不需要转运，则保持空白。

8. 指运地（Place of Delivery）

填写最终目的地名称。如果货物目的地是目的港的话，这一栏可保持空白。

9. 填正本提单签发的份数（Number of Original Bs/L）

收货人凭正本提单提货，为避免因正本提单在递交过程中丢失而造成提货困难，承运人多签发两份或两份以上的正本提单，正本提单的份数应在提单上注明。每份正本提单的效力相同，凭其中一份提货后，其余各份失效。信用证中要求提供"全套正本提单"（FULL SET OR COMPLETE SET OF B/L），则须提供承运人签发的所有正本。

10. 集装箱号和唛头号（Container Nos/Seal Nos.Marks and/Numbers）

填写集装箱号和唛头；若无，填"N/M"。

11. 集装箱数量、装入集装箱内的包装件数、商品名称（No. of Container / Packages / Description of Goods）

（1）商品名称与托运单内容严格一致。在使用文字上按信用证要求。无特殊声明，应用英文填写。对某些港澳、新马地区来证要求货名用中文表达时，应遵守来证规定，用中文填写。

（2）散装货物无件数，可写"In Bulk"。裸装货物，应加上件数，如"1 UNIT"或"100 HEADS"。

12. 毛重（Gross Weight）

填写货物毛重，以公斤计。同托运单内容。

13. 体积（Measurement）

填尺码。

14. 运费支付情况（FREIGHT & CHARGES）

一般不填具体金额，只填写支付情况。例如：FREIGHT PREPAID（运费预付）、FREIGHT PAID（运费已付）、FREIGHT PAYABLE AT DESTINATION（运费到付）、FREIGHT COLLECT（运费待付）。

15. 集装箱的数量及最大外包装的件数（Numbers of Containers/Packages (in words)）

用大写英文表示。若是多票托单自拼整箱，则相应托单上根据货物的件数、包装用英文大写字母予以表示托单上的件数（如 3 票托单拼 1 个 20'GP，其中 1 票的货物包装是10CTNS，则大写为 SAY TEN CARTONS ONLY；若是 1 票托单中多个集装箱，则用英文大写字母予以表示集装箱数量或包装件数），如100CTNS，装 2 个 20'普箱，FCI，CY/CY 交接，可以表示为 SAY ONE HUNDRED CARTONS（TWO CONTAINERS）ONLY。

16. 装船日期（Shipped on Board Date）

集装箱提单一般是收货待运提单，这栏可先不填。

17. 提单签发的时间和地点（Place and Date of Issue）

提单签发的时间，指货物实际装运的时间或已经接受船方监管的时间。

表 4-9 集装箱提单

提单签发的地点，指货物实际装运的港口或接受监管的地点。Shipper （1）	B/L NO. **COMBINED TRANSPORT BILL OF LADING** Received in apparent good order and condition except as otherwise noted the total number of container or other packages or units enumerated below for transportation from the place of receipt to the place of delivery subject to the terms hereof. One of the signed Bills of Lading must be surrendered duly endorsed in exchange for the Goods or delivery order. On presentation of this document （duly） Endorsed to the Carrier by or on behalf of the Holder, the rights and liabilities arising in accordance with the terms hereof shall （without prejudice to any rule of common law or statute rendering them binding on the Merchant） become binding in all respects between the Carrier and the Holder as though the contract evidenced hereby had been made between them. **SEE TERMS ON ORIGINAL B/L**
Consignee （2）	
Notify Party （3）	

Vessel and Voyage Number （4）	Port of Loading （5）	Port of Discharge （6）
Place of Receipt （7）	Place of Delivery （8）	Number of Original Bs/L （9）

PARTICULARS AS DECLARED BY SHIPPER – CARRIER NOT RESPONSIBLE

Container Nos/Seal Nos. Marks and/Numbers	No. of Container / Packages / Description of Goods	Gross Weight （Kilos）	Measurement （cu-metres）
（10）	（11）	（12）	（13）

FREIGHT & CHARGES （14）	Number of Containers/Packages (in words) （15）
	Shipped on Board Date: （16）
	Place and Date of Issue: （17）
	In Witness Whereof this number of Original Bills of Lading stated Above all of the tenor and date one of which being accomplished the others to stand void. for CHINA OCEAN SHIPPING CO. as Carrier

任务五　集装箱交货记录认知

集装箱交货记录（Delivery Record），是国际集装箱进口货运业务中的主要单证，实际又称小提单或提货单，是集装箱运输承运人把货物交付给收货人时，双方共同签署的证明货物已经交付，且承运人对货物的责任已告终止的单证。

一、集装箱交货记录的组成

标准的交货记录格式为一式 5 联，见表 4-10。

表 4-10　交货记录单组成和用途

序 号	名 称	颜 色	用 途
1	到货通知书	白色	通知收货人集装箱货物到港
2	提货单	白色	报关；到堆场提货
3	费用账单（1）	蓝色	费用结算
4	费用账单（2）	红色	费用收取确认
5	交货记录	白色	双方共同签署，确认交货

二、集装箱交货记录单的流转

集装箱交货记录单的流转如图 8-4 所示

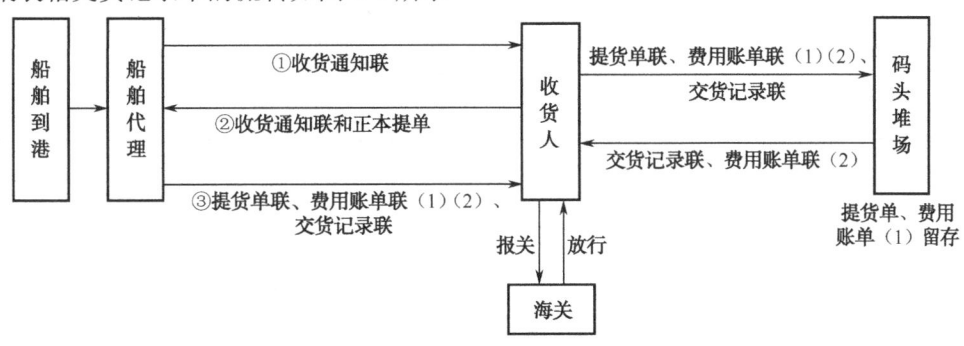

图 4-4　集装箱交货记录联流转程序

（1）船舶代理人在收到进口货物单证资料后，在国外进口船舶联检后（支线船抵港后）72 小时内，向收货人发出"到货通知书"。

（2）收货人或其代理人在收到"到货通知书"后，凭正本提单向船舶代理换取"交货记录"、提货单以及费用账单四联，"提货单"上要加盖船代专用章。

（3）收货人或其代理人持"提货单"、"费用账单（1）（2）"、"交货记录"共四联随进口货物相关资料，向海关申报。海关验放后在"提货单"的规定栏内加盖放行章。

（4）收货人及其代理人凭盖章放行的"提货单"及"费用账单"和"交货记录"向港区或场站办理申请提货作业计划。港区或场站核对提货单，填制好费用账单，待收货人缴纳费用后，港区或场站将提货单和费用账单（2）留存，最后在交货记录上盖章签发。

（5）收货人及其代理人凭港区或场站已盖章的交货记录联，到港区、场站库场提取货物。提货完毕后提货人应在"交货记录"规定的栏目内签名，以示确认提取的货物无误。

三、交货记录联的内容与填制

1. 交货记录的内容与填制

交货记录可以分为相关资料信息与交货情况记录两部分，见表 4-11。相关资料信息部分主要包括的内容是：收货人名称、地址、银行账号，承运人名称、船名、航次、起运港、目的地，提单号，交付条款，到货日期，标记与集装箱号，集装箱数量、重量、体积，货名等。交货情况记录部分主要包括的内容是：交货日期，货名或集装箱号，出库数量，操作过程，尚存数，经手人，收货人和场站签章等。

2. 交货记录的填制说明

（1）交货记录各联的船、货信息栏由船舶代理人填制；费用账单联合交货记录联，由港区、场站经营人填制。

（2）船舶代理人在填制交货记录各联集装箱箱号时，可在"标记与集装箱号"栏前面加序号；港区、场站在填制交货记录联的记录栏时，只填写序号，不用填写箱号。

（3）每票货的集装箱数量超过一页的填写数时，可加附页。附页各联填写方法与正页相同，但在各附页的右上角须写上附一、附二……的标志。

（4）交货记录各栏的填写要清晰准确，不得随意涂改。

表 4-11 集装箱交货记录

港区、场站						NO.	
收货人	名称				收货人开户		
	地址				银行与账号		
船名		航次		起运港		目的地	
提单号		交付条款		到付海运费			
卸货地点		到达日期		进库场日期		第一程运输	
标记与集装箱		货名	集装箱数	件数	重量（kg）	体积（m³）	

续表

交 货 记 录								
日期	货名或集装箱号	出库数量			操作过程	尚存数		经手人签名	
		件数	包装	重量		件数	重量	发货员	提货人
备注								收货人章	港区场站章

操作实训

1. 请根据集装箱出口流程图（图 4-5）描述集装箱出口流程及单证流转状况。

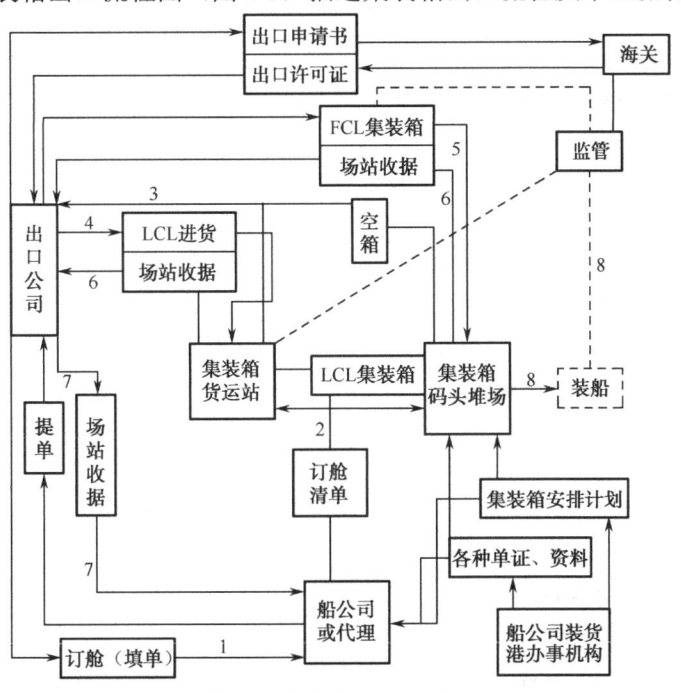

图 4-5　集装箱出口流程图

2． 请根据集装箱进口流程图（图 4-6）描述集装箱进口流程及单证流转状况。

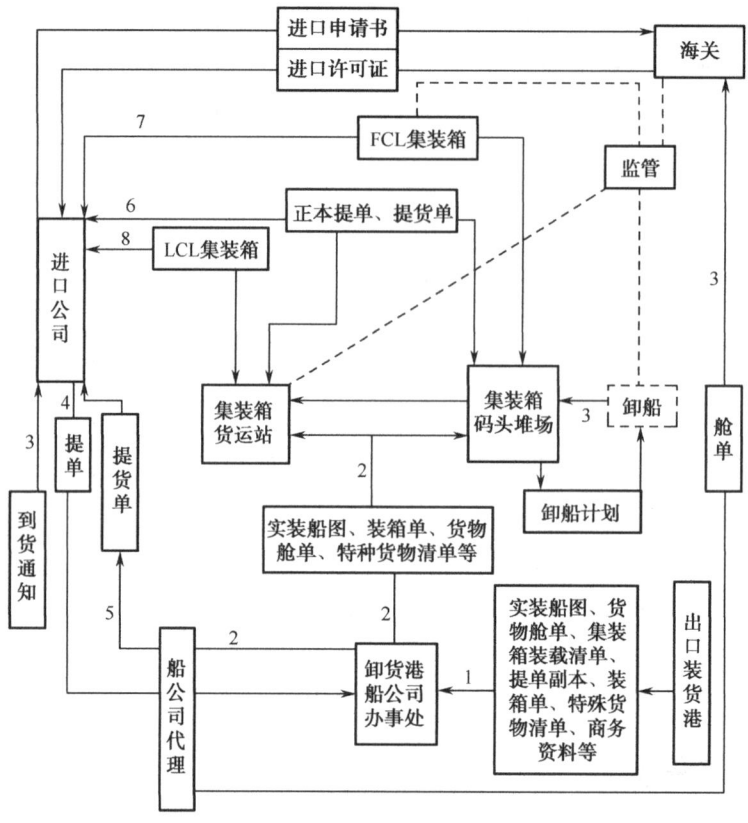

图 4-6　集装箱进口流程图

3． 信用证资料如下：

Irrevocable documentary credit Number：LCl23—258866

Date：August 24, 2003 Date and

place of expiry：October 30, 2003 China

Advising bank：Bank of China

Beneficiary：China XYZ import and export corp.

Applicant：UVW corporation.

Total amount：USD9000(SAY US DOLLARS NINE THOUSAND 0NLY)

Shipment from：Qingdao China

To：Osaka Japan

　At the latest：October 15, 2003

Description of goods：100% Cotton Towel as per S/C No.CH200

Total quantity：8000 pieces

packing：800 Cartons Total

gross weight：20000 KGS

Total measurement：30CBM

Price term：CIF Osaka

Following documents required：

+Signed commercial invoice in three copies.

+Full set of clean on board ocean bill of lading made out to order and endorsed in blank and marked "freight prepaid" and notify applicant.

+Insurance policy for 110 PCT of the invoice value covering the Institute Cargo Clauses(A)，the Institute War Clauses.

Ocean Vessel："Golden Star"

Voy．No.：018E

Container No:GSTU3156712/20'

Marks&Nos： ITOCHU

OSAKA

NO.1－800

Laden on board the vessel：October 14, 2003 B/L

date：October 14, 2003 B/L signed by BBB shipping agency

Carrier：AAA Shipping Co.

请根据信用证资料填写集装箱托运单、场站收据、集装箱设备交接单、集装箱装箱单、集装箱提单。

4．自测题

（1）集装箱码头堆场在验收货箱后，需要签署交给货运代理人或发货人的单证是_____。

　　A．提单　　　　　　B．场站收据　　　C．提货单　　　D．装货单

（2）在订舱后，货运代理人通常应该提出使用集装箱的申请，船方给予安排并发放用于提取集装箱的单据是_____。

　　A．提单　　　　　　B．场站收据　　　C．设备交接单　　D．装货单

（3）下列单据中属于集装箱出口货运特有的是_____。

　　A．交货记录　　　　B．场站收据　　　C．舱单　　　　D．提货单

（4）货物凭 D/R 到船公司或其代理人处换取的提单属于_____。

　　A．已装船提单　　　　　　　　　　B．收货待运提单

　　C．记名提单　　　　　　　　　　　D．不记名提单

（5）详细记载每一个集装箱内所装货物情况的唯一单据是_____。

　　A．海运提单　　　　B．提货单　　　　C．装货单　　　D．装箱单

（6）下列各提单种类需要背书才能提货的是_____。

　　A．记名提单　　　　　　　　　　　B．不记名提单

　　C．指示提单　　　　　　　　　　　D．已装船提单

（7）为了申明承运人对箱内货物的详情不知悉，只是接收了由货主自行封签的集装箱，以达到最大限度免除承运人责任的目的的条款称为_____。

　　A．不知条款　　　　　　　　　　　B．货物检查权条款

　　C．铅封完整交货条款　　　　　　　D．整箱货条款

（8）属于集装箱正面条款的是_____。

A．承诺条款 B．舱面货选择条款

C．责任条款 D．期限条款

（9）如果重箱进场，在填写集装箱设备交接单时，其进场目的应填写为_____。

A．卸货 B．装箱 C．装船 D．卸船

（10）整箱货（FCL）进场时，如果发现箱子外表有些破损，码头堆场应该加把批注写入_____。

A．D/R B．CLP C．E/R D．S/O

学习情境五
集装箱陆运业务体验

 **教学分享**

学习目标：

集装箱运输最早起源于铁路，直到20世纪60年代，集装箱运输迈出陆海联运的关键一步，使集装箱的铁—公—水联运得以形成和发展，走上现代多式联运的发展道路。本学习任务需要掌握集装箱铁路和公路运输中的组织管理和业务流程，熟悉集装箱陆路运输的办理地点和设施设备，为集装箱多式联运的开展奠定基础。

在完成本学习情境的学习后，学生应当能够：
① 掌握集装箱铁路运输的特点和运输任务；
② 了解集装箱铁路运输的主要设备；
③ 掌握铁路集装箱的各种标记；
④ 熟悉铁路集装箱中心站的运作；
⑤ 掌握铁路集装箱业务办理流程；
⑥ 了解公路集装箱运输的条件、特点；
⑦ 熟悉集装箱公路运输车辆种类和结构；
⑧ 熟悉公路运输中转站的业务办理流程。

教师在教授本学习任务时，应把握的知识重点包括：集装箱陆路运输的特点和运输任务、陆路运输集装箱的各种设备、陆路运输集装箱的各种标记、陆路运输集装箱站点的业务。技能重点包括：识别集装箱陆路运输的各种设备以及描述陆路运输集装箱货运流程。

教学方式方法：

建议采用讲解、体验式教学（包括视频资料学习、参访集装箱运输企业、网络资源学习等）、独立工作、小组讨论和角色扮演等方式方法。

学习环境要求：

学习场地：① 多媒体教室；
② 典型集装箱陆路运输企业。

集装箱运输管理

学习资料：① 网络资源——典型陆路集装箱运输企业网站及网址；
② 视频资源——Flash 动画视频资料。

教学评价：

① 能够根据所学知识区分不同类型的铁路集装箱专用车。（教师评价）
② 能够运输所学知识描述铁路集装箱货运程序。（教师评价）
③ 能根据计划，独立完成对集装箱陆运企业信息的查询和了解。（教师评价）
④ 能运用集装箱公路运输知识解决实际问题。（小组评价、教师评价）
⑤ 能根据货物运输情况选择合适的集装箱运输车辆。（小组评价、教师评价）
⑥ 完成本情境任务过程中的团队合作能力和学习态度。（个人自评、小组评价）

情境导入

李峰在易达进出口贸易有限公司销售部工作。销售部经理交给李峰一项任务，有 10 个集装箱装运一批服装从纽约运往厦门，在厦门口岸进口报关后需要运往南昌，李峰应该如何安排厦门—南昌的集装箱"门到门"运输呢？

- 体验集装箱铁路运输。
- 体验集装箱公路运输。

任务一　体验集装箱铁路运输

课前思考

铁路集装箱的应用和海运集装箱一样吗（图 5-1）？

图 5-1　铁路集装箱外观

一、集装箱铁路运输认知

1. 铁路集装箱

（1）铁路集装箱种类

按质量和尺寸分：有 1t 箱、5t 箱、10t 箱、20ft 箱、40ft 箱及经原铁道部批准运输的其他质量和尺寸的集装箱。

按箱主分：铁路箱和自备箱，其中铁路箱是承运人提供的集装箱，自备箱是托运人自有或租用的集装箱。

按是否符合国家或铁道行业标准分：标准箱和非标箱。

想一想：按所装货物种类分类是怎样的？

（2）铁路现有通用各型集装箱尺寸标准

铁路集装箱各型通用集装箱的技术参数见表 5-1。

想一想：与海运集装箱尺寸有区别吗？

表 5-1 我国铁路各型通用集装箱尺寸

箱 型		外部尺寸（mm）长×宽×高	内部尺寸（mm）长×宽×高	容积（m³）	总重（t）	自重（t）
小型	1 t	900×1300×1300	830×1264×1150	1.2	1	0.18
中型	5 t	1580×2650×2650	1432×2544×2418	8.89	6	0.978
		1968×2438×2438	1795×2352×2213	9.47	5	0.84
		1968×2438×2591	1825×2352×2335	10.02	6	0.94
	10 t	3070×2500×2650	2921×2402×2396	16.81	10	1.618
标准型	20ft	6058×2438×2591	5898×2352×2393	33.2	24	2.21
		6058×2438×2591	5898×2352×2393	33.2	30.48	2.24
		6058×2438×2591	5903×2371×2417	33.8	30.48	2.98
	40ft	12192×2438×2591	12032×2352×2698	76.35	30.48	3.88
大型	48ft	14630×2438×2438	14470×2352×2240	76.2	30.48	4.65

（3）铁路集装箱标记

① 铁路箱标记（图5-2）。

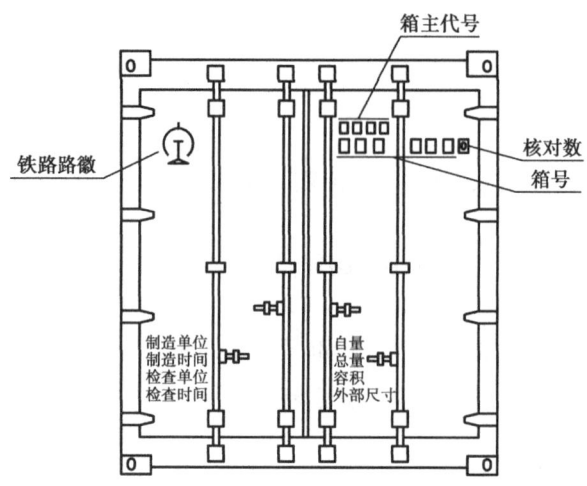

图5-2　铁路集装箱标记

我国铁路箱代号由箱主代号、箱号、核对数三部分组成，例如 TBJU0037258。

其中铁路箱集装箱主代号是 TBJU，T 表示铁路，B 表示部，J 表示集装箱，U 表示国际标准规定的集装箱识别标记和代码。箱号用 6 位阿拉伯数字表示，如果有效数字不足 6 位，应在数字前用 0 补齐。核对数由箱主代号和箱号换算而得。铁路集装箱的箱号由铁道部统一编制。

② 企业自备箱标记。

在我国铁路上运输的集装箱有不少是货主自备集装箱，为便于加强企业自备箱的管理，1988年铁道部制定了《自备集装箱编号和标记涂刷规定》。

自备集装箱的编号由箱主所在铁路局负责，并按规定涂刷。

箱主代号的 4 位拉丁字母，前两位由箱主选定，后两位规定：干货（通用）箱 TU，冷藏 LU，危险品箱 WU，保温箱 BU，其他专用箱另定。

6 位箱号数字，前两位为箱主所在省、市、自治区行政区划代码，第 3～6 位由所在地铁路局确定，核对数字由铁道部统一计算提供（表5-2）。

表5-2　省、市、自治区行政区划代码

省市	代码	省市	代码	省市	代码	省市	代码	省市	代码	省市	代码
北京	11	天津	12	河北	13	山西	14	内蒙古	15	辽宁	21
吉林	22	黑龙江	23	上海	31	江苏	32	浙江	33	安徽	34
福建	35	江西	36	山东	37	河南	41	湖北	42	湖南	43
广东	44	广西	45	四川	51	贵州	52	云南	53	西藏	54
陕西	61	甘肃	62	青海	63	宁夏	64	新疆	65		

1t 自备箱腰部另涂刷 150mm 宽白色环带，5t 以上自备箱腰部另涂刷 200mm 的白色环带。

③ 联运集装箱标记—国际铁路联盟（UIC）（图5-3）。

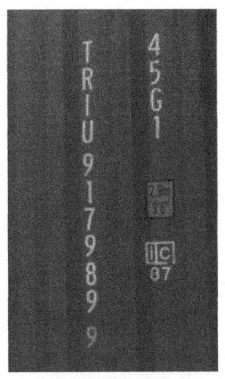

图5-3　铁路集装箱联运标记

《国际铁路联盟条例》对集装箱的技术条件做了许多规定，满足该条例中规定的集装箱，可以获得"国际铁路联盟"标记，即表示该集装箱已取得"国际铁路联盟"各缔约国的承认，在欧洲铁路上运输集装箱时，该标记是必备的通行标志。标记中方框上部的"IC"字样表示国际铁路联盟（Union International des Chemins de Fer），方框下部的数字表示各铁路公司的代号。中国标记为 IC33。在我国，此标记由铁道部归口，铁道部运输局委托铁道部科学研究院运输所具体负责。凡在我国生产的国际集装箱，经铁路检验合格后，允许涂刷 IC33 标记，据此可在各国铁路运行（表5-3）。

表5-3　部分铁路联盟标准数字代码及字母代码

数字代码（CODE）	铁路（Railways）	
	字母代码	公司名称
30	KRZ	朝鲜民主主义人民共和国铁路
31	MTZ	蒙古人民共和国铁路
33	KZD	中华人民共和国铁路
70	BR	英国铁路
83	FS	意大利国营铁路
84	NS	荷兰铁路
87	SNCF	法国国有铁路公司
88	SNCB	比利时国有铁路公司

具有上述标记的集装箱，才能顺利地通过各国海关，在铁路、海运、公路上运输。

 小贴士

CTU（10t换算集装箱）

CTU 是铁道部规定的我国铁路集装箱箱数统计的换算单位。它以一个 10 吨箱为标准，如：10 个 1t 箱=1 个 CTU，2 个 5t 箱=1 个 CTU，1 个 10t 箱=1 个 CTU，一个 20ft 箱=2 个 CTU，1 个 40ft 箱=4 个 CTU。

C：CONVERSION，换算。
T：TEN，10（10t）。
U：UNIT，单位。

2. 铁路集装箱专用车辆

我国铁路集装箱运输是从 1955 年开始的，至今已有 60 年的历史。主要利用敞车来运输小型集装箱（图 5-4）。

图 5-4　铁路敞车

但是敞车并非集装箱专用车，载重利用率较低。而且由于敞车侧板较高，装卸容易发生摩擦和碰撞，容易造成箱体和车体的损坏的同时也影响装卸作业效率。同时，在运行过程中，由于集装箱在车上没有加固，可能会造成集装箱箱体振动移动，箱内货物中心偏移。所以，我国最近几年都在研发适合装运集装箱的专用车辆。

（1）铁路集装箱专用车辆特点

① 底架为骨架型结构。集装箱的底角件在下部并凸出箱底结构，在装载时靠底部的四个角件承载全部重量。所以装运集装箱的车辆只是在集装箱底角件处设置承载面，车底架的全部部件均为结构部件（图 5-5）。

图 5-5　铁路集装箱专用车

② 设有固定集装箱的装置。为了保证车辆运行时集装箱的稳定，防止集装箱受力时产生水平移动或倾覆，需要对集装箱进行加固，通常采用专用的紧固装置（定位销或旋锁装置）把集装箱的底角件固定在运载工具上。

③ 承载面低。由于集装箱的高度在不断增大，从 2.6m（8ft）到 2.8m（8.5ft），再到 3.1m（9.5ft），已经冲击到许多国家的公路装载限界或铁路机车车辆限界。为此，必须降低承载面高度。一般措施有两项：一是把车底板设计成凹形的或落下孔式的（如美国的铁路双层集装箱专用车）；二是减小轮对半径以降低车底板高度，如法国生产的铁路集装箱专用车轮对直径为 840mm，车底板高度为 940mm，低于其他西欧国家普通平车的车底板高度（1170mm）。英吉利海峡的海底隧道，是按装运高度为 2.6m（8.5ft）的集装箱设计的，当 3.1m（9.5ft）的集装箱出现后，就必须把铁路集装箱专用车的车底板高度降为 600mm，为此，欧洲国际集装箱运输协会研制出一种轮对直径为 470mm，车底板高度为 600mm 的铁路集装箱专用车，以便装运 3.1m（9.5ft）的集装箱通过海底隧道。

（2）铁路集装箱专用车辆类型

① 按车底板结构分类。

● 平板式集装箱专用车。

类似于普通平车，只是在集装箱的底角件上增设固定集装箱的紧固装置，通常为翻板式的锥形定位销。这种车辆通用性强，既可以装载集装箱，也可以当成普通平车使用（图5-6）。

图5-6　平板式铁路集装箱专用车

● 骨架式集装箱专用车。

车底架呈骨架式结构，专门用于装载各型集装箱。与普通平车相比，自重降低 10%～15%，造价降低约 15%，是安全的装载集装箱车型（图5-7）。

图5-7　骨架式铁路集装箱专用车

② 按装卸方式分类。
- 吊装式集装箱专用车。

集装箱的装卸采用各种起重设备进行吊装，目前大部分的集装箱专用车均属于这种吊装式集装箱专用车（图 5-8）。

图 5-8　吊装式铁路集装箱专用车

- 滚装式集装箱专用车（图 5-9）。

对平板式集装箱专用车，可以采用滚装的办法装卸拖车式集装箱，用于驼背运输的车辆都是滚装式集装箱专用车。由于集装箱连同拖车一起装载在铁路集装箱专用车上，其稳定性较差，载重量利用率低，并且容易超出铁路机车车辆限界。为降低其装载高度，欧美国家和日本均采用了袋鼠式凹平台的驼背运输专用车。

图 5-9　滚装式铁路集装箱专用车

- 侧移式集装箱专用车。

在集装箱专用车上装备引导用的 U 型导轨，通过液压装置和锁链把集装箱移到拖车上。这种装卸方式不需要专用的装卸机械，只需要特殊的车底结构，就能直接完成铁路与公路的转运（图 5-10）。在日本和欧美的内陆运输中采用了这种车辆。

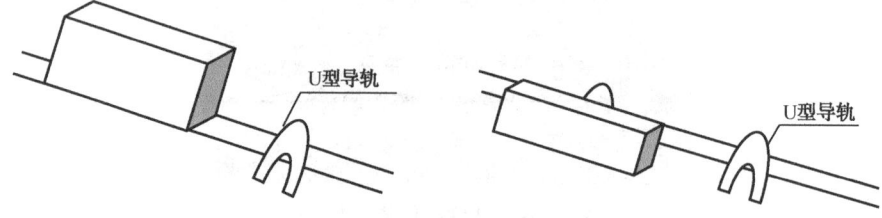

图 5-10　侧移式装卸过程

- 回转式集装箱专用车。

在集装箱专用车设置可以回转的转台，利用集装箱转台上的回转来完成集装箱的铁路与公路的换装（图 5-11）。

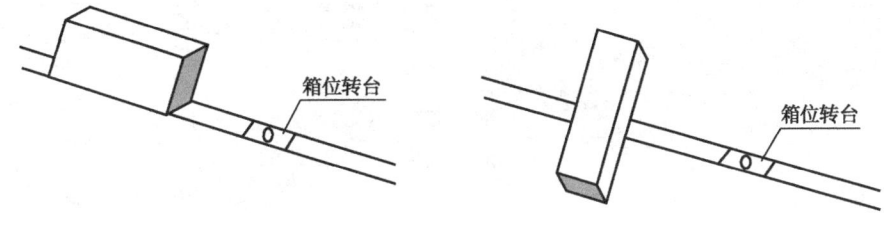

图 5-11　回转式装卸过程

> **知识链接**
>
> **铁路、公路两用集装箱半挂车**
>
> 美国、日本和西欧的一些国家研制了一种公路和铁路上运行的公铁两用车。美国生产的公铁两用车是在半挂车上装有可升降的铁路轮对，但是半挂车因此自重较大，在公路上行驶很不方便。日本和德国进行了改变，在半挂车的两端改成设有与铁路车辆转向架连接的装置。在铁路上运行时，放倒铁路转向架，与机车接成一体进行运输，要求半挂车具有足够的强度。目前在中国还未使用这类车型。

（3）我国自行设计的集装箱专用车举例

① X_{6A} 型集装箱专用车。

我国自行设计制造的 X_{6A} 集装箱专用车，是我国铁路集装箱专用车的典型产品。X_{6A} 型铁路集装箱专用车的定位采用铁板翻扣式，车辆通用性强，可以装用国际标准（IAA、IA、IAX、ICC、ICX）、国家标准和铁路标准各型集装箱，实现一车多用。这种专用车性能良好，使用方便，在全国各主要办理站间广泛使用（图 5-12）。

图 5-12　X_{6A} 型集装箱专用车

② X_{6B} 型集装箱专用车。

X_{6B} 型集装箱专用平车是为了铁路集装箱运输的要求而专门设计的集装箱平车。X_{6B} 平车是在 X_{6A} 平车的基础上开发的新一代的铁路集装箱运输平车，同时也达到货运提速的要求（图 5-13）。

图 5-13　X_{6B} 型集装箱专用车

③ X_{6k} 型集装箱专用车。

X_{6k} 型集装箱专用车是为了铁路集装箱运输的要求而专门设计的集装箱平车。X_{6k} 平车是新一代的铁路集装箱运输平车,具有自重轻、载重量大的特点,采用了提速转向架(图 5-14)。

图 5-14　X_{6k} 型集装箱专用车

④ X_{3TEU} 型集装箱专用车。

X_{3TEU} 型集装箱专用车是为了铁路集装箱运输的要求而专门设计的集装箱平车。X_{3TEU} 平车是新一代的铁路集装箱运输平车,同时也达到货运提速的要求,属于双层集装箱车研制的过渡阶段,产量不多(图 5-15)。

图 5-15　X_{3TEU} 型集装箱专用车

⑤ X_{2H} 型双层集装箱专用平车。

X_{2H} 型双层集装箱专用平车是为了铁路集装箱运输的要求而专门设计的集装箱平车（图 5-16）。X_{2H} 平车也是新一代的铁路集装箱运输平车，同时也达到货运提速的要求。目前我国研制的双层集装箱平车还在试验阶段，因此产量不多。

图 5-16　X_{2H} 型双层集装箱专用平车

3. 铁路集装箱中心站

（1）分类

铁路集装箱中心站按照所处的地理位置可分为内陆型集装箱中心站和港口型集装箱中心站（图 5-17）。

图 5-17　铁路集装箱中心站

① 内陆型集装箱中心站的货源和流向较为分散，主要为城市大型物流基地和生产企业服务，兼顾吸引城市和周边地区的集装箱流，其选址宜靠近物流基地或主要工业区，并与铁路主要干线和通达的公路网相连接，如昆明、成都、西安集装箱中心站。内陆型铁路集装箱中心站主要办理本地区及周边城市吸引区域的集装箱始发、终到作业以及集装箱中转作业。

想一想：还有哪些城市可能是内陆型集装箱中心站？

② 港口型集装箱中心站货源较为集中，主要为港口集装箱提供集疏运服务，其选址应靠近港口，并尽可能通过铁路专用线深入集装箱码头后方堆场，使港口大宗集装箱运量直接进入铁路运输系统，减少集装箱的行走距离、倒运次数，降低集装箱运输成本，如大连、青岛、上海、宁波、广州等集装箱中心站。

想一想：还有哪些城市可能是港口型集装箱中心站？

（2）铁路集装箱中心站应该具备的条件

要有货——充足稳定的集装箱货源。

要有地——适合集装箱堆存和装卸的场所。

要有设备——配备集装箱专用装卸搬运机械和吊具，一般和港口堆场装卸设备相同，主要有龙门式起重机、跨运车、叉车等。

要有人——熟悉集装箱业务的专业人员。

要配合——便于与其他运输方式配合，开展集装箱联运。

要信息化——能够进行自动化管理和信息查询、处理以及传输。

 想一想：铁路集装箱中心站需要哪些具体的装卸搬运机械？

（3）集装箱中心站作业箱区

① 分区。

按照作业频度和繁简程度分为主体作业箱区和辅助作业箱区。

 想一想：集装箱中心站各个作业区的功能有什么？请填写表5-4。

表 5-4　铁路集装箱中心站作业区功能表

箱 区	分 区	功 能
主体作业箱区	发送箱区	
	到达箱区	
	掏装箱区	
	中转箱区	
辅助作业箱区	海关监管区	
	冷藏箱区	
	危险品箱区	
	专用箱区	
	空箱区	
	检修箱区	
	消毒箱区	
	验货检查箱区	
	自备箱保管区	

 小贴士

● 各箱区布置既要充分利用堆场面积，又要考虑运输通道和装卸机械作业区域。

- 中转箱区应尽量布置在便于集装箱直接换装的交通便利场所。
- 掏装箱区应尽量设置在仓库附近。
- 检修箱区应尽量布置在主体作业区外围。
- 堆场场地要平坦坚固耐用，适合多层堆码。
- 箱区内道路布置应该使机动车单方向行驶。

② 布置（图5-18）。

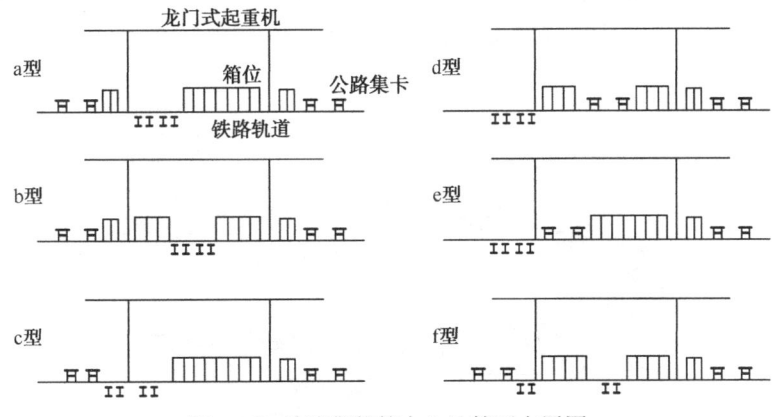

图5-18　铁路集装箱中心站箱区布置图

a型箱区。

箱位数较多，较为集中，管理方便；便于叉车辅助作业，便于掏、装箱作业；集装箱中转作业方便，汽车作业互不干扰，便于门到门运输。我国的铁路集装箱场大多采用这种布置形式。

b型箱区。

与 a 型相似，箱位比较多，箱区分成两半，更便于到发分区，起重机小车行程较短。其缺点是箱区不集中，叉车辅助作业与装卸线交叉较多。

c型箱区。

便于汽车、货车直接换装作业，适于门到门运输中直接换装比重大的车站；起重机行程短，司机瞭望条件好。但箱位与a、b型相比较少。

d型箱区。

箱位最少；卸车时起重机小车行程较远，汽车道路设在起重机跨度内，起重机作业与汽车作业交叉多，安全性较差。其优点是箱区在装卸线的一侧，有利于叉车辅助作业，又因起重机跨度内中部设汽车通路，便于到、发分区作业。

e型箱区。

箱位较少，卸车时起重机小车行程较远，汽车道路与起重机作业交叉，安全性差。其优点是箱区集中，便于管理，又同在装卸线一侧，有利于叉车辅助作业。

f型箱区。

箱位较少，掏装箱作业能力小。其优点是利于到发分区，起重小车行程较短，适于门到门运输直接换装比重大的车站。

二、铁路集装箱运输业务及作业流程

厦门—南昌国际集装箱海铁联运直达专列正式开通

厦门—南昌国际集装箱海铁联运直达专列正式开通,该专列周二、五双向对开,货运时间可从 3~5 天提速到 31 小时。与公路货运相比,每标箱可为货主省下约 500 元的费用。货物运输时间的缩短和物流成本的降低,为进一步拓展厦门经济腹地、更多地吸引内陆货源,做大做强厦门港,促进海西区域经济发展创造了有力条件(图 5-19)。

图 5-19 厦门—南昌国际集装箱海铁联运专列

1. 铁路集装箱始发站发送

(1) 填单托运

填写集装箱货物专用运单,上端居中票据名称冠以"中铁集装箱运输有限责任公司集装箱货物运单",由两联组成,第一联为货物运单,第二联为提货单,背面印有"托运人、收货人须知"。

① 中铁集装箱运输有限责任公司集装箱货物运单,是承运人与托运人之间为办理集装箱货物铁路运输所签订运输合同的证明。

② 托运人托运集装箱货物时,应向承运人按批索要集装箱货物运单一式两联,每批应是同一箱类、箱型,至少一箱,最多不得超过铁路货车所能装运的箱数,且集装箱总质量之和不能超过货车容许载重量。

③ 集装箱两联相应各栏记载内容应保持一致,托运人对其所填项目的真实性负责。

④ 托运人持集装箱运单托运集装箱货物,即确认并证明愿意遵守集装箱货物铁路运输的有关规定。

⑤ 关于集装箱运单"发货地点"和"交货地点"栏,托运人如选择站到站的运输方式,则不填写发货地址和交货地址。如果选择门到站、站到门、门到门的运输方式,则应填写详细具体的发货地址和交货地址,还需要采用公路运输方式运到目的地。

⑥ 集装箱运单"提货联"用于领取集装箱货物。托运人托运集装箱货物后应及时将集装箱运单"提货联"交收货人,收货人要及时与承运人联系以领取货物。

托运人应如是填记运单，箱内所装货物的品名、件数、质量及使用的箱型、箱号、封印号等应与运单（物品清单）记载的内容相符。

（2）受理

承运人对托运人填写的运单进行审核，审核后在运单和领货凭证上加盖"*吨集装箱"戳记。

（3）空箱拨配与装箱

① 空箱拨配。使用铁路箱时，承运人应提供状态良好的集装箱。托运人在使用前必须检查集装箱箱体状态，包括箱壁、箱门及锁件、箱顶等，发现箱体状态不良时，承运人应予以更换。托运人可以再站外装箱或在站内装箱。如果是站外装箱需要将铁路箱搬出时，车站根据运单填写"铁路集装箱出站单"，作为出站和箱体状况交接的凭证。集装箱送回车站时，车站收妥集装箱并结清费用后，在乙联上加盖车站日期戳和经办人章，将收据交给还箱人。

② 装箱施封。

a. 装箱。集装箱的装箱由托运人负责。装箱时应充分利用箱内容积，码放稳固，装载均匀，不超载、不集重、不偏重、不偏载、不撞砸箱体。要采取防止货物移动、滚动或开门时倒塌的措施，确保箱内货物和集装箱运输安全。

b. 施封。集装箱施封由托运人负责。通用集装箱重箱必须施封，施封时左右箱门锁舌和把手须入座，在右侧箱门把手锁件施封孔施封一枚，用 10 号镀锌铁线将箱门把手锁件拧固并剪断余尾。托运的空集装箱可不施封。托运人须关紧箱门并用 10 号镀锌铁线拧固。

c. 填记。托运人施封后，应在运单上逐箱填记集装箱箱号和相应的施封号码，运单内填记不下时，可另附清单。已填记的箱号和施封号码不得随意更改；必须更改时，托运人须在更改处盖章证明。

d. 检查。承运人有权对集装箱货物品名、质量、数量、装载状况等进行检查。

（4）制票承运

接收重箱后，货运员应准确填写票据并登记各种台账，将货运单交给核算员进行核算制票。核收运费后，应在铁路货物运单上加盖车站承运日期戳，并将领货凭证交托运人，标志承运开始。

（5）装车作业

① 铁路货车装运集装箱时，应合理装载，防止超载、偏载、偏重。1t 集装箱可与普零货物混装一车，10t 以上集装箱不得与其他货物装入同一辆货车内。10t 集装箱可与 20ft 集装箱混装。

② 使用敞车装运时，集装箱箱门朝向相邻集装箱，箱间距不大于 150mm。使用集装箱专用车时，相邻集装箱箱门不得朝向用一侧。

③ 装车完毕后填写集装箱货车装载清单（图 5-20）。

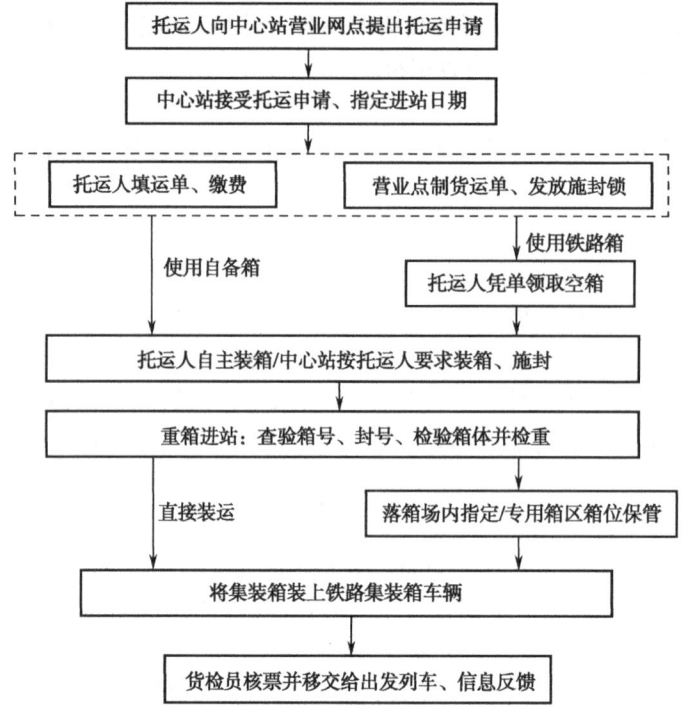

图 5-20 铁路集装箱始发站发送流程

2. 铁路集装箱目的站交付

（1）卸车。集装箱卸车时，应仔细核对箱号，检查箱体和施封情况。卸车后卸车货运员应凭票核对箱号、箱数、施封等项目，登记"集装箱到发登记薄"，向内勤交付货运员办理运输票据的交接。

（2）票据交付。收货人在到站领取货物时，须提交提货单，并在货票丁联上盖章或签字。如果领货凭证未到或丢失，机关、企业、团体应出示本单位的证明文件；个人应出示本人居民身份证、工作证或服务所在单位出具的证明文件。

（3）集装箱交付。收货人在办理领取手续时，车站应认真审查提货单及相关证明文件，确认后留下提货单，并在货物运单上加盖戳记并交给收货人。收货人持运单到堆场领取集装箱，收货人应按运单核对箱号，检查施封状态、封印内容和箱体外状。发现不符或有异状时，应在接收时向车站提出。检查完毕后双方共同填写集装箱出站单，货运员在货物运单上加盖"交记"戳记，收货人凭加盖"交记"戳记的运单和集装箱出站单将集装箱搬出货场。

集装箱的掏箱由收货人负责。铁路箱掏空后，收货人应清扫干净，将箱门关闭，撤出货签及无关标记，有污染的须除污洗刷。车站对交回的铁路箱空箱应进行检查，发现未清扫或未洗刷的，应在收货人清扫或洗刷干净后接收，或收货人委托清扫人员清扫洗刷（图 5-21）。

学习情境五 集装箱陆运业务体验

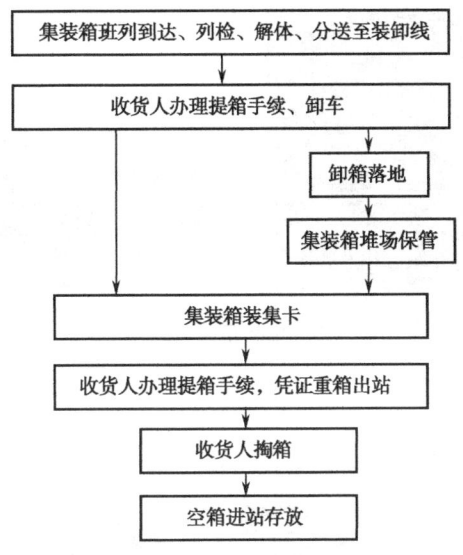

图 5-21 铁路集装箱目的站交付流程

任务二　体验集装箱公路运输

课前思考

从纽约进口的服装在厦门装上集装箱专列运到南昌火车站。这批集装箱的最终收货地是南昌市顺外路湖坊工业园，应该怎么进行"门到门"运输呢？

集装箱公路运输在集装箱各种运输方式之间起到衔接性、辅助性的作用，通过陆上短驳，将各种运输方式衔接起来，或者最终完成一个运输过程。少数情况下，集装箱公路运输扮演主力角色，从头至尾完成一次完整的运输过程。

一、集装箱公路运输认知

1. 集装箱公路运输车辆认知

我国集装箱运输当前主要为外贸服务，而厢式货车、集装箱拖挂车，特别是 8t 以上的多轴重载大型汽车，不仅为外贸，也为内贸服务，特别是物流活动中的"门到门"服务。

集装箱公路运输车一般由牵引车和集装箱组成。集装箱牵引车本身不具备装货平台，必须与挂车连在一起使用，是专门用以拖挂或牵引车的。挂车本身没有发送机驱动，它通过杆式或架式拖挂装置，由牵引车或其他的汽车牵引，只有与牵引车或者其他汽车一起组成汽车列车方能构成一个完整的工具（图 5-22）。

141

图 5-22　集装箱公路运输车

（1）集装箱牵引车

集装箱牵引车又称"拖头"。

① 按司机室的形式分为平头式和长头式两种（图 5-23）。

图 5-23　公路运输集装箱牵引车

想一想：如图 5-23 所示，哪种是平头式，哪种是长头式？

② 按拖带挂车的方式分为半拖挂、全拖挂、双联拖挂三种。

a．半拖挂方式：它是用牵引车来拖带半截集装箱的挂车。半挂车的前面一半搭在牵引车后段上面的牵引鞍座上，牵引车后面的桥承受挂车的一部分重量。集装箱的重量由牵引车和挂车的车轴共同承担，故轴的压力较小；由于后车轴承担了部分集装的重量，故能得到较大的驱动力。这种挂车全长较短，便于倒车和转向（图 5-24）。

图 5-24　公路运输集装箱半拖挂

b．全拖挂方式：它是用牵引力杆架与挂车连接，牵引车本身可以作为普通载重货车使用，挂车亦可以用支腿单独支撑（图 5-25）。

图 5-25　公路运输集装箱全拖挂

c．双联拖挂方式：它是在半拖挂方式后面再加上一个全挂车，实际上是牵引拖带两节底盘车。因为这种方式的后一节挂车会在前进时摆动，所以应用较少（图 5-26）。

图 5-26　公路运输集装箱双联拖挂

（2）集装箱半挂车

集装箱半挂车有平板式、骨架式、鹅颈式 3 种。

① 平板式集装箱半挂车。

既能装运国际标准集装箱，又能装运一般货物。在装运一般货物时，整个平台承受载荷。平板式集装箱半挂车由于自身质量较大，承载面较高，所以只有在需要兼顾装运集装箱和一般长大件货物的场合才采用（图 5-27）。

图 5-27　平板式集装箱半挂车

② 骨架式集装箱半挂车。

这种半挂车专门用于运输集装箱，仅由底盘骨架构成，把集装箱作为强度构件，自身质量轻，结构简单，维修方便。专业集装箱公路运输中普遍采用这类车（图 5-28）。

图 5-28　骨架式集装箱半挂车

③ 鹅颈式集装箱车。

专门运载 40ft 集装箱的骨架式半挂车。车架前端拱起的部分称为鹅颈。鹅颈可以插入集装箱底部的鹅颈槽，能够降低车辆的装载高度，增强集装箱车的稳定性（图 5-29）。

图 5-29　鹅颈式集装箱半挂车

（3）集装箱自装自卸车

按装卸形式分为两类：一类是后面吊装型。一类是侧面吊装型。由于集装箱自装自卸车具有运输、装卸两种功能，在开展"门到门"运输时，无需其他装卸设备，装卸平稳可靠，使用方便，应用范围日趋广泛。

想一想：如图 5-30 所示，哪种是后面吊装型，哪种是侧面吊装型？

图 5-30　公路集装箱自装自卸车

（4）车辆选择

① 考虑集装箱规格尺寸和额定总质量。

- 国内运输使用的公路车辆，应按国内集装箱标准选型，而运输国际标准的大型集装箱车辆，则应按照国际标准集装箱配备。
- 在配备车辆时，应以 20ft 和 40ft 车为主。
- 半挂车的结构以骨架式和平板式为主。在运输 9.6ft 高的集装箱时，则须采用鹅颈式半挂车，以保证不超过城市道路的运输装载限界。
- 由于集装箱每次装运的货物品类和单位密度不同，包装各异，因而，每个集装箱的实际总质量是不相等的，为了合理地配备车辆，对这些装载因素应加以充分考虑，以免造成车辆亏载现象。

② 考虑集装箱运量和运距。

- 当集装箱运量小时，为提高车辆利用率，宜采用平板式箱货两用车辆。
- 当集装箱运量较大、箱源集中时，宜采用骨架式集装箱专用车辆。
- 合理运距与公路技术等级有关，我国接运口岸国际集装箱的公路合理运距，二级和三级公路为 200～300km，一级和高速公路为 300～500km。

小贴士

集装箱运输通行公路必须满足的条件：
车道宽度 3m；
路面最小宽度 30m；
最大坡度 10%；
停车视线最短距离 25m；
最低通行高度 4m。

2. 公路集装箱中转站认知

（1）公路集装箱中转站分级

按照我国国家标准《集装箱公路中转站站级划分及设备的规定》，集装箱公路运输中转站可以按照年箱运量、年堆存量以及所在地地理位置分级（表 5-5）。

表 5-5 集装箱公路运输中转站分级

站　　级	类　型	地 理 位 置	年箱运量/TEU	年堆存量/TEU
一级站	国际	位于大型海港附近	30000 以上	9000 以上
	国内	位于大河港或主要陆运交通枢纽附近	20000 以上	6000 以上
二级站	国际	位于中型海港或主要陆运交通枢纽附近	16000～30000	6500～9000
	国内	位于中型河港或主要陆运交通枢纽附近	10000～20000	4000～6500
三级站	国际	位于中型海港或主要陆运交通枢纽附近	8000～16000	4000～6500
	国内	位于中型河港或主要陆运交通枢纽附近	5000～10000	2500～4000
四级站	国际	位于小型海港或主要陆运交通枢纽附近	4000～8000	2500～4000
	国内	位于小型河港或主要陆运交通枢纽附近	2500～5000	1000～2000

想一想：晋江陆地港属于哪一级公路运输中转站？

陆地港提供的数据显示，2014年1到6月份，晋江陆地港实现报关单数8772票，进出口货物41.58万吨，总额达8.6亿美元，比增1.9%。集装箱吞吐量6.45万标箱，同比增长37.2%，缴纳关税、增值税比去年同期增长3.3倍，共1.49亿元。其中，出口7.014亿美元，主要以工厂型企业出口为主，进口1.62亿美元，主要为原材料和消费品。

（2）公路集装箱中转站的业务功能

在公路集装箱运输中，通过集装箱中转站可以形成一个有机的深入内陆腹地的运输网络，有效地进行集装箱货物的集合和疏运，实现集装箱的"门—门"运输（图5-31）。

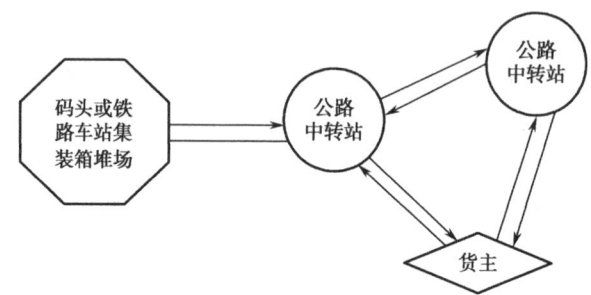

图5-31 公路集装箱中转站流转图

 想一想：公路集装箱中转站和铁路集装箱中心站功能一样吗？

① 口岸功能。

根据对外贸易和区域经济发展的需要，经政府主管部门批准，在某些公路集装箱中转站可设置海关、商检、动植物检、卫检等口岸监管服务机构及其专业设施，以供各类集装箱货物及其交通工具等办理出入境手续，使出入境口岸业务从沿海港口延伸到内陆，为内陆客户就地办理进出口业务手续提供方便快捷和经济的服务。

② 国际货运代理。

公路集装箱中转站可以为国内外货主或船公司代办接货、发运业务，代办进港提箱、箱货交接、申请"一关三检"、拆箱理货等手续，可以办理进口货物经由公路、铁路、水路、航空的转运业务，办理进口国际集装箱国内段的投保、支付运费、装卸费和交纳各种税费的业务。

同时，也可以为船公司组织出口集装箱货源，为货主办理出口货物的订舱、租船、订装卸机械等运输全过程的各类业务，办理出口货物的上门接货、包装理货、衡体称重、申报"一关三检"、仓储保管、集港装船等工作，缮制各种运输单证、签发提单、代办投保、结汇、支付运费、交纳税费等业务。

③ 集装箱货物的拆装箱、仓储和集散。

公路集装箱中转站可以向出口货物提供集货、理货、拼箱、装箱，并向港口码头或铁路货运站转运等服务；对进口的集装箱，可提供拆箱、卸货、理货、分发、转运及上门送货等服务。对装箱前、拆箱后以及需要保存的各类货物，包括进出口集装箱等进行存储和保管。

④ 集装箱箱管站。

一些大型公路集装箱中转站会与船公司签订集装箱代管协议,即作为船公司及其代理人调度、交接、保管和堆存空集装箱的场所,并且具有 EDI 系统,可以对集装箱实施动态跟踪,还可以按照规定的标准、工艺对集装箱进行检验、修理以及维护、清洁等作业。

⑤ 信息的处理与传输。

在集装箱的实体运输过程中往往伴随着大量的相关信息流动,根据货方、承运方、货运站以及相关单位管理的需要,公路集装箱中转站应建立以计算机为中心的管理信息系统,主要对集装箱的货源、仓储、堆存、装载以及费用结算进行统计分析,对集装箱单证信息及其流转进行处理,对集装箱进行动态跟踪及管理等,并力争与其他相关单位的管理信息系统连网,通过网络传递交流各类信息。

(3) 集装箱公路运输中转站构成(图 5-32)

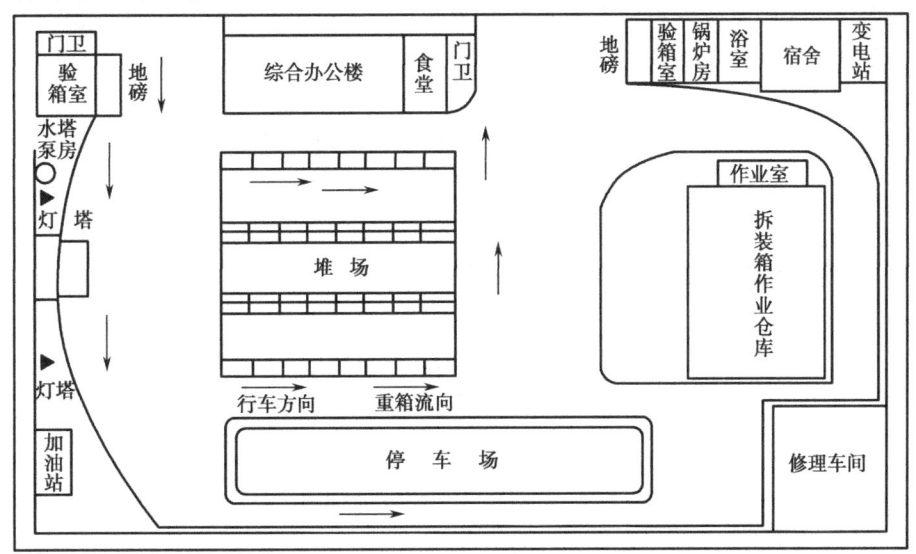

图 5-32　公路集装箱中转站构成图

集装箱公路中转站的构成,根据生产上工艺流程和企业管理模式等情况,将全站划分成若干个区域,以便于管理,方便生产生活,然后在各区内根据生产工艺流程来布置建筑物和构筑物等设施。一般由以下四个区域构成。

① 堆存、拆装箱作业区。包括空重箱堆场、拆装箱库、拆装箱作业场等。
② 修理、清洗作业区。包括车辆机械保修车间、修箱间、洗箱间、工具库、配件库等。
③ 辅助生产及管理区。包括办公业务调度楼、食堂、锅炉房、水泵房、变电室、加油站、洗车台、检车台、验箱间等。
④ 生活区。包括单身宿舍、家属宿舍、医务室等生活福利设施。根据中转站的任务和业务范围,各作业区可分别组成若干个车间,如运输队、装卸车间、集装箱拆装车间、集装箱修理车间、车辆机械保修车间等。

想一想: 集装箱公路运输中转站由哪些区域构成?哪些属于主作业区?哪些属于辅助作业区?

二、集装箱公路运输流程体验

> **知识链接**
>
> **集装箱公路运输货源组织形式**
>
> ● 统一受理、计划调拨。
>
> 这是集装箱公路运输货源组织的最基本形式。公路运输代理公司或配载中心统一受理由口岸进出口需用集装箱卡车运输的货源,然后根据各集装箱卡车公司的车型、运力、营运特点,统一调拨运力。
>
> ● 合同运输。
>
> 船公司、货运代理公司和货主在某些情况下与集装箱卡车公司直接签订合同,确定某段时间、某一地区的运输任务。
>
> ● 临时托运。
>
> 集装箱卡车公司也接受短期、临时客户小批量托运的集装箱。这是对计划调拨运输和合同运输必不可少的补充。

1. 集装箱公路运输(进口业务)(图5-33)

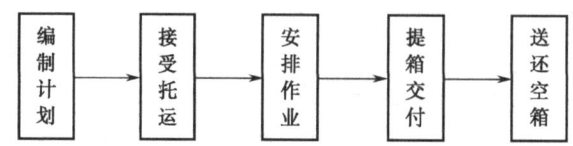

图5-33 集装箱公路运输进口业务

① 编制进口箱运量计划。集装箱卡车运输公司根据集装箱班轮船期动态或者船公司、货运代理公司提供的进口船期、载箱量以及铁路集装箱中心站需要通过公路疏运、送达的箱量等,结合本公司的运力情况,编制月、旬、周或日的运量计划。

② 接受托运。集装箱卡车公司通过各种方式接受公路运输代理公司、货运代理公司或货主等提出的进口集装箱陆上运输申请,根据自身条件许可情况,接受托运。

③ 申请整箱放行计划。在接受托运以后,集装箱卡车运输公司向联合运输营业所申请整箱放行计划;如为拆箱货,则向陆上运输管理处申请批准。

④ 安排运输作业。集装箱卡车运输公司根据各种托运,合理派车,安排运输。对各种超重、超高等超标准箱,应向有关管理部门申请超限证;如属跨省运输,则应开具路单。

⑤ 申请机械、理货和卫检。如待运的集装箱在码头、公路中转站,应提前向码头与公路中转站申请装车机械和相应人力。如要拆箱,还应代替收货人向有关部门提出理货、卫检和其他一些特殊需要的申请。

⑥ 提取重箱。完成以上程序后,集装箱卡车运输公司派出集装箱卡车,持集装箱放行单和设备交接单,到指定箱区提取重箱,并在大门检查站办理出场集装箱设备交接。

⑦ 交箱。集装箱卡车将重箱送往收货人处。如系在收货人处拆箱、同时运回空箱的,

须由理货公司派员理货。货主接受货物后在交接单上签收,集装箱卡车运输的货物交接责任遂告结束。

⑧ 送还空箱。集装箱的空箱应按规定时间、地点送回。集装箱卡车在送回空箱时,应在码头大门检查站进行检查,取得进场集装箱设备交接单,然后到堆场办理空箱交接。

2. 集装箱公路运输(出口业务)(图 5-34)

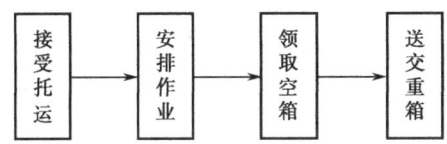

图 5-34　集装箱公路运输出口业务

① 接受托运。集装箱卡车运输公司通过各种形式接受公路运输代理公司、货运代理公司或货主的托运申请,在了解掌握待装货物情况和装箱地点后,有能力接受的,予以承运,并订立运输合同。

② 安排作业计划。集装箱卡车运输公司根据承运合同,编制集装箱卡车作业计划。对超重、超高、跨省运输的,提前向有关管理部门办理申请。同时,在送箱的前一天,向码头申请装卸机械与人力。

③ 领取空箱。集装箱卡车运输公司凭货运代理签发的出场集装设备交接单和托运单,到指定地点提取空箱,送往托运人处装箱。

④ 送交重箱。装箱完毕,集装箱卡车运输公司将重箱连同装箱单、设备交接单送到指定码头交付,办理集装箱设备交接。

 **操作实训**

1. 访问中铁集装箱运输有限公司网站,了解中铁集装箱的服务、适用行业、适用区域以及最新动态,分享网络信息资源并填写表 5-6。

表 5-6　中铁集装箱运输有限公司

中铁集装箱运输有限公司	
服务	
适用行业	
适用区域	
最新动态	
类似企业	

2. 将学生按 8~10 人分成若干小组,以小组为单位,模拟铁路集装箱中心站的业务流程。

(1) 人员准备:托运人 1 名、受理员 1 名、交付货运员 1 名。

(2) 单据及货物准备:货物运单 1 份、货票 1 份、出站单 1 份、装载清单 1 份、带包装货物若干件、集装箱模型若干。

（3）实训步骤

学生自行分配角色，并按照要求准备相关单证。

3. 识别公路集装箱和集装箱车类别、材质、标记、用途并拍摄照片。

将学生按 8～10 人分成若干小组，以小组为单位，记录所见到的各种集装箱，并识别集装箱类别、材质、标记、用途并拍摄照片及撰写调研报告，使学生对公路集装箱和集装箱车定义与特性有进一步的认识。

4. 某物流公司接受了从福建三明运输一批不同种类、各种型号的皮鞋到美国纽约的任务。由于福建三明在内陆，出口货物必须经过陆地、海上。考虑到每月约需 3、4 次运输、每次数量不足一车等因素，运输物流员综合考虑后决定采用集装箱运输方式，请问他要如何操作？

5. 自测题

（1）_____是专门运载 40ft 集装箱的半挂车。

A．平板式集装箱半挂车　　　　　　　B．骨架式集装箱半挂车

C．集装箱自装自卸车　　　　　　　　D．鹅颈式集装箱半挂车

（2）中国的集装箱运输起源于_____。

A．公路　　　　B．铁路　　　　C．海运　　　　D．公铁联运

（3）公路集装箱运输中，表示承运人收到货物的初步证据和交货凭证是_____。

A．公路货票　　B．公路运单　　C．陆运提单　　D．公路交接单

（4）用于运输集装箱，仅由底盘骨架构成，而且集装箱也作为强度构件的集装箱半挂车称为_____。

A．平板式　　　B．骨架式　　　C．鹅颈式　　　D．底盘式

（5）在集装箱的整个运输中充当"末端运输"的是_____。

A．海运提单　　B．提货单　　　C．装货单　　　D．装箱单

（6）下列各提单种类需要背书才能提货的是_____。

A．公路运输　　B．水路运输　　C．铁路运输　　D．航空运输

（7）运输集装箱的公路必须满足的的要求是_____。

A．车道宽度 3m　　　　　　　　　　　B．最大坡度 20%

C．最低通行高度 2.5m　　　　　　　　D．路面最小宽度无要求

（8）要将集装箱货车货拖车原封不动地搭载在平车或凹底平车上来运输，主要用于公铁联运，提高装卸效率，实现"门到门"运输。这是_____方式。

A．公路运输　　B．铁路的驮背运输　　C．水路运输　　D．航空运输

学习情境六 集装箱空运业务体验

 **教学分享**

学习目标：

集装器是宽体飞机必备的装载器具，是提高装卸工作效率和飞机载运率、增加经济效益、提高货物运输质量的重要设备。集中托运和航空联运是货运代理普遍采取的两种方法，为了对大批量货物集中托运，货运代理往往采取包机/舱/板/箱来实现。本学习任务需要掌握集装箱铁路和公路运输中的组织管理和业务流程，熟悉集装箱陆路运输的办理地点和设施设备，为集装箱多式联运的开展奠定基础。

在完成本学习情境的学习后，学生应当能够：
① 了解适合航空集装设备运输的货物类型；
② 了解航空集装运输设备；
③ 熟悉航空集装器运输的意义；
④ 掌握航空集装器运输经营方式；
⑤ 掌握航空集装器进出口货物运输程序；
⑥ 掌握包舱、包板、包箱等运作流程和注意事项。

教师在教授本学习任务时，应把握的知识重点包括：航空集装器运输的特点和运输任务、航空集装器运输的各种设备、航空集装器的各种标记、航空集装器运输经营方式。技能重点包括：描述航空集装器进出口货物运输程序以及包舱/包板/包箱等运作流程。

教学方式方法：

建议采用讲解、体验式教学（包括视频资料学习、参访航空港、网络资源学习等）、独立工作、小组讨论和角色扮演等方式方法。

学习环境要求：

学习场地：① 多媒体教室；
② 高崎航空港。

学习资料：① 网络资源——典型航空集装器运输企业网站及网址；
② 视频资源——Flash 动画视频资料。

教学评价：

① 能够根据航空运输的特点判断某批货物是否适合航空运输（教师评价）。
② 能够根据货物选择合适的集装箱运输设备（教师评价）。
③ 能够比较航空运输与其他运输的不同和联系（教师评价）。
④ 能运用航空集装器运输知识解决实际问题（小组评价、教师评价）。
⑤ 能够设计航空集装器运输流程（小组评价、教师评价）。
⑥ 完成本情境任务过程中的团队合作能力和学习态度（个人自评、小组评价）。

情境导入

李峰来到厦门高崎航空港参观，发现航空集装器和海运集装箱的形状、尺寸以及操作方式都不太一样（图 6-1）。什么货物运输需要用到航空集装器呢？航空集装器和海运集装箱具体有哪些方面的区别呢？

图 6-1　航空集装箱外观

航空集装器是在宽体飞机出现以后，为提高大批量货物的处理能力而产生的。大多数集装器通常在使用中被称为飞机部件，被视为飞机构造中可拆卸的一部分。为使用这些设备，能放集装器的飞机货舱底板上一般都设置有滚床、滚轴轨道及叉眼装置等设备，集装器的底部直接与这些装置相接触，可使集装器平稳地进入货舱并牢固地固定在机舱内。

适合航空集装箱运输的货物，主要是高附加值、深加工、技术密集型、适时生产的产品和鲜活食品，如宝石、贵重金属、电子、仪器、仪表、高科技产品、紧急备件、交付日期紧的产品、药品、服装、鲜花、蔬菜和时鲜水果等。现今中国航空集装箱货物运输主要服务的行业是鲜活产品（如水果、鲜花）、精密机械产品（如医疗器械）、电子产品（如计算机）、通讯产品（如手机）。随着服务开放的不断深入，书籍、药品、软件、玩具等也逐渐成为航空物流的服务行业。

任务一 航空集装器运输认知

航空飞机货舱如图 6-2 所示。航空集装器有哪些类型？所有的飞机都可以运载航空集装器吗？

图 6-2 航空飞机货舱

一、航空集装器标志认知

在集装器的面板上和四周，均印有集装器的识别代号（如 AKE20072KE），一个集装器对应一个代号（图 6-3）。识别代号由 10 位字母和数字组成，表示集装器的类型、编号和所属人，见表 6-1～表 6-4。

图 6-3 航空集装器识别代号

表 6-1　航空集装器识别代号的组成

位　置	代码类型	含　义	位　置	代码类型	含　义
1	拉丁字母	集装设备类别	4～8	数字	序号
2	拉丁字母	底板尺寸	9～10	拉丁字母	所有人
3	拉丁字母	外形或适配性			

表 6-2　第一位字母—集装器类型代码

字母代码	集装器中文型号
A	注册的飞机集装器
B	非注册的飞机集装器
F	非注册的飞机集装板
G	非注册的集装板网套
J	保温的非结构集装棚
M	保温的非注册的飞机集装箱
N	注册的飞机集装板网套
P	注册的飞机集装板
R	注册的飞机保温箱
U	非结构集装棚
H	马厩
V	汽车运输设备
X、Y、Z	供航空公司内部使用

表 6-3　第二位字母—集装器底板尺寸

字母代号	底板尺寸	字母代号	底板尺寸
A	224cm×318cm	B	224cm×274cm
E	224cm×135cm	G	224cm×606cm
K	153cm×156cm	L	153cm×318cm
M	224cm×318cm		

表 6-4　第三位字母—集装器外形与适配性

字母代号	外形与适配性	字母代号	外形与适配性
E	适用于 B747、A310、DC10 下货舱无叉眼装置的半型集装箱	N	适用于 B747、A310、DC10 下货舱有叉眼装置的半型集装箱
P	适用于 B747、A310、DC10 下货舱的集装板	A	适用于 B747-F 上舱的集装箱
4	集装棚		

**想一想：** AKE20072KE 是哪个航空公司的集装箱？PAP50010FX 表示的是什么意思？

二、集装器运载工具认知

飞机是进行航空集装箱运输的运载工具，飞机的主要类型可以按照下述方法划分。

1. 按机身尺寸分

（1）窄体飞机

机身宽度约为 3 米，舱内只有一条通道，一般只能在下舱内装载包装尺寸较小的杂货，如 B707、717、727、B737、B757、MD-80、MD-90、A320、A321 等。

（2）宽体飞机

机身宽度不小于 4.72 米，舱内有两条通道、三排座椅，下舱可装机载集装箱，如 B747、B767、MD-11、A340、A310。

想一想： 图 6-4 中（a）和（b）哪个是宽体飞机，哪个是窄体飞机？

　　　　（a）　　　　　　　　　　　　（b）

图 6-4　飞机

2. 按机舱载货方式分

（1）全货机

全货机是机舱全都用于装载货物的飞机。全货机一般为宽体飞机，主舱可装载大型集装箱。目前世界上最大的全货机是俄罗斯制造的"安东诺夫 AN 二二五开动"货机，最大装载量达 250 吨。通常的大型全货机载重量在 100 吨左右。

（2）全客机

主舱载客，只在下货舱载货。

（3）客货两用机

这是普通客机，在主舱前部设有旅客座椅载客，后部可装载货物，下舱内也可装载货物。

目前，我国的全货机数量还很有限，大部分货物还是依靠客机腹舱装载完旅客行李和邮件后的剩余舱位运出。

三、集装器类型认知

（一）按是否注册划分

1. 注册的飞机集装器

注册的飞机集装器是政府有关部门授权集装器生产厂家生产的、适宜于飞机安全载运的、在其使用过程中不会对飞机的内部结构造成损害的集装器。

2. 非注册的飞机集装器

非注册的集装器是指未经有关部门授权生产的、未取得适航证书的集装器。非注册的集装器不能作为飞机的一部分，一般不允许装入飞机的主货舱。这种集装器适合于地面的操作环境，仅适用于某些特定机型的特定货舱。

（二）按种类划分

1. 集装板

集装板是根据机型要求制造的、具有标准尺寸的硬铝合金平板，四边带有卡锁轨或网带卡锁眼，即用于固定网罩的网扣，中间略微凹入，带有中间夹层，货物摆放在上面后，用薄膜缠绕整齐并加盖网罩用于固定，然后锁定送入货舱内，以实现快速装卸。

常见的飞机集装板有以下几种。

（1）P1 型集装板（标准集装板）

相关信息如图 6-5 和表 6-5 所示。

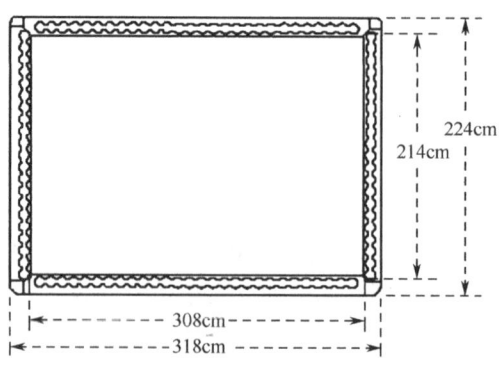

图 6-5 P1 型集装板

表 6-5 P1 型集装板资料

集装板代号	P1P、PAP、PAG、P1A、P1C、PAJ、PAX
最大毛重	6804kg（含板网重量125kg左右）
适 用 机 型	所有宽体飞机主货舱、下货舱，波音 707F、727F/QC、737F/QC 主货舱

（2）P2 型集装板（图 6-6 和表 6-6）

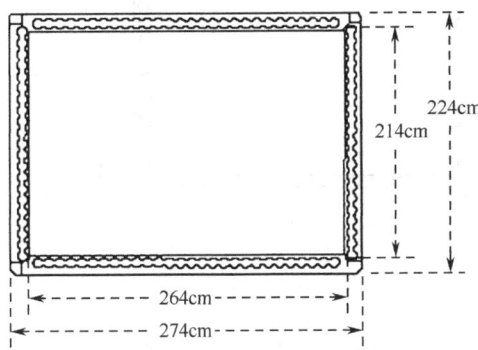

图 6-6　P2 型集装板

表 6-6　P2 型集装板资料

集装板代号	P2P、P2G、P2J、P2P、PBC、PDP、PDJ
最 大 毛 重	4536kg（含板网重量 100kg 左右）
适 用 机 型	所有宽体飞机主货舱，波音 727F/QC、737F/QC 主货舱

（3）P4 型集装板（图 6-7 和表 6-7）

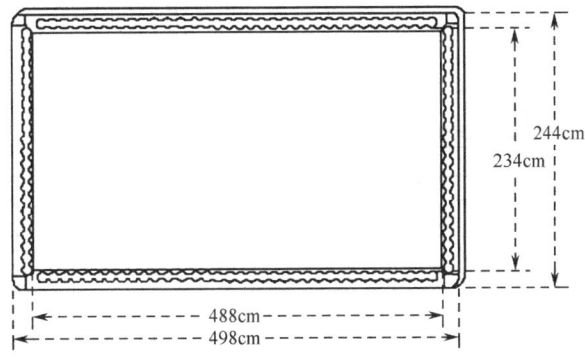

图 6-7　P4 型集装板

表 6-7　P4 型集装板资料

集装板代号	P4A、P4M、PMA、PZA、PRA
最 大 毛 重	11340kg（含板网重量 400kg 左右）
适 用 机 型	波音 747F/COMBI 飞机主货舱

（4）P5 型集装板（图 6-8 和表 6-8）

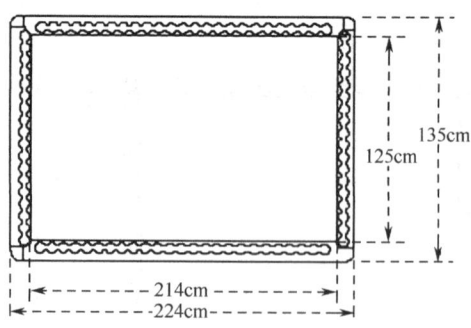

图 6-8　P5 型集装板

表 6-8　P5 型集装板资料

集装板代号	P5P
最 大 毛 重	1136kg（含板网重量 70kg 左右）
适 用 机 型	A320

（5）P6 型集装板（图 6-9 和表 6-9）

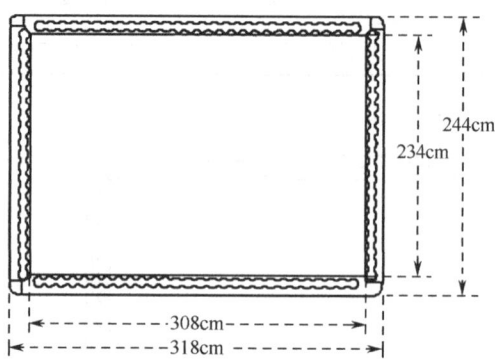

图 6-9　P6 型集装板

表 6-9　P6 型集装板资料

集装板代号	P6P、PMC、P6C、P6Q、PMP、PQP
最 大 毛 重	6804kg（含板网重量 135kg 左右）
适 用 机 型	所有宽体飞机主货舱、下货舱

（6）P7 型集装板（图 6-10 和表 6-10）

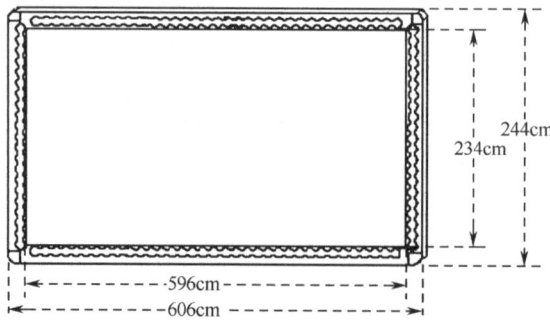

图 6-10　P7 型集装板

表 6-10　P7 型集装板资料

集装板代号	P7A、P7E、P7G、PGE、PGF、PSA、PSG
最 大 毛 重	13608kg（含板网重量 500kg 左右）
适 用 机 型	波音 747F/COMBI 飞机主货舱

（7）P8 型集装板（图 6-11 和表 6-11）

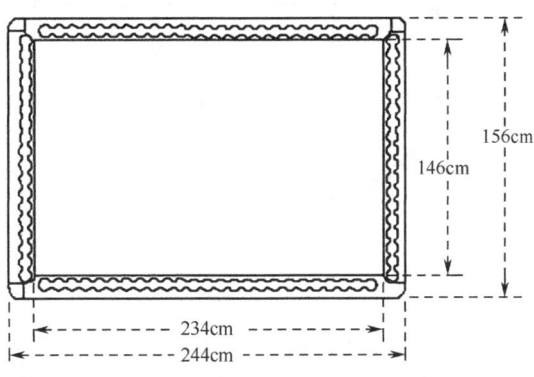

图 6-11　P8 型集装板

表 6-11　P8 型集装板资料

集装板代号	PPC、FQA
最 大 毛 重	2449kg（含板网重量 100kg 左右）
适 用 机 型	波音 767 下货舱

（8）P9 型集装板（图 6-12 和表 6-12）

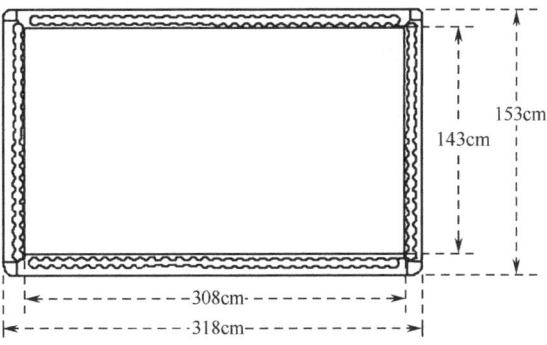

图 6-12　P9 型集装板

表 6-12　P9 型集装板资料

集装板代号	P9A、P9B、P9P、P9R、P9S、PLA、PLB、FLA
最 大 毛 重	3175kg（含板网重量 150kg 左右）
适 用 机 型	所有宽体飞机下货舱（波音 767 除外）

2. 集装箱

（1）LD1 集装箱（图 6-13 和表 6-13）

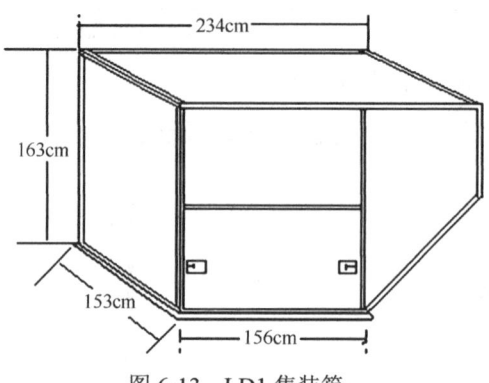

图 6-13　LD1 集装箱

表 6-13　LD1 集装箱资料

集装箱代号	AKC、AVC、AVK、AVJ		
最大毛重	1588kg		
轮廓容积	5.2m³	可用容积	4.7m³
适用机型	波音 747 飞机下货舱		

（2）LD2 集装箱（图 6-14 和表 6-14）

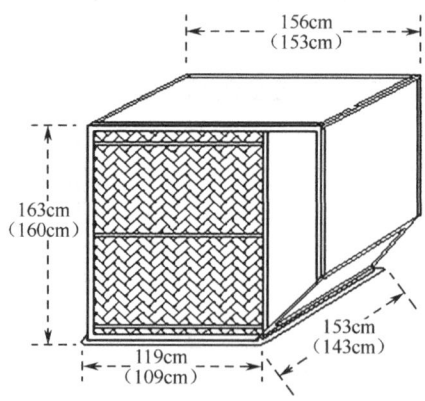

图 6-14　LD2 集装箱

表 6-14　LD2 集装箱资料

集装箱代号	DPE、APA、DPA		
最大毛重	1225kg		
轮廓容积	3.8m³	可用容积	3.4m³
适用机型	波音 767 飞机下货舱		

（3）LD3 集装箱（图 6-15 和表 6-15）

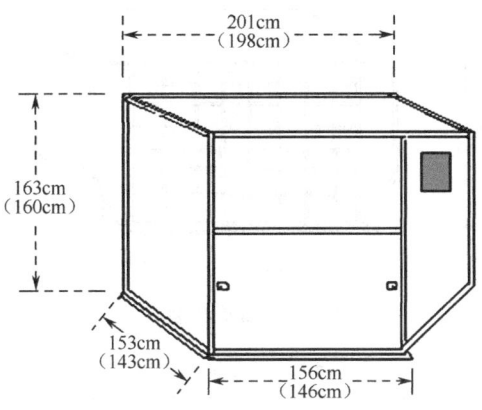

图 6-15　LD3 集装箱

表 6-15　LD3 集装箱资料

集装箱代号	AVE、AKE、AVA、AVB、AVM、DVA、DVP、DVE		
最 大 毛 重	1588kg		
轮 廓 容 积	4.8m³	可用容积	4.3m³
适 用 机 型	所有宽体飞机下货舱		

（4）LD5 集装箱（图 6-16 和表 6-16）

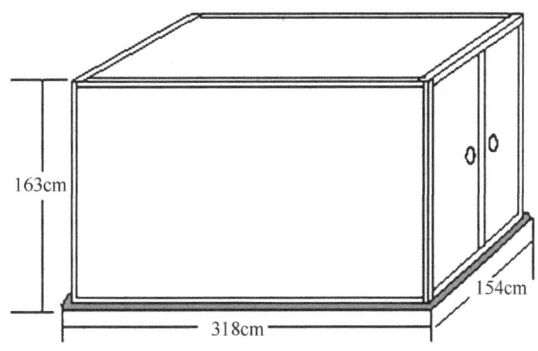

图 6-16　LD5 集装箱

表 6-16　LD5 集装箱资料

集装箱代号	ALD、ALP、AW2、AWB、DLP		
最 大 毛 重	3175kg		
轮 廓 容 积	7.7m³	可用容积	7.2m³
适 用 机 型	所有宽体飞机下货舱（波音 767 除外）		

（5）LD6 集装箱（图 6-17 和表 6-17）

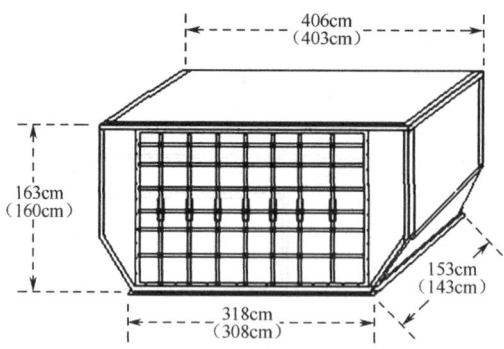

图 6-17　LD6 集装箱

表 6-17　LD6 集装箱资料

集装箱代号	ALF、AWA、AWF		
最大毛重	3175kg		
轮廓容积	9.6m³	可用容积	8.9m³
适用机型	所有宽体飞机下货舱（波音767除外）		

（6）LD7 集装箱（图 6-18 和表 6-18）

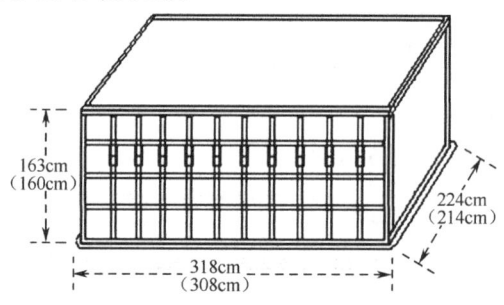

图 6-18　LD7 集装箱

表 6-18　LD7 集装箱资料

集装箱代号	AAP		
最大毛重	6033kg		
轮廓容积	11.3m³	可用容积	10.6m³
适用机型	所有宽体飞机下货舱、主货舱		

（7）LD8 集装箱（图 6-19 和表 6-19）

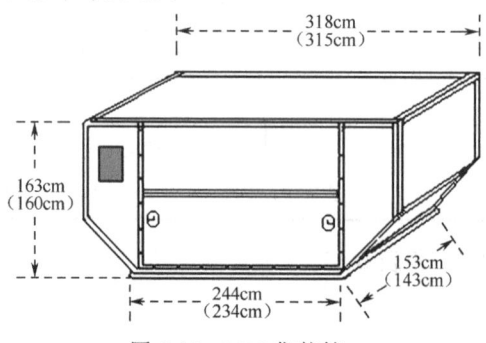

图 6-19　LD8 集装箱

表 6-19 LD8 集装箱资料

集装箱代号	ALE、DLA、DLF、MQP、DQF		
最 大 毛 重	2449kg		
轮 廓 容 积	7.9m³	可用容积	7.2m³
适 用 机 型	波音 767 飞机下货舱		

（8）10 英尺集装箱（图 6-20 和表 6-20）

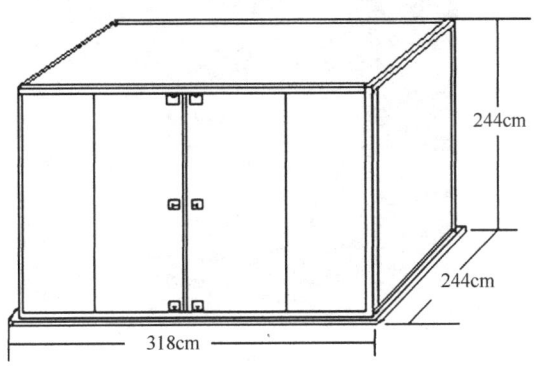

图 6-20 10 英尺集装箱

表 6-20 10 英尺集装箱资料

集装箱代号	AMA、AMK、AQ6、RQ6、RQA		
最 大 毛 重	6804kg		
轮 廓 容 积	18.5m³	可用容积	17.5m³
适 用 机 型	波音 747F/COMBI、MD-11 飞机主货舱		

（9）LD3 冷藏集装箱（图 6-21 和表 6-21）

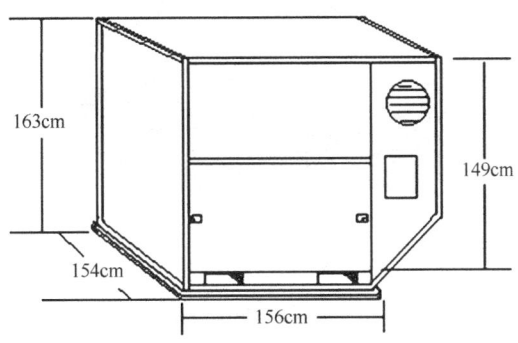

图 6-21 LD3 冷藏集装箱

表 6-21 LD3 冷藏集装箱资料

集装箱代号	RKN		
最 大 毛 重	1588kg		
轮 廓 容 积	3.2m³	可用容积	2.8m³
干 冰 载 量	35kg	干冰使用时间	24 小时
适 用 机 型	所有宽体飞机下货舱		

3. 集装棚

为了充分利用机内空间，同时保护飞机的内壁，除了板和网之外，还可在货物和网套之间增加一个非结构的轻金属罩棚。如果是可拆卸的，就是非结构式集装棚。如果是固定在底板上的，就是结构式集装棚（图 6-22）。

图 6-22　集装棚

四、集装箱装卸设备和车辆认知

这包括可移动的地面设备（如各种类型的托盘车、拖斗车、升降平台车、传送带车）和不可移动的集装板托架、集装箱托架。

集装箱拖车（小托盘）如图 6-23 所示。装载品种：AKE、KAC、DPE；载重量：2000kg。

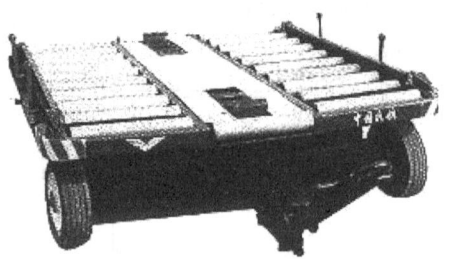

图 6-23　集装箱拖车

过桥式集装箱拖车如图 6-24 所示。装载品种：AKE、KAC、DPE；载重量：2300kg。

图 6-24　过桥式集装箱拖车

集装板（箱）拖车（大托盘）如图 6-25 所示。装载品种：PAP、PMC、AKE、KAC、DPE/AMA、AAM；载重量：7000kg。

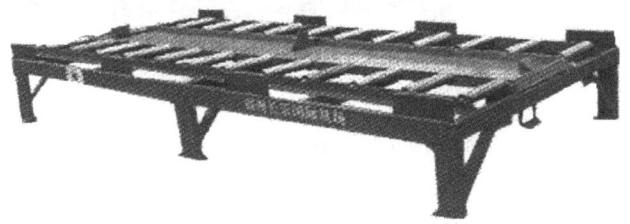

图 6-25　集装板（箱）拖车

20 英尺集装板拖车如图 6-26 所示。装载品种：PGA、PAG、PMC；载重量：16000kg。

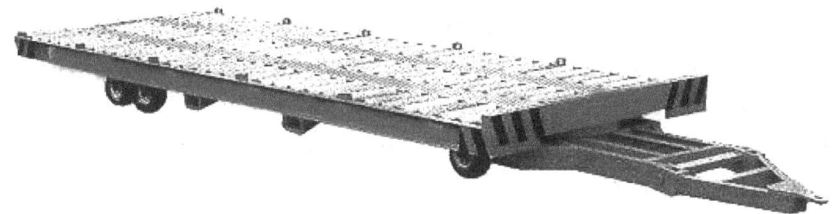

图 6-26　20 英尺集装板拖车

升降平台车如图 6-27 所示。

图 6-27　升降平台车

集装板托架如图 6-28 所示。

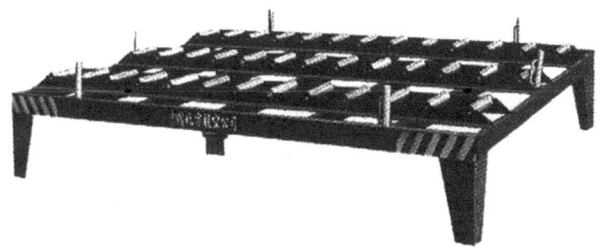

图 6-28　集装板托架

集装箱托架如图 6-29 所示。

集装箱运输管理

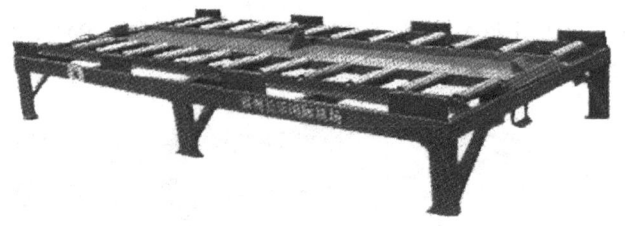

图 6-29　集装箱托架

五、航空集装箱货运站认知

开展航空集装箱运输也需要设置集装箱货运站，航空集装箱货运站的作业内容主要有：货物的交接和临时存放、货物的分理、装箱拆箱、货物的分拨、单证的缮制和信息的传递等。

为保障航空集装箱货运站业务的顺利进行，站内必须配备与业务量相适应的装卸搬运机械、空箱、其他成组器以及有关材料等。对于业务量大的货运站，应该建有集装箱、搬运机械等设备的维修设施。属于对外口岸类的航空货运站，还应设有海关等国家监管部门的办事机构，便于对进出境货物实施监管。

任务二　航空集装器运输的限制

课前思考

李峰在厦门高崎航空港发现很多飞机都是客货混合机，集装器的装载数量和重量是很有限的。除此之外，航空集装器运输时还有哪些限制是需要注意的呢？

一、接收飞机集装器时的限制

选择集装器时要注意满足的条件有：完好无损，各焊接部件牢固，内部清洁、干燥、无味、无尘，具有合格检验证书。通常情况下，集装板和集装箱使用寿命为 8 年，集装网套使用寿命为 2 年。

1. 集装箱

飞机集装箱的检查包括检查集装箱有无穿孔、变形或脱层，门的固定和操作机构有无损坏和缺件。如果装有内部支架，还应该检查它们的固定和锁定装置是否损坏或完整。

2. 集装板和组网件

检查集装板是否有挖伤、凹陷、脱层和压伤，边缘滑轨是否有断裂、缺角和铆钉短缺现象。如果边缘滑轨有裂纹、缺角或者网固定点有短缺和损坏的情况，则不能接收该集装板。

检查组网件是否有磨损，金属件有无丢失或损坏的情况。网组件不应有可见的磨损痕迹，固定带或绳子不应有断裂或割伤的现象。

3. 集装棚

集装棚应检查网组件有无裂痕、破孔和硬件损坏。集装棚上不应有会造成渗水的大的裂缝或裂口，也不应有塌陷的现象。固定件损坏或丢失的集装棚允许继续使用，但剩下的固定件应能确保集装棚稳妥地固定在集装板上，且周围要有适当的空隙。

二、集装器装载重量的限制

装在集装器里的货物，除受散装货物装载要求限制外，还受集装器本身允许载重量和体积的限制，受集装器和机舱地板额定最大负荷的限制。

1. 集装器最大承重限制

集装器允许装载的货物重量受到集装器最大承重的限制。任何时候，集装箱装载重量都不能超过所允许的范围。超过这个限制的货物不但会破坏集装器的结构，还有可能对机身造成损坏。

2. 机舱地板的承受力限制

在收运货物时，必须考虑到机舱地板承受力，如有必要，应在货物底面加上一定面积的垫板。

（1）机舱地板承受力

货物压在机舱地板上的重量就是地板所承受的重量，飞机货舱内每平方米地板可承受的重量是一定的，如果超过它的承受能力，地板和飞机结构很有可能遭到破坏。各种机型的地板承受力数据见国际航空货物运价及规定手册（TACT）。

计算公式为

$$地板承受力 = 货物的重量 / 底面接触面积$$

（2）垫板面积

当货物对机舱地板单位面积的压力超过其承受能力时，应在货物底部加上 2～5cm 厚的垫板，加大底面面积。

计算公式为

$$垫板面积 = （货物重量 + 垫板重量） / 地板承受力限制$$

想一想：货物一件，毛重 280kg，底部面积 0.5m×0.5m，该货物不可倒置，试计算该货物装上 B737 飞机时飞机地板的承受力，是否需要加垫板？如果需要，则需要加多大面积的垫板？

三、集装器装载体积的限制

集装箱内部所装货物肯定要受集装箱体积的限制。一般重点考虑集装板体积限制。集装板上所装货物的形状要与飞机的货舱内部形状相适应，且应能从货舱门装入。集装板可装货物的高度，随飞机机型的主货舱或下舱的位置布局而定。例如，P1 板可装高度为 164cm 或 244cm 或 299cm，P6 板可装高度为 164cm 或 244cm 或 299cm，P7 板可装高度为 244cm。

四、集装箱内货物的限制

有些特殊货物装在集装器中是受到限制的，如危险品、活动物、贵重货物、尸体等。

五、集装器装载原则

① 检查所有待装货物，根据货物的卸机站、重量、体积、包装材料以及货物运输要求设计货物组装方案。

② 一般情况下，大货、重货装在集装板上；体积较小、重量较轻的货物装在集装箱内。组装时，体积或重量较大的货物放在下面，并尽量向集装器中央集中码放；小件和轻货放在中间；危险物品或形状特异可能危害飞机安全的货物，应将其固定，可用填充物将集装器塞满或使用绳、带捆绑，以防损坏设备和飞机，造成事故。合理码放货物，做到大不压小、重不压轻、木箱或铁箱不压纸箱。同一卸机站的货物应装在同一集装器上。一票货物应尽可能集中装在一个集装器上，避免分散装在多个集装器上。

③ 在集装箱内的货物应码放紧凑，间隙越小越好。

④ 如果集装箱内没有装满货物，即所装货物的体积不超过集装箱容积 2/3，或单件货物重量超过 150kg，就要对货物进行捆绑固定。最好用标准的绳具将货物固定在集装箱的卡锁轨里。

⑤ 特别重的货物应放在下层。底部为金属的货物和底部面积较小、重量较大的货物必须使用垫板，以防金属货物损坏集装板，同时还可以分散货物对集装器地板的压力，保证集装器能够平稳顺利地装入飞机。

⑥ 装在集装板上的货物要码放整齐，上下层货物之间要相互交错，骑缝码放，避免货物坍塌、滑落。

⑦ 装在集装板上的小件货物，要装在其他货物的中间或适当地予以固定，防止其从网套或网眼中滑落。一块集装板装载两件或两件以上大货时，货物之间应尽量紧邻码放，尽量减少货物之间的空隙。

任务三　集装箱航空经营方式

课前思考

在厦门万达广场 10 号楼 1008 室工作的李先生，要将 40 箱草莓通过航空集装箱运输的方式送到上海和平饭店。李先生应当选择哪种航空货运方式？

一、航空集装箱运输经营方式

航空集装箱运输的主要经营方式有班机运输、包机运输、集中托运和联运。

1. 班机运输

班机是指在固定的航线上定期航行的航班,即有固定始发站、目的站和途经站的飞机。班机的航线基本固定,定期开航,收、发货人可以确切地掌握起运和到达时间,保证货物安全迅速地运达目的地,对运送鲜活、易腐的货物以及贵重货物非常有利。不足之处是舱位有限,不能满足大批量货物及时出运的需要。

班机运输适合运输急用物品、行李、鲜活物品、电子元器件等商品。

2. 包机运输

包机运输可分为整架包机和部分包机。

① 整架包机:指航空公司或包机代理公司,按照与租机人事先约定的条件和运价,将整架飞机租给租机人,从一个或几个航空站装运货物至指定目的地的运输方式。运费随国际航空运输市场的供求情况而变化。

② 部分包机:指几家航空货运代理公司联合包租一架飞机,或者由包机公司把一架飞机的舱位分给几家航空货运代理公司,这适合一吨以上但不足以装一整架飞机的货物,运费较班机低,但运送时间则比班机要长。

 想一想: 比较班机运输和包机运输的优缺点。

3. 集中托运

集中托运是航空货运代理公司把若干批单独发运的、发往同一方向的货物集中起来,组成一票货,向航空公司办理托运,采用一份总运单集中发运到同一站,由航空货运代理公司在目的地指定的代理人收货、报关并分拨给各实际收货人的运输方式。采用这种托运方式,货主可以得到较低的运价,使用比较普遍,是航空货运代理的主要业务之一。

4. 联运

(1)陆空陆联运

这是火车、飞机和卡车的联合运输方式,简称 TAT(Train-Air-Truck)。由于汽车具有机动灵活的特点,在运动时间上更可掌握主动,因此一般都采用 TAT 方式组织出运。

(2)陆空联运

这是火车、飞机的陆空联运方式,简称 TA(Train-Air)。我国空运出口货物通常采用陆空联运方式。目前我国国际航空港口岸主要有北京、上海、广州等。班机所带货量有限,费用比较高。如果采用国内包机,费用更贵。因此,在货量较大的情况下,往往采用陆运至航空口岸,再与国际航班衔接。

集装箱运输管理

（3）航空快递（Air Express）

航空快递实际上也是一种联合运输，与空运方式前后衔接的一般是汽车运输。它是由专门经营快递业务的公司与航空公司合作，派专人以最快的速度，在发货人、机场、用户之间传递货物的方式。

二、航空集装箱进出口运输程序

1. 航空集装箱出口程序

这是指航空货运公司从发货人手中接货，将货装箱并交给航空公司承运这一过程所需通过的环节、所需办理的手续以及必备的单证，它的起点是从发货人手中接货，终点是由航空公司将集装箱运到目的港交给收货人。

① 发货人填制航空货物托运书，承运人根据承运能力接受委托。

② 航空货运代理向航空公司申请运输并预订舱位。对需要包机运输的大宗货物，出口单位应在发货物前 40 天填写包机委托书送交空代。对需要紧急运送的货物或必须在中途转运的货物，应在委托书中说明，以便空代设法安排直达航班或便于衔接转运的航班。

③ 航空货运公司根据订舱情况及时通知货主备货，货主备货，备齐所有出口单证后送交空代，以便空代向海关办理出口报关手续。

④ 空运出口货物要妥善包装。货运代理需要检查货物品质、运送目的地、体积、海关手续，检查托运书上相关各栏的填写并称重和量尺寸以及计算运费。一般由货代在自己的仓库场地、货棚装板装箱，也可在航空公司指定的场地进行。在装板装箱时要注意以下问题。

第一，不要用错不同航空公司的集装箱、集装板，不要用错板型、箱型，否则装不上飞机。

第二，不要超装箱、板尺寸，各种集装板都有具体的尺寸规定，超装箱、板尺寸，就无法装上飞机。

第三，要垫衬、封盖好塑料纸，防潮、防雨淋。

第四，集装箱、板内货物尽可能配装整洁，结构稳定，并接紧网索，防止运输途中倒塌。

第五，对于大宗货物、集中托运货物，尽可能将整票货物装在一个或几个板、箱内运输。假如装箱后还有剩余货物，尽可能拼在同一箱、板上，防止散乱、遗失。

⑤ 航空货代公司缮制报关单报海关初审，缮制航空货运单。将缮制完的航空运单、报关单、装箱单、发票等单证送到海关报关。海关将在报关单、运单正本、出口收汇核销单上盖放行章，并在出口产品退税的单据上盖验讫章。

⑥ 将集装箱交给航空公司，附航空运单正本、发票、装箱单、产地证明、品质鉴定书等，航空公司验收单、货无误，在交接单上签字。

⑦ 发货后，航空货代应将航班号、运单号、品名、数量、质量、收货人等资料，及时通知国外代理。

⑧ 航空货代向发货人收取航空运费、地面运费及各种手续费、服务费，向承运人支付航空运费并向其收取佣金，按协议与国外代理结算到付运费及利润分成。

学习情境六 集装箱空运业务体验

 想一想：航空出口涉及的主要单证包括哪些？

2. 航空集装箱进口程序

这是指航空货物从入境到提取或转运的整个过程中所需通过的环节、所需办理的手续以及必备的单证。航空货物入境后，要经过各个环节才能提出海关监督场所，而每经过一道环节都要办理一定的手续，同时出具相关的单证，例如商业单据、运输单据及所需的各种批文和证明等。

① 航空集装箱入境后存在海关监管仓内。同时，航空公司向运单上的收货人发出到货通知。

② 航空货运公司取得运单后，进行分类整理，把集中托运货物和单票货物、运费预付货物和运费到付货物区分开来，并编上公司内部的编号，以便于用户查询和内部统计。

③ 航空货运公司根据收货人资料寄发到货通知，催促其速办报关、提货手续。

④ 根据运单、发票及证明货物合法进口有关批文缮制报关单，并在报关单的右下角加盖报关单位的报关专用章。将制作好的报关单连同正本的货物装箱单、发票、运单等递交海关，向海关提出办理进口货物报关手续。海关经过初审、审单、征税等环节后，放行集装箱。只有经过海关放行后的集装箱才能从海关监管场所提出进行拆箱。

⑤ 空运代理凭借盖有海关放行章的正本运单到海关监管场所提取集装箱拆箱后送货给收货人，收货人也可自行提货。货主或委托人在收货时，应结清各种费用。

 想一想：航空进口涉及的主要单证包括哪些？

任务四　包机/舱/板/箱运输

课前思考

很多飞机都是客货混合机，集装器的装载数量有限，如果货物数量较大，班机舱位容纳不了，应该如何处理呢？

随着航空运输运力的增加和宽体飞机的出现，一些有实力的航空代理企业由于有固定货源且批量较大、数量相对稳定，因此利用自身网络优势，在一定时期内需要单独占用飞机部分或全部货舱、集装箱、集装板，而航空公司采用专门措施予以保证，称为包舱包板。

包舱包板的意义如下。

- 减少承运人的运营风险，有一个稳定的收入。对于某些开发难度较大或新开辟的航班，采用包舱包板的方式，可以减少承运人初期的市场风险。
- 能充分调动包舱包板人的积极性和主观能动性，最大限度地挖掘市场潜力。由于包舱包板主要是代理人的行为，所以，他会在这个市场中想方设法获取最大利益，会按照市场的需求，充分调配资源，最大限度地挖掘市场潜力。

171

- 有利于一些新开辟的航线、冷航线的市场开发。
- 对承运人营销力量比较薄弱的回程、中间站航线比较有利。

一、包舱包板的形式

目前航空公司通常采取固定包舱和非固定包舱两种形式。

① 固定包舱：指托运人在承运人的航线上通过包舱包板的方式运输时，托运人无论是否向航空公司交付货物，都必须支付协议上规定的运费。

② 非固定包舱：指托运人在承运人的航线上通过包舱包板的方式运输时，托运人在航班起飞前 72 小时，如果没有确定舱位，承运人则可以自由销售舱位，托运人向航空公司支付已经确定舱位的运费，没有确定舱位部分，则无须向航空公司支付运费。

二、包舱包板的运作形式

包舱包板人可以在一定时期内或一次性包用承运人在某条航线或某个航班上的全部或部分货舱，但是要注意以下事项。

包舱包板运输必须签订包舱包板运输合同。包舱包板运输合同至少一式五份，一份交包舱包板人，一份随货运单财务联报财务部门审核，一份由收运部门留存，一份随货运单存根联留存，一份随货运单运往目的站。

包舱运输时，应当填制一份或几份货运单，货运单与包舱合同一起作为包舱的运输凭证。货运单收货人栏内只能填写一个收货人名称。包舱运输的货物件数应如实填写在货运单上。货运单"储运注意事项（handling information）"栏内应注明"包舱运输"或"包集装器运输"以及合同号码。

包板运输时，如果承运人在目的站有固定代理人为其办理货物分拨手续，可将包用的集装器数作为货物件数填写在货运单上，在货运单货物品名栏内注明各集装器识别代码。包集装器合同中应明确规定集装器的使用限制以及承包人所担负的责任。

三、包舱包板注意事项

1. 总体注意事项

- 除天气或其他不可抗力原因外，合同双方应当履行包舱（板）运输合同规定的各自所承担的责任和义务。
- 包舱（板）人应保证托运的货物没有夹带危险品或政府禁止运输或限制运输的物品。
- 由于不可抗力原因，导致包舱（板）运输合同不能履行，承运人不承担责任。
- 无论何种原因，一方不能如期履行合同时，应及时通知对方。
- 包舱（板）运输合同中的未尽事宜，按照承运人的业务规定办理。

2. 包舱运输事项

- 包舱人应按约定将货物送至指定机场，自行办理检验检疫手续后办理托运手续。
- 包舱货物的实际重量和体积不得超过包舱运输合同中规定的最大可用吨位和体积，否则，承运人有权拒绝运输，损失由包舱人承担。
- 航班在起飞前或到达后，由于包舱人或受雇人的原因而造成飞机延误，包舱人应承担责任。由此对承运人造成的损失，包舱人应承担赔偿责任。包舱人在飞机起飞前取消、变更包舱计划，造成承运人损失的，应承担赔偿责任。

3. 包板运输事项

- 包板人对自己组装的，在目的站有指定的收货人或其代理人拆卸的包装货物的件数、包装情况负责。
- 包板运输的货物只能装在托运人所包用的集装板（箱）上，如果发生所包集装器不够用的情况，余下货物应按正常手续办理散货运输。
- 包舱（板）运输一般只限于直达航班。

操作实训

1. 在现代货运中，任何一种运输方式都不可能孤立地存在，集装箱运输是开展多式联运的前提和基础，航空运输应如何扬长避短，与其他运输方式更好地衔接呢？

2. 厦门盛星服装有限公司要从英国服装贸易公司进口服装 30000 套，卖方采用航空集装箱运输方式托运，请调查目前国内航空集装箱货运的发展现状，并写出 800 字的调查报告。

3. 一件货物要装入一架 B747 的下货舱的集货舱。其重量为 900kg，尺寸为 150cm×60cm×50cm。集装舱地板的承受限额为 $976kg/m^2$，该货物能够装入吗？如果不行，应该如何处理呢？

4. 根据所给材料，模拟集装箱国际航空出口代理流程。

厦门多美达进出口贸易有限公司与美国纽约吉美药品公司签订合同 DGHT23564，出口 100 箱生物药品。厦门多美达进出口贸易有限公司委托厦门外代国际货运有限公司办理空运出口代理业务，分装三个半型集装器，集装器编号为 AKE1204MF、AKE1205MF、AKE1206MF。

起运地：中国厦门（高崎国际机场）

目的地：美国纽约（肯尼迪国际机场）

（1）将学生分成 4 组：第 1 组代表出口商和进口商，第 2 组代表货运代理公司，第 3 组代表航空公司，第 4 组代表海关、检验检疫等其他部门。

（2）各组成员仔细阅读所给材料后充分发挥想象，完善材料中未尽事宜和信息。

（3）各组成员须查阅相关资料，明确自己在本票货物出口流程中所承担的角色和工作，并模拟完成国际空运出口代理流程。

（4）模拟完毕，其他组成员可对模拟过程中出现的问题进行提问，由该小组成员进行解答。

5. 自测题

（1）某集装箱代号为 AKE1100CA，该集装箱属于_____。

A．南方航空公司　　B．东方航空公司　　C．国际航空公司　　D．海南航空公司

（2）航空货运中的特殊操作代码 AVI 表示的中文含意是＿＿＿＿＿＿。

A．活动物　　　　　B．易腐货物　　　　C．食品　　　　　　D．贵重物品

（3）国际航空集装器代号通常由前面 3 个字母、中间 4 位数字和后面 2 个字母组成。有关它们的说明错误的是＿＿＿＿＿＿。

A．前 3 个字母依次表示集装器的类型、底板尺寸、外形和适配性

B．中间 4 位数字表示集装器的序号

C．最后 2 个字母表示集装器的所有人、注册人

D．最后 2 个字母表示集装器的生产方

（4）飞机的装载限制不包括＿＿＿＿＿＿。

A．重量限制　　　　B．路线限制　　　　C．舱门限制　　　　D．地板承受力限制

（5）航空集装货物的原则不包括＿＿＿＿＿＿。

A．合理码放货物，做到大不压小，重不压轻

B．集装板上的货物应骑缝码放，避免货物坍塌

C．同一卸机站的货物应装在同一集装器上

D．大货重货装集装箱，小货轻货装集装板

（6）托运人在承运人的航线上通过包板（舱）的方式运输时，托运人无论是否向承运人交付货物，都必须支付协议上规定的运费，这种包舱方式称为＿＿＿＿＿＿。

A．固定包舱　　　　B．非固定包舱　　　C．定时包舱　　　　D．非定时包舱

（7）在非固定包舱中，若托运人在航班起飞前＿＿＿＿＿＿小时没有确定舱位，承运人则可以自由销售舱位。

A．24　　　　　　　B．36　　　　　　　C．48　　　　　　　D．72

（8）包舱人在飞机起飞前取消、变更包舱计划，造成承运人损失的，应由＿＿＿＿＿＿承担赔偿责任。

A．承运人　　　　　B．包舱人　　　　　C．托运人　　　　　D．保险公司

学习情境七
集装箱运输运费分析

教学分享

学习目标：

集装箱运价是集装箱单位货物运输费用，集装箱运费是集装箱运价的综合。各种运输方式下费用的核算在集装箱运输中非常重要。本学习任务需要掌握各种集装箱运输方式下运费的基本结构和计算方式，并能根据实际业务计算集装箱运输费用。

在完成本学习情境的学习后，学生应当能够：
① 了解集装箱运费的基本结构；
② 掌握海运集装箱运输费用核算方式和计收方法；
③ 掌握铁路集装箱运输费用核算方式和计收方法；
④ 掌握公路集装箱运输费用核算方式和计收方法；
⑤ 掌握航空集装箱运输费用核算方式和计收方法；
⑥ 运用所学知识，根据实际业务计算集装箱运输费用。

教师在教授本学习任务时，应把握的知识重点包括：集装箱运费的基本结构、各种运输方式下集装箱运输费用组成和核算方法。技能重点包括：判断所属费用类型，以及能够根据实际业务计算集装箱运输费用。

教学方式方法：

建议采用讲解、体验式教学（包括视频资料学习、参访集装箱运输企业、网络资源学习等）、独立工作、小组讨论和角色扮演等方式方法。

学习环境要求：

学习场地：① 多媒体教室；
② 集装箱运输企业。
学习资料：① 网络资源——典型集装器运输企业网站及网址；
② 视频资源——Flash动画视频资料。

集装箱运输管理

> **教学评价：**

① 能够根据实际业务判断所属费用类型（教师评价）。
② 能够根据集装箱运输企业网址查询企业集装箱运费报价（教师评价）。
③ 能够熟练运用不同运输方式下的运费计算方法（教师评价）。
④ 能够根据实际业务计算集装箱运输费用（小组评价、教师评价）。
⑤ 完成本情境任务过程中的团队合作能力和学习态度（个人自评、小组评价）。

情境导入

小李接到客户的咨询电话，出口一批毛绒玩具到日本某港口，体积为 $20m^3$，毛重为 15t，客户要求选港，基本运费为 USD80/FT，选卸港的附加费率为每运费吨加收 USD3，计费标准为"W/M"。

如果采用普通杂货班轮托运，小李应该报价多少？

如果改用集装箱运输，基本费率为 USD1100/TEU，港口附加费为 5%，小李应该为客户报价多少？

单纯从节省海运运费角度考虑，小李应为客户推荐哪种运输方式？

集装箱运输以集装箱为运输单元，其计费方式有了很大变化。而且集装箱运输打破了"港到港"交接的传统，可以实现"门到门"的运输，使得承运人的运输路线增长，运输环节增多，运输过程中花费的成本及构成也与传统运输有很大区别。

● 集装箱运费构成分析。
● 海运集装箱运费分析。
● 陆运集装箱运费分析。
● 空运集装箱运费分析。

任务一　集装箱运费构成分析

集装箱货物运输一般都综合利用各种运输方式。

集装箱运费构成不仅包括集装箱海运运费，还包括集装箱的内陆集疏运费、堆场服务费、货运站服务费、集装箱及设备使用费和港口中转费等。

 想一想： 参照集装箱运费基本结构图（图7-1）描述集装箱货运交接流程。

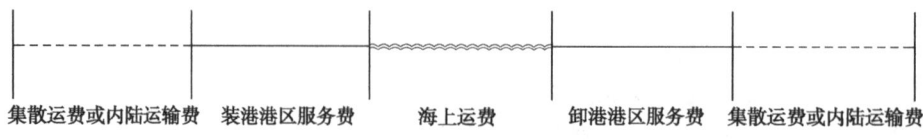

图7-1　集装箱运费基本结构

一、集装箱运费构成

（一）集装箱海运运费

集装箱海运运费是指海上运输区段的费用，包括基本运费及各类附加费，是集装箱运费收入的最主要部分。一般由集装箱运输承运人根据运价本，向托运人或收货人计收。

（二）集装箱港区服务费

集装箱港区服务费包括集装箱堆场服务费和货运站服务费。

1. 集装箱堆场服务费

① 装货港港区服务费，包括接收出口的集装箱→在堆场按规定分类堆存→搬运至码头前沿装船的费用。

② 卸货港港区服务费，包括从船上卸下进口集装箱→搬运→在堆场按规定分类堆存→交付进口集装箱的费用。

不论集装箱运输交接方式如何，堆场服务费均是集装箱运价中必不可少的部分。堆场服务费一般按集装箱装卸包干费向船方计收。重箱堆存费分别向收、发货人计收，空箱堆存费向船方计收。

2. 货运站服务费

集装箱货运站以完成下列服务项目计收服务费。

① 在出口装箱方面：将空箱从堆场运至货运站并办理集装箱设备交接手续；将货物从货方车上卸到集装箱货运站并办理货运交接手续；将出口集装箱货物分类归垛；联系海关、商检和理货等业务；货物在货运站正常搬运；对货物进行装箱并对箱内货物进行一般加固；编制"集装箱装箱单"并签发"场站收据"和"集装箱装箱单"等单证；对装好的集装箱进行封箱、做标记；把实箱运往集装箱码头堆场并办理集装箱进场交接手续等。

② 在进口拆箱方面：办理集装箱进站的货运交接手续；将集装箱从车上卸到集装箱货运站；联系海关、商检和理货等业务；将进口箱进行拆箱，做好拆箱记录并分类归垛；将货物在货运站正常搬运；联系收货人交付进口货物，并收回"正本提单"，签署"提货单"；把空箱送回海上承运人或其代理人指定的集装箱堆场，并办理空箱进场设备交接手续等。

对集装箱货运站的拆、装箱服务费一般采用拆装箱包干费计收。对"提单"列明集装箱货运站交付的，拆装箱包干费向船方计收；应货方要求进行拆装箱的，拆装箱包干费向货方计收。

（三）集装箱集散运费

集散运费也称转运费，指由发货地运往集装箱码头堆场或由集装箱码头堆场运往交货地的费用。

① 集散运输费：指将集装箱货物由收货地经水路（内河、沿海）运往集装箱出口堆场的集装箱运费，或由集装箱堆场经水路（内河、沿海）运往交货地的集装箱运费。

② 内陆运输费：指经陆路（公路或铁路）将集装箱货物运往装船港口的运输费用，或将集装箱货物经陆路（公路或铁路）运往交货地的运输费用。

在采用陆路运输时，通常可由承运人和货主自行负责运输。如果由承运人负责运输，费用通常包括区域运费（空、重箱运费）、无效拖运费、变更装箱地点费、装箱时间延迟费及清扫费；由货主自行负责运输时，承运人通常根据协议将空箱出借给货主或将重箱交由货方自行负责拖运，则费用仅包括集装箱装卸车费、超期使用费等。

二、集装箱不同交接方式下的运费构成

（一）集装箱货物的 9 种交接方式

集装箱货物交接方式如图 7-2 所示。

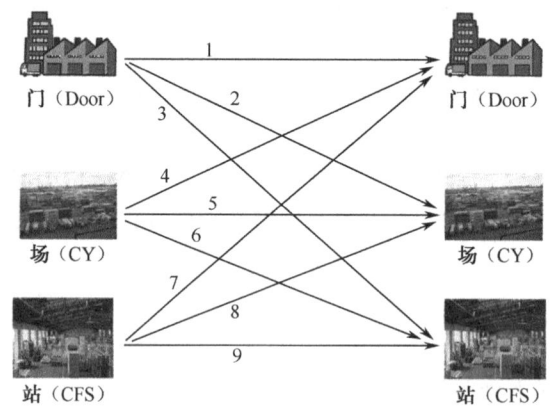

图 7-2　集装箱货物交接方式

想一想：看图 7-2 列举集装箱货物的 9 种交接方式。

（二）不同交接方式下的不同运费构成

1. 整箱货物—整箱货物（FCL—FCL）"门到门"交接方式的全程运费结构

如图 7-3 所示，集装箱货物"门到门"交接方式全程运费包括：发货地集散运费+装货港集装箱码头堆场服务费+海运运费+卸货港集装箱码头堆场服务费+收货地集散运费。

图 7-3　整箱货物"门到门"交接方式全程运费结构

2. 整箱货物—整箱货物（FCL—FCL）"门到场"交接方式的全程运费结构

如图 7-4 所示，集装箱货物"门到场"交接方式全程运费包括：发货地集散运费+装货港

集装箱码头堆场服务费+海运运费+卸货港集装箱码头堆场服务费。

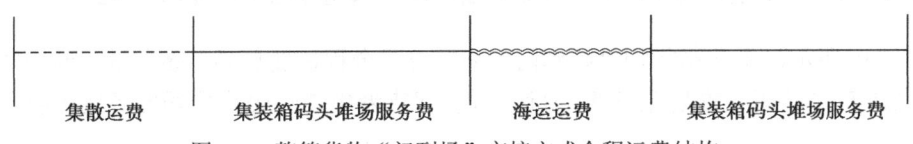

图 7-4　整箱货物"门到场"交接方式全程运费结构

3. 整箱货物—拼箱货物（FCL—LCL）"门到站"交接方式的全程运费结构

如图 7-5 所示，集装箱货物"门到站"交接方式全程运费包括：发货地集散运费+装货港集装箱码头堆场服务费+海运运费+卸货港集装箱货运站服务费。

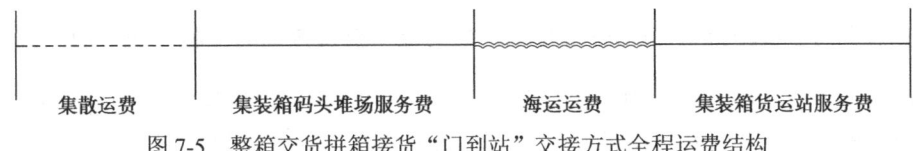

图 7-5　整箱交货拼箱接货"门到站"交接方式全程运费结构

4. 整箱货物—整箱货物（FCL—FCL）"场到门"交接方式的全程运费结构

如图 7-6 所示，集装箱货物"场到门"交接方式全程运费包括：装货港集装箱码头堆场服务费+海运运费+卸货港集装箱码头堆场服务费+收货地集散运费。

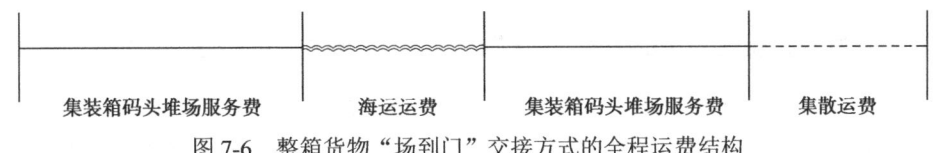

图 7-6　整箱货物"场到门"交接方式的全程运费结构

5. 整箱货物—整箱货物（FCL—FCL）"场到场"交接方式的全程运费结构

如图 7-7 所示，集装箱货物"场到场"交接方式全程运费包括：装货港集装箱码头堆场服务费+海运运费+卸货港集装箱码头堆场服务费。

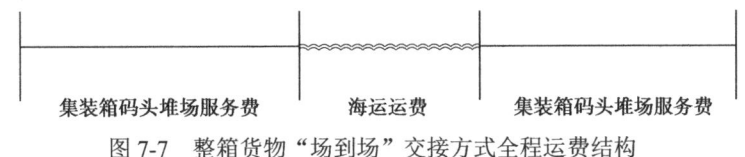

图 7-7　整箱货物"场到场"交接方式全程运费结构

6. 整箱货物—拼箱货物（FCL—LCL）"场到站"交接方式的全程运费结构

如图 7-8 所示，集装箱货物"场到站"交接方式全程运费包括：装货港集装箱码头堆场服务费+海运运费+卸货港集装箱码头堆场服务费+集装箱货运站服务费。

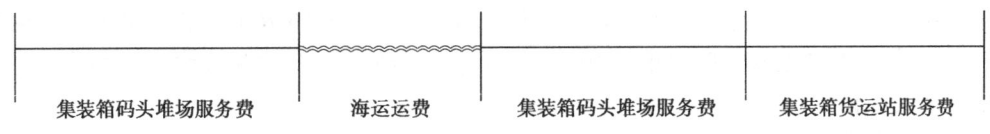

图 7-8　整箱交货拼箱接货"场到站"交接方式全程运费结构

7. 拼箱货物—整箱货物（LCL—FCL）"站到门"交接方式的全程运费结构

如图 7-9 所示，集装箱货物"站到门"交接方式全程运费包括：装货港集装箱货运站服务费+装货港集装箱码头堆场服务费+海运运费+卸货港集装箱码头堆场服务费＋收货地集散运费。

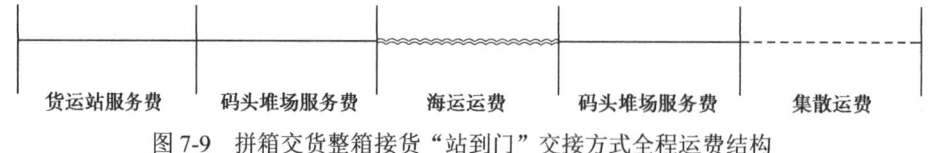

图 7-9　拼箱交货整箱接货"站到门"交接方式全程运费结构

8. 拼箱货物—整箱货物（LCL—FCL）"站到场"交接方式的全程运费结构

如图 7-10 所示，集装箱货物"站到场"交接方式全程运费包括：装货港集装箱货运站服务费+装货港集装箱码头堆场服务费+海运运费+卸货港集装箱码头堆场服务费。

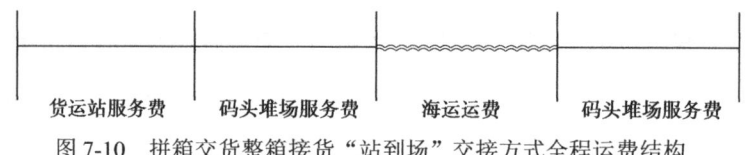

图 7-10　拼箱交货整箱接货"站到场"交接方式全程运费结构

9. 拼箱货物—拼箱货物（LCL—LCL）"站到站"交接方式的全程运费结构

如图 7-11 所示，集装箱货物"站到站"交接方式全程运费包括：装货港集装箱货运站服务费+装货港集装箱码头堆场服务费+海运运费+卸货港集装箱码头堆场服务费+卸货港集装箱货运站服务费。

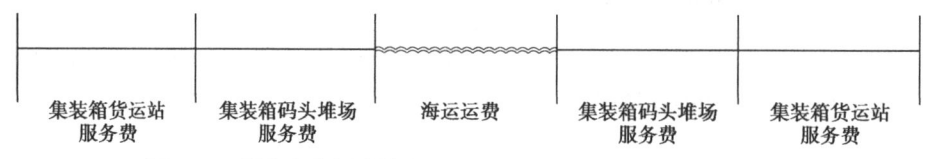

图 7-11　拼箱交货拼箱接货"站到站"交接方式全程运费结构

任务二　海运集装箱运费分析

情境导入

小李接到客户的咨询电话，有一批小五金 500 件，28.5T/20.26m³，需要从连云港运到香港，已知装箱费 USD120/20ft，USD240/40ft，要求小李帮忙选择运输方案并告知具体费用组成。小李该怎么做呢？

航线运价表见表 7-1（单位 USD）。

表 7-1 航线运价表

货　名	CFS/CFS (W/M)	CY/CY 20ft/40ft
普通货物	60/47	750/1350
半危险品	71/55	950/1710
危险品	87/66	1222/2200
冷藏货		2000/3600

目前集装箱海运基本运费的计算办法分为两大类：一类是沿用件杂货运费计算方法，以每运吨（W/M，W 表示按重量吨计费，M 表示按体积吨计费）为计算单位，对具体航线按货物的等级及不同的计费标准（俗称散货价）计算基本运费；另一类是以箱为计算单位，对具体航线实行分货物等级和箱型的包箱费率或不分货物等级只按箱型的包箱费率计算基本运费。

前一类计算方法对拼箱货运输较为合适，大多数船公司在拼箱货运输中采用这种方法；后一类计算方法对整箱货运输较为合适。在国际集装箱运输中，包箱费率计算方法正在取代传统的件杂货费率计算方法。

一、拼箱货的海运运费计算

$$海运总运费=基本运费+附加费$$

1. 基本运费

按公司运价本规定的费率计算基本运费。在船公司指定的运价表中有具体规定的计费标准。

① 以"W"表示：该种商品应按商品的毛重计算运费。

② 以"M"表示：该种商品应按尺码或体积计算运费。在实际业务中，1 立方米或 40ft^3 货物折合 1 尺码吨。

③ 以"W/M"表示：指该种商品分别按商品的毛重和体积计算运费，并选择其中运费较高者收取运费。

④ 以"Ad.val."表示：指该种商品按其 FOB 价格的一定百分比计算运费，即从价运费。

⑤ 以"Ad.val.Or W/M"表示：指该种商品按其 FOB 价格的一定百分比和毛重、体积分别计算运费，并选择其中运费较高者收取运费。

2. 集装箱拼箱货海运附加费

集装箱拼箱货海运附加费通常包括以下几种形式。

（1）货物附加费

某些货物，如钢管之类的超长货物、钢锭之类的超重货物、须洗舱（箱）的液体货等，由于运输难度较大会使运输费用增高，需要增收货物附加费。这部分费用主要按集装箱货运站装箱的拼箱货收取，其费率标准和计收办法与普通货轮相同。

（2）转船附加费

凡运往非基本港的货物，须转船运往目的港时，船舶所收取的附加费。

(3) 直航附加费

运往非基本港的货物达到一定的数量，班轮公司可安排直航该港而不转船时所加收的附加费。一般直航附加费比转船附加费低。

(4) 港口附加费

港口附加费是船舶需要进入港口条件较差、装卸效率较低或港口船舶费用较高的港口及其他原因而需要增收的附加费。

(5) 港口拥挤附加费

有些港口由于拥挤，致使船舶停泊时间增加而加收的附加费。该项附加费随港口条件改善或恶化而变化。

(6) 燃油附加费

因燃油价格上涨而按绝对数或基本运价的一定百分比加收的附加费。

(7) 货币贬值附加费

在货币贬值时，船方为保持其实际收入不致减少，按运价的一定百分比收取。

(8) 滞期费

集装箱运输中如货主未在规定的免费期内前往承运人的堆场提取货箱，或去货运站提取货物，承运人对超出的时间向货主收取滞期费。一般，整箱货的免费堆存期从货箱下船时起算，其中不包括星期天、节假日。这一免费堆存期视不同港口的规定，习惯上有 2 天、3 天、5 天、7 天不等。滞期费按天计算，一旦进入滞期时间，便连续计算天数，即在滞期时间内若有星期天、节假日，则星期天、节假日也应计入滞期时间。

不同货箱的免费堆存期也有所不同，冷藏箱、散装液体箱的免费堆存期比干货箱要短，卸船后要求收货人尽快提取，如有的规定为 24h，也有的为 48h，超出规定时间，则计收滞期费。应注意的是，在规定的免费堆存期内如货主没有提取货箱，承运人有权将货或箱子另行处理，费用和责任由货主自负。

对于拼箱货，在货运站规定的免费堆存期内，收货人未前来提取货物，承运人对超出免费堆存期的时间按运费吨向货方收取滞期费。

(9) 延期费

如货主所使用的箱子和有关设备为承运人所有，而货主又未能在免费使用期届满后将箱子或有关设备归还给承运人，或送交承运人指定地点，承运人按规定对超出时间向货主收取延期费。

小贴士

拼箱货不能接受货主提出的有关选港或变更目的港的要求。所以，也没有拼箱货的选港附加费和变更目的港附加费。

例 7-1

一批货物为女式皮鞋，共计 10 立方米，采用集装箱拼箱方式运输，从宁波出运至汉堡，费率为 USD3/CBM（USD 表示美元，CBM 表示立方米），应收多少海运运费？

解： 本例中计费体积为 10 立方米，费率为 3 美元/立方米，则

运费=计费体积×费率=10×3 = 30（美元）

答：货主需要支付海运运费 30 美元。

想一想：某自行车配件，实装 40ft 箱内尺码 50m³，重量吨 40t，基本费率为 USD69W/M，燃油附加费为 USD10/RT，货币贬值费为 8%，应收多少海运运费？

二、整箱货的海运运费计算

（一）按包箱费率计算运费

在整箱货运输中，大多数公司已采用以箱为单位的计费方式，实行包箱费率（Box Rates），将包箱费率乘以整箱个数得出基本运费，再加上附加费，即得到应收运费的金额。公式为：运费=包箱费率×箱量+附加费。这常用于集装箱整箱交货的情况，即 CFS—CY 或 CY—CY 条款。常见的包箱费率有以下三种表现形式。

1. FAK 包箱费率（FREIGHT FOR ALL KINDS）

对每一集装箱不细分箱内货类，不计货量（在本箱型规定的重量限额之内），只按箱型统一规定的费率计费。采用这种费率时除普通货物外，货物还分为一般化工品、半危险货物、危险货物和冷藏货物 4 类。不同类的货物，不同尺度（20ft/40ft）的集装箱费率不同。这种费率在激烈竞争形势下，受运输市场供求关系变化影响较大，变动也较为频繁。一般适用于短程特定航线的运输和以 CY—CY、CFS—CY 方式交接的货物运输。

2. FCS 包箱费率（FREIGHT FOR CLASS）

按不同货物等级制定的包箱费率，集装箱普通货物的等级划分与杂货运输分法一样，仍是 1～20 级，但是集装箱货物的费率级差远小于杂货费率级差，一般低级的集装箱收费高于传统运输，高价货集装箱低于传统运输；同一等级的货物，重货集装箱运价高于体积货运价。可见，船公司鼓励人们把高价货和体积货装箱运输。在这种费率下，拼箱货运费计算与传统运输一样，根据货物名称查得等级，计算标准，然后去套相应的费率，乘以运费吨，即得基本运费。

3. FCB 包箱费率（FREIGHT FOR CLASS 或 BASIS）

这是按不同货物等级、货类以及计算标准制订的费率。使用这种费率计算基本运费时，要查清货物的类别等级、计算标准及交接方式、集装箱类别来确定每只箱子的运费。中远运价本中在中国—卡拉奇等航线上采用这种费率形式。应当说明的是集装箱货物海运运费除按运价本中费率表计算外，还应在使用前仔细了解，以免引起纠纷。

例 7-2

有一批手动工具须用集装箱从青岛运往英国兰凯斯特（Lancaster），重量为 32.4t，尺码为 45.5m³，采用 CY/CY 条款，订舱 1×40ft，货主需要为该批货物支付多少运费？

（1）查货物分级表，知该货物属 10 级，W/M。

（2）查中国—欧洲航线费率表，知 10～11 级货物拼箱运价为 USD130/FT（FT 指运费吨，又称计费吨 RT），整箱运价为 USD2050/20ft，USD3900/40ft。

（3）附加费率表显示燃油附加费为 20%。

本例中货物的体积和重量适用一个 40ft 集装箱，则

基本运费＝箱量×包箱费率＝1×3900＝3900（美元）

附加费＝基本费率×附加费率＝3900×20%＝780（美元）

运费＝基本运费+附加费＝3900+780＝4680（美元）

（二）按最低与最高运费计算

由托运人自行装箱整箱托运的情况下，托运人除了可以按包箱费率计算支付海运运费外，也可以采用按普通杂货班轮的海运运费计算办法，即根据装入箱内不同等级的商品及相应的航线费率来计算整箱货物的海运运费。但是海上国际集装箱运输与普通船海上运输在运费的计算上是有很大差别的，其中最主要的区别是海上国际集装箱运费有最低运费和最高运费。

1. 海上国际集装箱最低运费的计算

船公司规定最低计费吨的目的在于，如果货物是由货主自己装载的，在货物由托运人自行装箱整箱托运，而又按照普通杂货班轮运费的办法计算集装箱运费时，如果箱内所装货物没有达到规定的最低装箱标准，应按集装箱的最低运费吨（计费吨）计算运费。

现有某一 20ft 干散集装箱，内装有电器，尺码吨为 19m³，重量吨为 15t，费率 USD18.5M，燃油附加费 USD5/RT，最低计费吨 21.5，求运费。

运费＝（18.5+5）×21.5＝505.25 USD

如果集装箱内装载的是一种以上的货物，箱内所装的货没有达到所规定的最低运费吨时，货物体积或重量与最低运费吨之间的差额部分，托运人应支付"亏箱运费"，以确保承运人的利益。

最低运费＝实装货物全部运费+亏箱运费

亏箱运费＝最低的亏箱额×箱内货物计费高的货物费率

例 7-4

某一 20ft 干散集装箱，其最低运费吨为重量吨 17.5t，尺码吨 21.5m³；箱内载有三种货物。

（1）电器：尺码吨为 9m³，重量吨为 5t，费率为 USD 28M；

（2）纺织品：尺码吨为 5m³，重量吨为 6t，费率为 USD 25W；

（3）小五金：尺码吨为 3m³，重量吨为 4t，费率为 USD 30W。

求该集装箱货物的总运费。

对箱内所装货物进行分析，见表 7-2。

表 7-2 分析表

货 类	尺码吨/m³	重量吨/t	费 率	运费吨（m³或t）	运费/USD
电器	9	5	USD 28M	9	81
纺织品	5	6	USD 25W	6	150
小五金	3	4	USD 30W	4	120
共计	17	15			
该箱最低运费吨	21.5	17.5			
亏箱额	4.5	2.5			

亏箱运费=2.5×30=75USD

总运费=81+150+120+75=426 USD

2. 海上国际集装箱最高运费的计算

最高运费的计收只出现在集装箱整箱货运输情况下。其含义是，即使货主实际装箱的货物尺码吨超出箱子规定的计费吨，承运人仍按箱子所规定的计费吨收取运费，超出部分免收运费。由于整箱装载的货物可能分属不同运费等级，如果一个集装箱内出现多种货物混装，则免收运费的部分应从运价等级最低的货物开始计算。其目的，一是为了鼓励托运人采用集装箱运输方式；二是为了鼓励托运人在装箱积载时充分利用集装箱的内容积，多装载货物。

小贴士

- 最高运费吨只适用于以体积吨为计算单位的货物，不适用于以重量吨为计算单位的货物。如果在运输与装载过程中货物重量超过额定载重量会损坏集装箱，不应当鼓励托运人在装箱积载中有超重的行为。
- 在集装箱海运运费的计算中，船公司通常都为各种规格和类型的集装箱规定了一个按集装箱内容积折算的最高计费吨（一般习惯按箱子内容积的85%计算）。
- 一只20ft通用集装箱最多可装货约31m³，一只40ft通用集装箱可装货约67m³。

例 7-5

一只40ft的HQ型集装箱内装A、B、C三种货物（属同一货主FCL货），分别属中国远洋运价表中的第5、8、15级货。查该集装箱所走航线的费率分别为：5级货USD85/R.T.，8级货USD100/R.T.，15级货USD130/R.T.。已知A、B、C的重量分别为10MT、9MT和8MT，相应的体积分别为15m³、20m³和40m³，求此集装箱的运费（中国远洋运价表中规定40ft高箱的最大尺码吨为67CBM）。

对箱内所装货物进行分析，见表 7-3。

表7-3 分析表

货 物 名 称	体积（CBM）	重量（MT）	货 物 等 级	费　率
A	15	10	5	85
B	20	9	8	100
C	40	8	15	130
合计	75	27		

C 货物运费：40×130=5200USD
B 货物运费：20×100=2000USD
A 货物运费：[67-(40+20)]×85=595 USD
该集装箱运费=5200+2000+595=7795 USD
由于最高运费吨的规定，使 A 货免掉了 $8m^3$ 的运费（8×85=680 USD）。

例 7-6

一批五金配件，尺码吨大于其重量吨，实际装入 40ft 集装箱内的尺码为 $57.5m^3$，运价本基本费率 USD75W/M，燃油附加费 USD5/RT，港口附加费 6.4%，船公司规定的最高运费吨为 40ft 箱 $55m^3$。求这批货物应付运费是多少？

本例要运用最高运费吨的计价标准。
货量 $57.5m^3$ > 最高运费吨 $55m^3$，则按 $55m^3$ 计算运费：
基本运费=55×75=4125（美元）
附加费=燃油附加费+港口附加费=55×5+4125×6.4%=275+264=539（美元）
运费=4125+539=4664（美元）

任务三　陆运集装箱运费分析

想一想：为适应市场需要，铁道部在全国各集装箱间实行"一口价"运输。什么是"一口价"？"一口价"代表什么？

一、铁路集装箱运输运费分析

1. 铁路集装箱运输"一口价"解释

集装箱运输"一口价"是指集装箱自进入发站货场至出到站货场铁路运输全过程各项价格的总和，包括门到门运输取空箱、还空箱的站内装卸作业，专用线取送车作业，港站作业的费用和经铁道部确认的集资货场、转场货场费用。集装箱一口价按发到站分箱型列明于《集装箱运输一口价表》中。

学习情境七　集装箱运输运费分析

> **知识链接**
>
> 托运人在发站托运时，一次起票，一次收费；收货人在到站提箱和送回空箱时，一次起票，一次收费，只要不出现货主原因的延期取货等问题，就不再交纳任何费用，铁路运输各环节不管发生什么费用，均由集装箱中心负责铁路内部清算。

2. 铁路集装箱运输"一口价"组成

集装箱运输一口价由发站费用、到站费用和铁路运输收入 3 部分组成。

① 铁路运输收入：铁路运输收入包含国铁运费、国铁临管运费、铁路建设基金、特殊加价、电气化附加费，以及铁道部规定核收的代收款（如合资铁路和地方铁路的通过运费、铁路集装箱使用费或自备集装箱管理费等）。

② 发站费用：发站费用包括组织服务费、集装箱装卸综合作业费、护路联防费、运单表格费、签表格费、施封材料费等。

③ 到站费用：到站费用包括到站集装箱装卸综合作业费、铁路集装箱清扫费、护路联防费。

不包括下列费用：
① 要求保价运输的保价费用；
② 快运费；
③ 委托铁路装掏箱的装掏箱综合作业费；
④ 专用线装卸作业的费用；
⑤ 集装箱在到站超过免费暂存期间产生的费用；
⑥ 托运人或收货人责任发生的费用。

3. 铁路集装箱运输"一口价"计算

例 7-7

表 7-4 为深圳某物流公司发往部分地区的铁路集装箱运价表，表 7-5 为我国铁路各型通用集装箱尺寸。

表 7-4　铁路集装箱运价表

到站	箱重	价格（元）	到站	箱重	价格（元）	到站	箱重	价格（元）
广安门	10 吨	3879.87	滨江西	10 吨	4731.11	上海西	10 吨	3356.49
	20 尺	5964.00		20 尺	7582.42		20 尺	5005.31
天津南	10 吨	3877.37	牡丹江	10 吨	4959.38	南星桥	10 吨	3203.45
	20 尺	5959.70		20 尺	8016.13		20 尺	4745.45
太原东	10 吨	3824.76	汉西	10 吨	2960.95	北桥	10 吨	3353.89
	20 尺	5977.78		20 尺	4330.02		20 尺	5032.81

187

表 7-5　我国铁路各型通用集装箱尺寸

箱　型		外部尺寸（mm） 长×宽×高	内部尺寸（mm） 长×宽×高	容积（m³）
中型	10t	3070×2500×2650	2921×2402×2396	16.81
标准型	20ft	6058×2438×2591	5898×2352×2393	33.2
		6058×2438×2591	5898×2352×2393	33.2
		6058×2438×2591	5903×2371×2417	33.8

例 7-8

一批小家电 16m³ 须从深圳发往牡丹江，采用 2 个 10t 铁路集装箱运输，问应收多少铁路集装箱运费？

解：深圳至牡丹江的运价为 4959.38 元，则

运费=4959.38×2=9918.76（元）

答：需要收取 9918.76 元运费。

小贴士

下列运输不适用集装箱一口价，仍按常规计费规定计费：

1. 集装箱国际铁路联运；
2. 集装箱危险品运输（可按普通货物条件运输的除外）；
3. 冷藏、罐式、板架等专用集装箱运输。

常规计费就是以"箱"为单位，按照使用的箱数和"铁路货物运价率表"中规定的集装箱运价率计算。

集装箱货物每箱运价=发到基价+运行基价×运价里程

二、公路集装箱运费分析

（一）公路集装箱运费组成

1. 公路集装箱运输计费箱型

集装箱汽车运输运费以不同箱型的基本运价为基础计算，对于超出了标重的集装箱和非标准箱，都要在规定的运费上实行加价，箱型的确定是集装箱汽车运输收费的基本要素之一。按照 ISO 标准和我国国家标准的规定，集装箱的计费箱型主要有以下几种。

① 国际集装箱的计费箱型：20ft 和 40ft 箱型。

② 非标准箱型：外形尺寸超过标准箱型的集装箱，如超高、超宽、超长及特殊用途的

集装箱。

2. 公路集装箱运输计费里程

① 计费里程的计算：国际集装箱汽车运输的长途和市内营运里程，由省、自治区、直辖市交通厅（局）核定，未经核定的里程，由承托双方协商测定。计费里程包括运输里程和装卸里程。运输里程按装箱地点至卸箱地点的实际里程计算。装卸里程按发车点至装卸箱点往返空驶里程的50%计算。

② 起码计费里程：计费里程以公里为单位，以五公里为起码计费里程，递进计算，尾数不足一公里的按一公里计算。

③ 包干计费里程：在进行国际集装箱的批量运输或同一地区、同一线路内进行多点运输时，为简化里程计算，可以根据不同运次的运送里程差异计算综合平均运距，作为每次运输距离，即平均运距就是包干计费里程。包干计费里程一般用于港口区域至城市区域内的多点运输。每批运输量不大时，不使用包干计费里程。

3. 运价类别

集装箱公路运输运费由基本运价、箱次费和其他费用构成。

（1）国际集装箱基本运价

基本运价指集装箱专用汽车载运国际集装箱在长途营运线路上运输一般货物的运价。

（2）以重箱为计价基础的运价计算

① 单程重箱：按国际集装箱汽车运输基本运价计算。

② 双程重箱：去程和回程都是重箱，可适当在基本运价基础上进行优惠，减免10%或20%。

③ 一程重箱，一程空箱：按一程重箱计费，遇有空箱运输里程超过重箱运输里程的非对流运输部分按重箱运价计算。

④ 单程空箱：按基本运价收费。

⑤ 双程空箱：较长一程的空箱按单程重箱计算。

（3）箱次费

加收的箱次费根据不同要求按不同箱型分别确定。

（4）其他费用

其他费用包含了车辆延滞费、车辆装箱落空损失费、过渡费、计箱装卸费、装卸机械延滞费、掏装箱费、人工延滞费、集装箱堆存费、货物堆存费、清洗费、熏蒸费、箱体修理费、服务手续费等。

（二）公路集装箱运费计算

重（空）集装箱运费=重（空）箱运价×计费箱数×计费里程+箱次费×计费箱数+货物运输其他费用

永康公司的一批五金配件须用 2 个标箱,用公路集卡运到宁波,基本费率是:20 英尺集装箱,7 元人民币/(箱·公里);40 英尺集装箱,9 元人民币/(箱·公里)。假设永康至宁波 300km,另收取过路过桥费人民币 500 元,问应支付多少费用?

解: 根据本例的具体情况,得

运费 = 运价×箱数×里程 + 报关费 = 7×2×300+500 = 4700(元)

答: 须支付人民币 2900 元。

任务四 空运集装箱运费分析

小李接到客户的咨询电话,有一批药品 300 箱,需要装集装箱空运,从厦门运到英国伦敦希斯罗机场,要求小李告知具体费用组成。空运集装箱运价表和海运集装箱运价表有较大区别,小李该如何报价?

一、航空集装箱货物运价类型

1. 指定商品的集装货物运价

指定商品运价是指适用于自规定的始发地至规定的目的地运输特定品名货物的运价。通常情况下,指定商品运价低于相应的普通货物运价。就其性质而言,该运价是一种优惠性质的运价,在计算航空运费时,应优先考虑指定商品运价。

使用指定商品运价,对货物的起讫点、运价使用期限、货物运价的最低重量起点等均有特定的条件。在 TACT RATES BOOKS 的 SECTION 2 中,根据货物的性质、属性以及特点对货物进行分类,共分为 10 个大组,每一大组又分为 10 个小组,同时,对其分组形式用 4 位阿拉伯数字进行编号,该编号即为指定货物的品名编码。具体报价见表 7-6。

表 7-6 指定商品的集装货物运价

type	note	item	Min weight	Local currency
PERTH(珀斯) AUSTRALIAN	WA		AU AUD	PER KGS
BEIRUT(贝鲁特)			M	120.00
			N	10.55

续表

type	note	item	Min weight	Local currency
			45	8.00
		0006	100	3.00
/C		0600		2.00
2/B		0600	4200	8500.00
5/B		0600	3800	7500.00
8/B		0600	1200	3500.00

2. 普通货物的集装货物运价

这是指适用于除指定商品以外的所有货物集装器运输的运价。

二、常用的集装器运价种类代号

在运价表的使用中，常用的集装器运价种类代号如下。

① date/type 项下如果是"数字（数字字母）"或"数字（数字字母）/字母"，如 5（5A）或 8（8C）/C，则表示集装货物运价。前面的数字（数字字母）代表集装器运价种类代号，关于每个数字（数字字母）所代表的集装器的描述，可查阅 TACT RULES3.10.8。常用的"/"后的字母如下。

A—PIVOT RATE OR CHARGE PER KG，表示该类集装器最低收费时的运价，即该类集装器的最低运费由"该运价乘以最低计费重量"获得。各类集装器的"最低计费重量"（PIVOT WT.）公布在 TACT RATES4.2。

B—FIRST MINIMUN CHARGE—MINIMUM WEIGHT，表示该类集装器的第一个最低运费。

C—FIRST OVER PIVOT RATE PER KG，表示超过最低计费重量部分的重量费率。如果货物重量大于 PIVOT WT.，除了最低运费外，超出的费用应由"超出 PIVOT WT."部分的重量乘以该 FIRST OVER PIVOT RATE PER KG 获得。

H—FLAT CHARGE—MINIMUN CHARGE OR NO WEIGHT，表示该类集装器规定最低重量或没有规定最低重量时的固定收费。

I—FLAT CHARGE—MAXIMUM WEIGHT，表示该类集装器规定最高重量时的固定收费。

② 在运价表的 item 项下如果公布有指定商品品名编号，则该集装货物运价仅适用于该项指定商品的集装运输，而不适用于其他货物运输的运费计算。

③ 使用集装货物运价计算航空运费的货物，其航空货运单运费计算栏中"RATE CLASS"的代号有"U"、"E"、"X"。

U—集装货物最低运费活运价。

E—集装货物附加运价。

X—集装货物附加信息。

三、航空集装器运费计算

1. 航空集装器运费计算步骤

① 确定集装器运价种类代号。根据集装器的航协代号或尺寸,确定集装器运价适用种类代号。

② 计算最低运费。有些直接给出最低运费(B),有些需要计算。计算时首先确定集装器最低计费重量,用于计算最低运费。集装器的最低运费由"相应运价乘以最低计费重量"获得。各类集装器的"最低计费重量"(PIVOT WT.)可查阅 TACT RATES4.2

③ 计算超出部分运费。如果货物重量大于最低计费重量,则超出的费用由超出最低计费重量部分乘以"/C"报价获得。

④ 航空集装器运费为最低运费与超出部分运费之和。

计算运费时,货物计费重量不包括集装器自重。

2. 航空集装箱运费计算

例 7-10

BJS-LON
Commodity: Medicine
Gross Weight: 2600.KGS
Amount:300CTNS
ULD 识别号码:UAK11222CA;
ULD 运价类别:5
ULD 自重:190.0KGS
PIVOT WT:2000.0KGS
5/A   2.43CNY/KG
5/C   1.69CNY/KG
求航空运费报价。

解:根据本例的具体情况,得

运费=最低收费运价×最低计费重量+超过最低计费重量部分的重量费率×超过的重量
=2.43×2000+1.69×(2600−2000)=5874(元)

答:须支付人民币 5874 元。

1. 请核算航空集装箱运输运费

Routing: BJS-NYK
Commodity: PARTS
Gross Weight: 4000.KGS
Amount:250CTNS
ULD 识别号码：AKE0060CA
ULD 运价类别：8
ULD 自重：70.0KGS
PIVOT WT:3050.0KGS
8/B　2500CNY/KG
8/C　2.30CNY/KG
求航空集装箱运费报价。

2. 请核算铁路集装箱运输运费

沈阳站发塘沽站显像管一批，使用一个企业自备 20ft 集装箱装运，计算应核收的运杂费（非一口价）。查《运价里程表》可知两站的最短径路为运价里程 682km；由《运价率表》得知发到基价为 219.00 元/箱，运行基价为 1.0374 元/（箱·公里），求铁路集装箱运费报价。

3. 请核算公路集装箱运输运费

厦门永盛公司的一批电子配件须用 6 个 40ft 集装箱，用公路集卡运到扬州，基本费率是：20ft 集装箱，7 元人民币/（箱·公里）；40ft 集装箱，10 元人民币/（箱·公里）。假设厦门至扬州 1170km，另收取过路过桥费人民币 500 元，求公路集装箱运费报价。

4. 请核算海运集装箱运输运费

上海运往肯尼亚蒙巴萨港口一批"门锁"（小五金）。共计 100 箱。每箱尺寸为 20cm×30cm×40cm，每箱重量为 25kg，燃油附加费为 40%，港口拥挤附加费为 10%，求海运集装箱运费报价（表 7-7）。

表 7-7　海运集装箱班轮运价表

货　　名	计 算 标 准	等级（CLASS）	费率（RATE）
农业机械	W/M	9	404
棉布及棉织品	M	10	443
小五金及工具	W/M	10	443
玩具	M	20	1120
基本港口：路易斯（毛里求斯）、达尔斯萨拉姆（坦桑尼亚）、蒙巴萨（肯尼亚）			

5. 请核算海运集装箱运输运费

某个 20ft 干散集装箱，箱内装有以下货物。
电器：重量吨 6t，尺码 8m³；
轻工制品：重量吨 4t，尺码 3m³；
小五金：重量吨 5t，尺码 4m³。
该箱最低运费吨：重量吨 18t，尺码 21m³。已知运费率 USD120M/130W。
已知亏箱运费=最低亏箱额×箱内货物计费高的货物费率。求海运集装箱运费报价。

6. 请核算海运集装箱运输运费

某 40ft 干杂货集装箱的最高计费吨是 50m³，而实际装载的货物为 55m³，其中：杂货重量吨为 15t，尺码吨为 20m³，费率为 20USD；小家电重量吨为 12t，尺码吨为 10m³，费率为 24USD；钢板重量吨为 32t，尺码吨为 25m³，费率为 15USD。
求海运集装箱运费报价。

7. 自测题

（1）班轮运价表中，按商品 FOB 价格的一定百分比计算运费的表示方法是_____。
A．W/M　　　　B．Ad.Val　　　　C．OPEN　　　　D．FOB%

（2）不同的商品应按何种计费标准计算运费的规定在运价表中都能用各种符号表示。如某商品可按商品的毛重和体积计算运费，但海运费选择其中运费较高者收取，可以表达这一规定的符号为_____。
A．W　　　　B．M　　　　C．W/M　　　　D．Ad.Val

（3）托运人要求承运人将其托运的货物从装船港装船后，不经过转船而直接运抵航线上某一非基本港时所增收的附加费为_____。
A．转船附加费　　B．直航附加费　　C．燃油附加费　　D．港口附加费

（4）由于港口拥挤，船舶抵港后可能要长时间等泊，为补偿船期严重延误的损失而增收的附加费为_____。
A．直航附加费　　B．燃油附加费　　C．港口附加费　　D．转船附加费

（5）厦门某公司向日本出口鸡肉 23 吨，共须装 1200 箱，每箱毛重 0.02 吨，每箱体积为 0.01 立方米。该货物对应的厦门至神户航线的运价为 100 美元/运费吨，计费标准为 W/M，该票货物的总运费额应为_____。
A．1200 美元　　B．2300 美元　　C．2400 美元　　D．3600 美元

（6）采用 Door—CY—CY—Door 的运输方式，应该收取的费用不包括_____。
A．出口地集散运输费　　　　　　B．堆场服务费
C．拆箱服务费　　　　　　　　　D．进口地集散运输费

（7）铁路集装箱运输"一口价"所涉及的费用不包括_____。
A．发站费用　　B．到站费用　　C．铁路运输收入　　D．专用线装卸作业

（8）航空集装器运费规定"最低重量或没有规定最低重量时的固定收费"运价种类代号为_____。
A．A　　　　B．B　　　　C．H　　　　D．I

学习情境八
集装箱运输事故处理

 **教学分享**

学习目标：

集装箱运输作为一种新的运输方式，给托运人和承运人带来诸多便捷，但是，装在集装箱内的货物也会遇到运输过程中海上和陆上的各种危险。利用密闭的集装箱进行门到门运输，人们将会遇到以前件杂货运输中很少会遇到的"潜在性破坏"和"不易被人发现的损坏"。本学习任务需要掌握各种集装箱运输方式下的事故类型以及分析集装箱的货损事故，并及时进行集装箱货损事故处理。

在完成本学习情境的学习后，学生应当能够：

① 了解集装箱运输方式下的事故类型；
② 分析集装箱货损事故的责任期间；
③ 掌握集装箱运输过程中承运人的主要责任；
④ 运用所学知识，及时处理海运过程中的集装箱货损事故；
⑤ 运用所学知识，及时处理铁路联运过程中的集装箱货损事故；
⑥ 运用所学知识，及时处理公路转运中的集装箱货损事故；
⑦ 运用所学知识，及时处理空运过程中的集装箱货损事故。

教师在教授本学习任务时，应把握的知识重点包括：集装箱运输方式下的事故类型、集装箱运输过程中承运人的主要责任以及货损事故处理流程。技能重点包括：及时判断和处理各种集装箱运输方式下出现的货损类型和责任归属。

教学方式方法：

建议采用讲解、体验式教学（包括视频资料学习、参访集装箱运输企业、网络资源学习等）、独立工作、小组讨论和角色扮演等方式方法。

学习环境要求：

学习场地： ① 多媒体教室；
② 集装箱运输企业。

集装箱运输管理

学习资料：① 案例资源——典型集装器运输案例；
② 视频资源——Flash 动画视频资料。

 **教学评价：**

① 能够根据实际业务分析集装箱运输责任期间（教师评价）。
② 能够根据集装箱运输实际情况判断实际出现的货损类型（教师评价）。
③ 能够根据集装箱运输实际情况判断实际出现的货损责任归属（教师评价）。
④ 能够独立完成集装箱货损事故处理流程（小组评价、教师评价）。
⑤ 完成本情境任务过程中的团队合作能力和学习态度（个人自评、小组评价）。

情境导入

厦门市制药厂通过厦门外贸公司从奥地利进口拉丝机设备一套，分装 4 只集装箱，箱号为 6077639、2330820、4013642、4010772。上述集装箱由 S 远洋运输公司（简称船公司）所属"商城"轮于 2014 年 12 月 6 日运抵厦门港集装箱装箱公司码头卸货，该轮的舱单及提单均载明集装箱系货主箱，提单所载条款为 CY-CY，FCL。卸货时由于岸吊的故障，其中一个集装箱 2330820 从高空坠下，跌落在码头，箱内货物损坏。经 CCIC 检验，收货人损失 12 万美元。这种事故是谁的责任？

● 认识集装箱运输事故类型。
● 分析集装箱货损责任。
● 及时处理集装箱货损事故。

任务一　认识集装箱运输事故类型

 想一想： 下面的事故属于哪类纠纷？

厦门锐达公司出口 30 万美元的皮鞋，委托集装箱货运站装箱出运，发货人在合同规定的装运期内将皮鞋送货运站，并由货运站在卸车记录上签收后出具仓库收据。该批货出口提单记载 CY-CY 运输条款、SLAC（由货主装载并计数）、FOB 价、由国外收货人买保险。国外收货人提箱时箱子外表状况良好，关封完整，但打开箱门后一双皮鞋都没有。

集装箱运输纠纷可能由承运人因经营管理不善、意外、过失等原因造成对货方的损失所引起，也可能因货方的原因造成对承运人的损失所引起，总的可分为以下几大类。

一、货物灭失事故

1. 交通事故造成货物灭失

集装箱交付承运人后装上指定的运载工具进行运输，此时承运人往往无法直接掌控运输工具，可能由于承运人的运输发生事故，如船舶沉没、触礁，飞机失事，车辆发生交通事故等，使得货物连同运输工具一起灭失。而上述交通事故既可能是由于无法避免的风险，如突如其来的恶劣气候、其他车辆的过失等所造成的；也有可能是由于承运人的过失造成的，如车辆或船舶等在出行前就存在不安全因素、不适航状况等，导致在途事故的发生；或是因为承运人所雇佣的驾驶人员的过失引起碰撞、倾覆或飞机失事。因此，对交通事故引起的货物灭失，承运人承担的责任往往根据实际情况不同而大小不一。

2. 因政府法令禁运和没收、战争行为造成货物灭失

目前，世界局部地区战争还时有发生，战争的突发会造成民用运输工具被误伤而导致货物的灭失。另外，有些国家为保护本国的动植物和人类的卫生状况而对到境的货物实施没收和禁运。有些国家发生了禽流感和疯牛病，为了防止疫情的扩散、传播，未发现疫情的国家就通过政府法令没收有关货物，造成货物的全部灭失。

2014年11月16日，荷兰乌得勒支省发生高致病性禽流感。2014年11月17日，英国约克郡发生高致病性禽流感。为防止高致病性禽流感传入我国，保护我国畜牧业安全和人体健康，根据《中华人民共和国进出境动植物检疫法》等有关法律法规的规定，现公告如下：

一、禁止直接或间接从英国、荷兰输入禽类及相关产品，停止签发从英国、荷兰进口禽类及相关产品的《进境动植物检疫许可证》。

二、自本公告发布之日起启运的来自英国、荷兰的禽类及相关产品，一律做退回或销毁处理。

三、禁止邮寄或旅客携带来自英国、荷兰的禽类及相关产品进境，一经发现，一律做退回或销毁处理。

四、在途经我国或在我国停留的国际航行船舶、飞机和火车等运输工具上，如发现有来自英国、荷兰的禽类及相关产品，一律做封存处理；其交通员工自养自用的禽类，必须装入完好的笼具中，其废弃物、泔水等，一律在出入境检验检疫机构的监督下做无害化处理，不得擅自抛弃。

五、对海关、边防等部门截获的非法入境的来自英国、荷兰的禽类及其产品，一律在出入境检验检疫机构监督下做销毁处理。

虽然相关法律中允许货物退回，但在实际情况中，往往考虑到退回也同样无法处理，因而采取销毁的比例较高。货主会由此遭受货物全部灭失的损失。造成这类货物灭失的原因往往是相关人员都无法控制的。

3. 因盗窃造成货物灭失

货物处于承运人掌控时，因涉及的环节较多，其间可能遭受偷盗致损。

4. 承运人管理过失造成货物灭失

由于装运积载不当，货物毁损、集装箱落海也是货物灭失的重要原因之一。另外由于管货的过失，如相关手续混乱造成错装错卸，使一部分货物无法交给正确的收货人也被视为灭失。

例8-1

某巴拿马籍集装箱船在深圳港盐田 4 号锚地锚泊时发现装载在主甲板中前部 BAY 位号为 311482 的集装箱(内装 5.2 类桶装危险品)发生冒烟燃烧。原因是运输过程中货物发生挤压、碰撞、倒塌等情况，导致包装桶破损，桶内货物泄漏，当遇到金属等还原物质时，发生反应不断放热，热量积聚到燃点，引起火灾。虽经紧急处置，火灾于 8 月 6 日被完全控制，未造成人员伤亡，但造成 10 个 20 英尺集装箱和 35 个 40 英尺集装箱全损，49 个集装箱内货物全损。

5. 故意行为造成货物灭失

由于承运人故意、恶意毁坏运输工具以骗取保险，从而造成所运货物全部灭失。而目前更多发生的，则是利用运输进行诈骗活动，或是利用单据骗取货物，令货主受损或承运人承担货物灭失的责任。

例8-2

香港消费者蔡先生电话委托深圳爱普司运输公司转运一批灯箱到香港。可是，时间已过去了一年，却至今未收到货物。深圳市消委会通过网络发现，根本没有该企业的登记资料，打电话过去，接电话的人根本不承认是该公司的人，曾经办理蔡先生转运业务的人也一口否认有此事，该公司的地址更无法查核。

二、货损、货差事故

① 集装箱装箱前已受损或已存在潜伏的致损因素。

例8-3

辉捷物流公司承运了装有某客户的一批出口小五金的 4 个 20 英尺集装箱，当箱子经过海上漫长的航行后最终交到收货人之手时，收货人发现仅有一个集装箱的货物完好无损，其他箱子中的货物表面都有不同程度的霉点和锈蚀。收货人当即与发货人交涉，将两个集装箱的受损较轻的货物做半价处理，然后将货物受损最严重的集装箱原箱退还，致使供货人直接损失 40 多万元人民币。在现场调查取证中未发现该箱子上有洞，没有箱外水分侵入箱内的证据，可以排除外水入侵。但是箱内却有大量水汽，因为箱门打开时发现箱顶水珠密布，箱子底板也是水渍严重。水分从哪里来呢？该批货物的包装木箱是为赶工期突击加工出来的，为赶工期没有严格按照工艺要求生产，加工这批木箱用的板材没有烘干到工艺要求以控制水分，从而造成水分蒸发，水汽冷凝，导致货物损失。

② 装卸作业受损。

例 8-4

2005 年 10 月 16 日，某轮在码头卸货时，由于工人操作不当，在集装箱底座未打开的情况下就起吊，导致 BAY02 左边舱盖及舱盖上的其他集装箱被连同吊起，造成舱盖上左边的装有 6.1 类联合国编号 2831、箱号为 CBHU3611495 的危险化学品集装箱坠落黄浦江，幸未发生对水域的污染事故。

③ 配载不当。如危险品箱没有按照隔离要求配装；在航程中没有注意管理货物，发现问题没有及时采取补救措施；未及时发现冷藏箱故障，或没有及时安排修理使货物受损等。

例 8-5

某轮第 1035 E 航次载运危险品集装箱进上海港。其中载有 2 箱曾经装运过联合国编号为 3252 的 2.1 类危险品二氟甲烷的罐柜。装载位置为 BAY250804 和 BAY25O8O6。罐柜虽为空罐，但未经清洗，有少许残液，将其视为普通货物进行配载，违反了国际危规积载要求，被查处。

④ 集装箱被超过安全装载负荷使用，堆装超过规定集中载荷，舱盖受压过大，引起运载货箱变形、堆装坍塌，甚至威胁到船舶和船员的安全。

⑤ 自然灾害。遭遇台风中心的金字塔浪、爆发性温带气旋等，当绑扎或操纵不当时就会引起这种损害。

例 8-6

2000 年 8 月 28 日，法国某公司承租的"达飞塔尼亚"轮在上海港满载待航，但是台风"派比安"即将影响上海。29 日上午引航员将船引至长江口锚地抛锚避风。从两天后下午 6 时发布的气象预报里，船长得知"派比安"已到达离锚地以南 100 n mile 处，推算台风中心将于午夜 2 时行经锚地，船长当即下令起锚，顺着规避台风的角度驶离锚地。计算"派比安"应在离船尾 40 n mile 处经过。直至次日下午 1 时，感觉到风力明显减弱。然而就在这时，海面突然涌出一阵怪异的巨浪，满载的巨轮随之连续发生三轮猛烈而反常的左右摇摆。随着甲板上发出的一阵惊天动地的断裂声，那整整齐齐码堆着的集装箱绷断了重重绑扎，成串坠入大海。至此，船长恍然大悟，他的船驶进了台风的"风眼"。事后经检查，船上先后有 119 个集装箱坠海灭失，其中 20 英尺集装箱 25 个，40 英尺集装箱 94 个。

三、货物延迟交付事故

因承运货物的交通工具发生事故，或者因承运人在接受搬运时未考虑到本班次载货能力而必须延误到下一班期才能发运，或在货物中转时因承运人的过失使货物在中转地滞留，或因承运人为自身的利益绕航而导致货物晚到卸货地。在航空货运中，经常会由于故障、天气原因和海关扣关等原因造成货物的延迟交付。

2011 年 6 月 29 日，西藏拉萨市甲电脑公司从上海科迪电信公司购得电脑整机、散件若干，购价 120 万元，用于装备拉萨市某大型公司的网络系统。2011 年 7 月 4 日，甲电脑公司与上海 A 长江航运公司签订了从上海到拉萨的集装箱联运合同。合同约定：该批集装箱由上海 A 长江航运公司负责全程运输，其路线为从上海装船，经长江运到重庆，然后从重庆经铁路运抵成都，再从成都改由公路运至拉萨，直到拉萨甲电脑公司仓库卸货。约定的到货时期为 2011 年 9 月 1 日。后因长江发生洪水，部分航道封航，直到 2011 年 9 月 25 日 A 电脑公司才收到这批货物。由于货物延迟送到，A 电脑公司将要承担对其客户的违约金 6 万元，于是甲电脑公司要求 A 航运公司承担这些损失。

四、单证事故

承运人未按时签发提单，或托运人未要求签发提单而造成托运人受损，承运人应托运人要求倒签、预借提单，从而影响收货人的利益，收货人在得知后向承运人索赔，继而承运人又与托运人之间发生纠纷；或因承运人（或其代理人）在单证签发时的失误引起承托双方的纠纷；此外也有因货物托运过程中的某一方伪造单证引起的单证纠纷。

任务二　分析集装箱货损的责任

 想一想：任务一厦门锐达公司出口皮鞋的案例中，皮鞋丢失应该是谁的责任呢？

一、分析责任

发生集装箱货损，从责任划分的角度分析，有托运人责任、承运人责任、第三方责任及自然风险。

① 托运人责任导致的货损。托运人责任导致的货损主要是由于货物的自然特性、潜在缺陷以及货物的包装、集装箱内货物积载不良等引起的。最典型的就是堆跺、大件、重件或孤件没有进行固定和系固（绑扎），使货物在箱内倒塌、移（滚）动，造成货物损坏，严重的还导致集装箱箱体受损等。还有危险品瞒报，不仅会造成货损，而且可能造成船毁人亡的灾难性事故。

② 承运人责任导致的货损。承运人责任导致的货损主要是指由于船方的不当行为造成的货损。比如，集装箱在船上积载不当。这种货损通常与大风浪的因素同时存在。因此，部分赔偿是肯定的。问题是如何举证船方已尽妥善、谨慎的管货义务，减轻赔偿的程度。

③ 第三方责任导致的货损。这通常是指码头或者转运方等对货物造成的损失，其中码

头最典型的就是装卸作业过程中的过失。在这种情况下，虽说是第三方责任，但是仍在承运人的责任期间，其仍然必须对托运人或收货人负责赔偿，只是承运人有权从责任方追偿。而转运方对货物造成的损失主要是货运站或第三方承运人，在装箱或运输过程中对货物造成损失，应该由货运站或第三方承运人负责。

④ 自然风险导致的货损。这主要是指船舶遭遇恶劣天气造成的后果，如大风浪的袭击等。这种情况下如果承运人能够证明已经妥善看管和照料货物，根据《海商法》和提单中的免责条款是可以拒绝赔偿的。但是常常由于船舶或代理疏忽，不能及时了解情况、报告、检验和备案，导致承运人陷入被动的局面。

二、集装箱运输承运人的责任期间

1. 海运运输承运人的责任期间

我国《海商法》第 46 条规定了承运人的责任期间。集装箱装运的货物的责任期间是从装货港接收货物时起至卸货港交付货物时止，货物在承运人掌管之间的全部期间。一是在时间上，明确从装货港接收货物时起，经过整个运输过程，到卸货港交付货物时止的一段时间。二是要求货物必须处于承运人掌管状态之下。集装箱货物运输的责任期间大于传统件杂货运输的责任期间。

2. 集装箱公路运输承运人的责任期间

根据我国《汽车货物运输规则》，承运人的责任期间，是指承运人自接收货物时起至将货物交付收货人时止，货物处于承运人掌管之下的全部时间。

对于集装箱货物，我国《集装箱汽车运输规则》规定，承运人的集装箱整箱货物运输责任期间，从收到整箱货物时起，到运达目的地，整箱货物交付收货人时止；集装箱拼箱货物运输责任期间，从收到拼箱货物时起，到运达目的地，拼箱货物交付收货人时止。

3. 铁路运输承运人的责任期间

参加集装箱货物运输的铁路，从承运货物时起至到站交付货物时为止，对货物运到逾期，以及因货物全部或部分灭失、重量不足、毁损、腐坏或其他原因降低质量所发生的损失负责。如由于铁路过失而使发货人或海关在运单上已做记载的添附文件遗失，以及由于铁路过失未能执行运送契约变更申请书，则铁路应对其后果负责。

4. 航空运输承运人的责任期间

根据我国于 1958 年和 1975 年参加的《华沙公约》和《海牙议定书》的规定，航空运输承运人的责任期间，是指货物交由承运人保管的全部期间，"不论在航空站内、在航空器上或在航空站外降停的任何地点"。但对于在机场外陆运、海运或者河运过程中发生的货物的灭失或损坏，只有当这种运输是为了履行航空运输合同，或者是为了装货、交货或转运时，承运人才予以负责。

三、集装箱运输承运人的主要责任

1. 承运人应谨慎而妥善地管理货物

承运人必须做到谨慎而妥善地管理货物。"妥善"是对承运人履行管理货物义务所能达到的客观标准，如按公司建立的综合管理体系来管理货物的运输，体系下有一套操作程序来保证货运的质量。"谨慎"是对承运人履行管理货物方面的努力程度提出的主观标准，就是在货运的各个环节中必须采取一切合理措施，防止和减少货损的发生。主要应做好以下几个方面。

（1）船舶适航

船舶适航是海上运输的首要条件。应遵照我国《海商法》第 47 条规定："承运人在船舶开航前和开航当时，应当谨慎处理，使船舶处于适航状态"。这里所指的"适航状态"，就是承运人应谨慎而妥善处理，在船舶开航前和开航当时，使船体状况良好，船舶设备处于良好工作状态；配备合格的船长、适任的高级船员和经过技能训练的船员；适当装备船舶和配备供应品；载货处所适于并能安全载运和保管货物。

（2）明确责任范围

承运人是指本人或者委托他人以本人名义与托运人订立海上货物运输合同的人，他对整个的货运安全负责。但实际完成货运的是一个团队，包括公司决策层、管理层、执行层和协作方。所以，要求这个团队中每一个成员都要知道承运人的责任范围，以及自己在这个运输链上的位置和职责，融入这个运输链中，完成自己的职责，提出防止货损的积极建议；通过环环相扣，安全、高质量地完成运输任务。承运人要做到谨慎而妥善地管理货物。首先要使货物在集装箱（拼箱货，或承运人代理人装箱）内得到良好的堆装、衬垫、隔离、固定和系固；要使集装箱在船舶上得到正确的积载，特别是危险品箱、冷藏箱、超高超宽超长货物箱、特殊要求货物箱、非标准货物箱等；要对集装箱装卸作业过程进行监督，避免野蛮作业现象发生；要跟踪集装箱运输的整个过程，并按照约定时间送达，不延误；船长要对集装箱在船期间尽到保管和照料的义务。如果是门到门运输条款，承运人还应对延伸的陆（水）路运输负责，并要求转运方谨慎而妥善地管理货物。

（3）《货物系固手册》的培训

必须为每艘船配备一本由船旗国主管当局批准的《货物系固手册》。此手册必须是最新的，使用船员都懂的工作语言，要求所有船上人员熟悉它。船长必须保证新上船人员得到现场培训，此项培训可以由大副来完成。《货物系固手册》规定了集装箱在船上各种情况下的系固（绑扎）要求，将指导船上人员和码头系固（绑扎）工人如何进行集装箱的系固（绑扎）工作。

（4）履行告知义务

封闭性集装箱在托运人及其代理装箱后，承运人是无法看到箱内积载的状况的。因此，承运人或其代理应经常与托运人或其代理进行沟通，并适时察看装箱情况，就货物积载中的堆装、衬垫、固定、隔离和系固情况进行交流，以达到最好的积载效果，保证货运的质量。而开放性集装箱（指框架箱、平板箱、开顶箱等）装载的都是大件、不规则货物或特殊的货物，因此承运人或其代理人必须在经过装港、卸港的接受确认（对于中转货物，还须经中转港及其他相关内陆联运部门的接受确认）后才能接受订舱。在订舱时应明确告知托运人或其代理人对货物系固（绑扎）的要求。在出运前，所有装入框架箱、平板箱、开顶箱等特殊箱的货物，不论是否超尺寸，都要向托运人索要货物系固合格证书原件，包括绑扎件、紧固件等破断力和安全负荷证书（不论是否要到，索要的函电必须保存）。承运人或其代理人（船长）在对本航次海况的预见和对开放性集装箱货物包装及积载情况的观察及评估中，应履行谨慎注意和告知托运人或其代理人进一步采取加固措施的义务。否则，承运人应对货物损失承担相应的赔偿责任。

(5) 船长的专业判断

船长（大副）在船舶靠泊后，首先要查验由托运人或其代理人提供的系固合格证书，然后在船舶代理的陪同下，到前沿堆场查验开放性集装箱装载的大件或特殊货物的系固（绑扎）情况。

如果系固合格证书与现场观察情况不符，船长应拒绝将货物装船。船舶代理应立即通知托运人或其代理重新系固（绑扎），直到符合证书上的各项指标为止。如果没有系固合格证书（大多数情况下是不会得到的），那么，船长将根据自己的专业判断，如发现不符合海上运输的要求，必须坚决拒绝将货物装船。船舶代理应立即通知托运人或其代理人，要求重新（加强）系固（绑扎），直到船长的专业判断确认货物的系固（绑扎）符合海上运输的要求后方可装船。此种判断可能会产生一些误差，但是只要不超出普遍认可的范围，将不会影响它的权威性。当然，只要时间许可，通过计算得出的结论是最好的。

2. 承运人应谨慎和妥善地看管和照料货物

我国《海商法》第 35 条规定："船长应当采取必要的措施，保护途中船舶和在船人员、文件、邮件、货物以及其他财产"。保护货物就是对货物的看管和照顾的行为。货物在船期间船长要针对不同货物的特点，采取相应的措施，防止货物发生损失和损坏。

(1) 完好的系固（绑扎）系统

集装箱的系固（绑扎）是一项系统工程，必须保持它的完好性。

① 定期检查所有的系固（绑扎）用具，一旦发现有缺陷的用具，立即将其更换；更换下来的有缺陷的用具应远离完好的备件，避免混淆酿成错用，而且要及时安排维修。

② 无论系固（绑扎）用具的维修在船上还是在岸上，都必须确保它的检查和维修符合制造商的要求。

③ 必须及时清除劣质的、失效的、没有修复价值的系固（绑扎）用具，以免被错误使用而导致灾难的发生。

④ 不要忽略失灵的紧固令环和腐蚀的基座，应事先准备好合适的替换件，无论航行到哪里都可以更换。

⑤ 定期对系固（绑扎）用具进行保养。保养应全面而不要遗漏，应细致而不要表面，应使用合适的润滑油而不用劣质的润滑油。随时清除不能用的，及时修理损坏的，定期保养在用的，保持系统的完好性。

（2）装船和积载的监督检查

对于集装箱船舶的配载必须通盘考虑整个航次所有装卸港来编制配载图，这个工作通常由公司预配员完成。公司预配员通常根据货物的不同特点，分别为冷冻货、危险品、重货和开放性货箱指定装载位置，普通箱根据卸港不同集中积载。然后由码头配载员完成具体积载图。码头人员检查集装箱是否装到正确的位置。

- 船长应清楚地认识到：无论谁负责装船和配载，船长本人始终对船舶的安全负责。因此，船舶靠泊后，船长（大副）应对配载图进行审查确认后才可以允许装货。审查中应：

① 确保危险品箱配装位置符合危规要求和隔离表、国家法规以及危险品运输要求。

② 确保冷藏箱位置可直接连接电源和有检修的位置。

③ 确保开放性集装箱装载符合以下要求：禁止配装在两舷侧，避免配装在艏艉部，一般配装在甲板第三层以下，不孤立配装（如不占用其两侧位置的话），尽量配装在船舯部前后，能配装在舱内的不配装在舱面。

④ 确保稳性、弯矩、剪力、扭矩和驾驶台可视范围在允许值以内。

⑤ 确保局部强度不超出安全负荷值（没有超过集中载荷的限制）。

⑥ 确保集装箱的堆装符合《系固手册》的规定。

⑦ 对经调整仍无法达到《系固手册》要求的，应采取相应的措施。

- 船长要吩咐驾驶员记住：不要轻易相信装卸工人的任何保证，他们也会犯错误；你是船长的代表，对装卸货的安全负责。因此，驾驶员在值班期间应：

① 定期核实装箱位置并纠正错误，避免可能产生的重大损失；对集装箱的穿孔、断裂和破损随时报告，特别注意箱顶角落附近的洞，这是引起损害的原因。

② 对于罐装集装箱，泄漏是它最大的危险，尤其当泄漏的是危险物品时。免除航程中危险的最佳方法是装船时就仔细地检查它。

③ 对冷藏箱需要特别注意，接通电源，花些时间确定它正在运转；要检查冷藏箱温度显示，是否根据发货人的要求设定温度，如冷藏箱清单所示；要检查温度记录纸上的记录曲线，是否在装船前一直保持着正确的温度；还必须检查控制温度，超出冷藏箱及其所装货物的规定温度必须调查；出现任何不符规范的情况都应立即告知码头；如果没有被授权，决不能更改设定的温度。

④ 对开放性集装箱货物，要确认装载位置是否正确和货物是否完好无损，以及再一次检查系固（绑扎）的情况。

- 船长应使驾驶员清楚知道：根据法律规定，船员对系固（绑扎）有义务。在集装箱的装载过程中，驾驶员必须对系固（绑扎）工作进行监督检查，并确保其得到正确的实施。

① 大副必须和负责系固（绑扎）的工头确定按照货物系固手册图示进行系固（绑扎）以及提出具体的要求，并且给予值班驾驶员同样的指示；同时要保持系固（绑扎）用具处于随时可用状态。

② 驾驶员必须了解系固（绑扎）计划、工班安排和工作时间，以便在值班时间内合理履行监督检查的职责。首先要对系固（绑扎）工人进行系固（绑扎）的培训指导，要经常检查系固（绑扎）的情况，发现不符合货物系固手册中系固（绑扎）要求的情况应立即交涉，

及时纠正。

③ 开航前必须检查系固（绑扎）是否按照货物系固手册的要求正确地进行，所有的锁是否都锁好，所有的系固（绑扎）是否都收紧，发现遗漏或不正确的情况必须立即纠正。特别要注意开放性集装箱货物和非集装箱货物，确定其系固（绑扎）是否足以经受海上的一般风险。

3. 途中的看管照料

船长要根据本船情况、航次任务、航区、货种特点，预测遇到大风浪后可能存在的风险，认真设计安全经济航线，及时落实大风浪航行前的各项准备工作。在进入大风浪海域前，应对开放性集装箱中的货物进行检查，必要时给予加固。大风浪过后，要对全船集装箱进行检查和必要的加固，发现损坏的要采取防损措施。

4. 承运人应进行证据的收集和提交

集装箱货物在海上运输期间，船长除了采取必要的防损措施外，当发现货损或预计货损可能已发生时，不管这种货损是哪种原因引发的，都要做好证据的收集和提交工作。

（1）发现

船长在航行途中，要经常巡视和检查甲板集装箱的情况。当遭遇大风浪时更应如此，决不可在这方面缺位，以便及时发现集装箱可能受损的情况。在装卸货期间，如果是大的货损事故，往往容易引起注意，但是磕磕碰碰引起小的箱损，往往容易被忽视，一般也不易被发现。因此，船长应督促值班人员无论装或卸，都要密切注意装卸中发生的任何事件，弄清真相，避免错失索赔机会。

（2）海事声明

当在航途中遭遇大风浪时，即使当时没有发现集装箱有受损的现象，海事声明也是必不可少的，而且必须签证，决不可马虎了事，以便为今后可能发生的货损索赔做好证据的准备。

（3）通知

当在船期间发现货损事故时，应及时通知前方港口船舶代理、公司总调度室和公司商务部，并根据情况及时采取止损措施和做好货损检验准备。在装卸货期间，发现货损或箱损影响货运安全的，要立即通知港口代理、装卸公司、公司调度和商务部门，要求装卸公司在损坏记录上签字承认。而磕磕碰碰的小损，要求装卸工头在损坏报告上签字认可。

（4）记录

当船长在船上发现货损事故时，要做好事故记录。发生大风浪或进水事故时，将天气情况及采取的防损措施记录在航海日志上；涉及船舶缺陷的，保存好船舶开航前及途中的检查记录，并做好海事声明；涉及冷箱故障的，保存好冷箱维修记录及温度记录；货物泄漏的，做好观察记录并在航海日志上记载；保存采取防损措施前后货物状况和箱体、船体（设备）受损状况的照片或录像。

任务三　集装箱货损事故处理

想一想：任务一厦门锐达公司出口皮鞋的案例中，皮鞋丢失的货损国外收货人应该如何处理？需要向谁提出索赔要求呢？

一、海运集装箱货损事故处理

厦门某国际货运代理企业经营国际集装箱拼箱业务，2013年9月15日，该无船承运人在装货港自己的CFS将分别属于六个不同发货人的拼箱货装入一个20英尺集装箱，然后向某班轮公司托运。该集装箱于2013年9月18日装船。班轮公司签发给无船承运人CY-CY交接的FCL条款下的主海运提单一套；无船承运人然后向不同的发货人分别签发了CFS-CFS交接的LCL条款下的分海运提单共六套，所有的提单都是清洁提单。2013年9月23日，载货船舶抵达提单上记载的卸货港。第二天，无船承运人从班轮公司的CY提取了外表状况良好和铅封完整的集装箱，并在卸货港自己的CFS拆箱，拆箱时发现两件货物损坏。

想一想：收货人向无船承运人提出货物损坏赔偿的请求时，无船承运人是否要承担责任？为什么？应该如何索赔？

步骤一　确定集装箱货损事故

当收货人提货时，如果发现所提取的集装箱内货物数量不足，外表状况或货物品质与提单上记载的情况不符，则应根据提单条款的规定，将货物短缺或损坏的事实，以书面的形式通知承运人，以此表示提出索赔要求。如果货物的短缺或残损不明显，必须在提取货物后的规定时间内，向承运人提出索赔通知。货运事故发生后，收货人与承运人之间未能通过协商对事故的性质和程度取得一致意见时，则应在共同同意的基础上，指定检验人对所有应检验的项目进行检验，检验人签发的检验报告是确定货损责任的依据。

步骤二　提出索赔

货物一旦发生灭失或损坏，通常由收货人向承运人提出索赔。但是，当收货人根据货物保险条款从承保货物的保险人那里得到了赔偿后，保险人可代为向承运人或其代理人进行追偿。

步骤三　提交单证

作为举证的手段，索赔方出具的索赔单证不仅可证明货损的原因、种类、程度，还可确定最终责任方。

（1）索赔申请书或索赔清单。

索赔方一旦正式向承运人递交索赔申请书或索赔清单，则意味着索赔方正式提出了索赔要求。因此，如果索赔方仅提出货损通知，而没有出具作为举证手段的货运单证和向承运人递交索赔申请书、索赔清单，事实上可解释为索赔方并没有提出正式索赔要求。

（2）提单。

提单既是货物收据、交货凭证，又是确定承运人与收货人之间责任的最终证明，是收货人提出索赔依据的主要单证。

（3）过驳清单或卸货报告，货物残损单和货物溢短单。

（4）重理单。

重理单是对货物件数或其他事项有疑问时，承运人要求复查而做的单证，是复查结果的证明文件。

提出索赔时使用的其他单证还有货物发票、修理单、装箱单、拆箱单等。

步骤四　索赔的受理与审核

承运人在处理索赔时，首先应分清发生货损的原因和应承担的责任范围。尽可能根据提单中有关承运人的免责条款进行反举证。除了相关单证外，承运人有时还应根据实际情况提供积载检验报告、舱口检验报告、海事报告以及卸货事故报告等。

步骤五　索赔金的支付

小贴士——担保与扣船

如果货损确由承运人的过失所造成，责任已明确，证据也充分，且损害金额较大，作为受损方，除做好一般正常的索赔工作所需要的各种手续外，为保证索赔得以顺利了结，可在船舶离港前做好保全措施，要求船方提供担保。这种担保分为现金担保、银行担保、担保保函三种方式。

如果受损方认为通过正常途径不能取得担保，则可采取扣船措施，即在责任方未提供担保前，向法院或有关当局申请扣押船舶，不准船舶离港。但采取扣船措施时，必须慎重，以防因扣船措施不当而产生不良的影响及不必要的纠纷和经济损失。

二、铁路集装箱运输货损事故处理

原、被告于2000年2月23日口头商定：由被告承运海南产蔬菜（油豆角）3500千克，终点站为黑龙江省大庆市让湖路车站。商定的当天原告将3500千克蔬菜交给被告承运，还交了7741元给被告的经办人李某。被告的经办人李某收到该款后出示收款收据，被告也按约定将3500千克蔬菜（油豆角）运往大庆。2000年3月8日该批蔬菜到达终点站时，经哈尔滨市齐齐哈尔分局让湖路车站检查发现集装箱后面调温室无门锁，可自由开启，调温室内温度控制箱箱门开启，冷板温度显示表和箱内温度显示表失灵，调温机不工作；3月9日交付时开启箱内见绿水流出，竹筐装豆角96箱，全部腐烂变黑。

2000年4月21日，原告以冷藏商运公司为被告，向海口市某法院提起诉讼，称2000年2月23日，自己要求被告用保温冷藏箱发运海南产蔬菜（油豆角）3500千克。自己依照约定向被告交纳310吨冷藏箱租费1500元、车费1800元、冷藏费400元、铁路运输费4041元，共计人民币7741元，而且于当日将所运蔬菜交给被告指定的冷藏仓库。后经铁路部门检验发现所运蔬菜全部腐烂。由于被告的过失，没有尽到谨慎运输之责，致使冷藏箱后面调温室内温度控制箱箱门开启，冷板温度显示表和箱内显示表失灵，调温工作机不工作，造成自己经济损失498099.2元（包括运费7741元在内），现诉至法院要求判令被告赔偿损失421582元及退回运费7741元，并负担本案诉讼费用。

被告冷藏商运公司辩称原告的货物系铁路运输部门的责任，要求法院驳回原告的起诉。

想一想：这个案例里主要责任人应该是谁？为什么？

1. 铁路货运事故范围

集装箱在铁路运输过程中发生火灾、被盗、丢失、损坏、变质、污染等情况，给货物造成损失及误运送、误交付等严重差错，在铁路内部均属货运事故。

2. 货运事故责任划分

铁路与发货人、收货人之间的交接，主要是指集装箱的接收、交付两个作业环节，直接关系到铁路与发货人、收货人之间的责任划分。

铁路集装箱的交接均应在铁路货场内进行，主要检查箱体状态，还要检查铅封。铁路集装箱办理站只接收已加封的集装箱与交付铅封未启封的集装箱，不负责对箱内货物的清点和交接。铁路与发货人、收货人在办理集装箱交接时经常会有下列情况。

① 铁路在接受承运时发现发货人所托运的集装箱铅封已失效、丢失、站名无法辨认，或未按加封的技术要求进行施封，则应由发货人重新整理后方能接受。

② 铁路在接受承运时，如发现发货人所托运的集装箱箱体已被破坏，则应由发货人更换集装箱。如使用的是铁路集装箱，则由铁路提供空箱进行更换后才能接受，如箱子的损坏由发货人行为所致，则应由发货人赔偿。

③ 由于发货人装箱过失或疏忽、造成超重引起箱子的损坏，或由此而造成箱内货物的损害，该损坏和损害均由发货人负责。

④ 由于发货人谎报货名、货物重量、尺码，致使铁路或对第三者造成损害时，发货人对此负有赔偿责任。

⑤ 铁路向收货人交付重箱时，如铅封完整，对货物的责任即告终止，即使箱内货物发生短少，铁路也不负责任。

⑥ 铁路向收货人交付重箱时，如铅封完整，而箱内货物发生破损，铁路也不负责任，除非能证明由于铁路过失所致。

⑦ 集装箱货物在运输途中如发生货损事故，则由发货人自行负责，除非能证明货物的货损系由于铁路集装箱的技术状态不良所致。

⑧ 铁路向收货人交付重箱时，如发现箱体损坏，并且危及货物安全，铁路应会同收货人对集装箱货物进行检查。如货物业已造成损害，根据货物的实际损害情况，由责任方负责

赔偿。

⑨ 铁路接收后的集装箱在承运前发生灭失、损害时，如系在铁路货场内造成，则由铁路负责赔偿。

⑩ 货主自有箱在运输中由于铁路方面的过失发生损坏，由铁路负责赔偿。

3. 事故处理步骤

步骤一　编制货损记录

在铁路货物运输中，凡涉及铁路与发货人、收货人之间，或参加运送铁路间、铁路内部各单位间发生货物损害时，应在事故发生当日编制记录，作为分析事故原因、确定责任的原始证明和处理赔偿的依据。货运事故记录分为商务记录、普通记录、技术记录三种。

商务记录是货物运送过程中对发生的货损、货差或其他不正常情况的如实记载，是具体分析事故原因、责任和请求赔偿的基本文件。

货物运送过程中发生上述属商务情况以外的情况时，普通记录不作为赔偿的依据。

步骤二　确定事故赔偿

（1）赔偿请求的提出与受理

发货人、收货人均有权根据运输合同提出赔偿要求。发货人必须以书面形式向发送站提出赔偿，收货人则以书面形式向到达站提出赔偿。如果由发货人或收货人的代理提出赔偿要求，该代理必须出示发货人或收货人的委托书，以证明这种赔偿请求权是合法的。委托书应该根据赔偿请求按铁路的法令和规章办理。

自赔偿请求提出之日起，铁路必须在 180 天内审查此项请求，并对赔偿请求人给予答复。

（2）索赔的依据及有关文件

索赔人在向铁路部门提出赔偿要求时，必须同时出具下列文件。

一旦货物发生全部灭失，由发货人提出赔偿时，发货人应出具运单副本；由收货人提出赔偿时，则应同时出具运单副本和运单。

货物发生部分灭失或质变、毁损时，收货人、发货人均可提出索赔，同时应出具运单及铁路达到站给收货人的商务记录。

货物发生运输延误时，应由收货人提出赔偿，并提交运单。

对于承运人多收运送费用的情况，发货人可按其已付的款额向承运人追回多收部分的费用，但同时应出具运单副本或规定的其他有关文件。如果由收货人提出追回多收费用的要求，应以其支付的运费为基础，同时还要出具运单。

在提出索赔的赔偿请求书上，除应附有运单或运单副本外，在适当情况下还要附商务记录，以及能证明货物灭失、损坏和货物价值的文件。

（3）索赔时效

凡根据运输合同向铁路部门提出的索赔，铁路对发货人、收货人关于支付运费、罚款的赔偿要求应在 9 个月内提出；有关货物运输延误的赔偿，应在两个月内提出。

三、公路集装箱货损事故处理

2012年4月，舟山A水产公司委托上海B集装箱运输公司出口1个40英尺冷冻箱的海鲜至日本，货价人民币15万元。根据约定，货物在B公司堆场装箱，由B公司安排报关、订舱、集卡短驳等全程服务，并签发海运提单。不料货物装箱后在送往码头的公路上发生了翻车事故。A公司知悉后派人赶往现场勘察，发现冷冻箱跌落后损坏，箱内的海鲜因无法保鲜已部分变色且有轻微异味。鉴于日本买方对货物质量要求十分严格，显然，此批货物已无法出口。

A公司员工决定自行拍摄事故现场照片后销毁此箱海鲜，并出具了货物销毁证明，然后安排重新发货。事后A、B两家公司虽多次交涉，但未能就赔偿方案达成一致意见。

想一想：A公司的做法有不妥之处吗？

公路集装箱货运事故是指集装箱在公路运输过程中发生了集装箱损毁或灭失事故导致箱内货物受损。货运事故和违约行为发生后，承托双方及有关方应编制货运事故记录。

步骤一　确定事故责任

公路集装箱运输发生的事故主要有：
① 货损：集装箱破损导致货物发生磨损、破裂、湿损、变形、腐烂等。
② 货差：集装箱破损导致货物发生短少失落等。
③ 有货无票：货物存在而相关单证或票据未能随货同行或遗失。
④ 运输延误：已接受承运的集装箱由于始发站未及时运输或中途发生变故等原因，致使货物未能如期到达。

对下列原因造成的货损事故，公路承运人不承担赔偿责任：
① 由于自然灾害发生的货物遗失或损坏。
② 集装箱铅封完整，但集装箱内货物短少。
③ 由于货物自然特性所致。
④ 因根据卫生机关、公安、税务机关有关规定处理的货物。
⑤ 由托运人自行保管、照料所引起的货物损害。
⑥ 承托双方订有协议，并对货损有特别规定者。

步骤二　编制货损记录

① 集装箱运输中，事故发生后，由发现事故的运送站或就近站前往现场编制商务记录，如遇重大事故，在有条件时还应通知货主一起前往现场调查，分析责任、事故原因。
② 如发现集装箱被盗，应尽可能保持现场，并由负责记录的业务人员或司机根据发现的情况，会同有关人员做好现场记录。
③ 对于在运输途中发生的货运事故，司机或押运人应将事故发生的实际情况如实报告车站，并会同当地有关人员提供足够的证明，由车站编制一式三份的商务事故记录。
④ 如货损事故发生于集装箱到达站，则应根据当时情况，会同司机、业务人员、装卸

人员编制商务记录。

步骤三　货损事故赔偿

受损方在提出赔偿要求时，应首先做好赔偿处理手续。

① 向集装箱的发站或到站提交赔偿申请书。

② 提出赔偿申请的人必须持有有关票据，如集装箱设备交接单、装箱单、运单、货票、提货联等。

③ 在得到责任方给予赔偿的签章后，赔偿申请人还应填写"赔偿要求书"，连同有关货物的价格票证，如发票、保单、货物清单等，送交责任方。

小贴士——公路货运事故赔偿说明

货运事故赔偿分限额赔偿和实际损失赔偿两种。法律、行政法规对赔偿责任限额有规定的，依照其规定；尚未规定赔偿责任限额的，按货物的实际损失赔偿。

货物损失赔偿费包括货物价格、运费和其他杂费。货物价格中未包括运杂费、包装费以及已付的税费时，应按承运货物的全部或短少部分的比例加算各项费用。

由于承运人的过错造成货物灭失或损失，以实物赔偿的，运费和杂费照收；按价赔偿的，退还已收的运费和杂费；被损货物尚能使用的，运费照收。

四、航空集装箱货损事故处理

托运人向航空公司委托国际运输一批胆固醇，货运单号为 999—81944715，货物共 25 件，毛重 173kgs，装载集装板。货物价值为 USD3480.00。运单上注明"KEEP COOL"，并指定由当日最早班机出运。航空公司由于工作不慎造成该货物 OFLD，发现后改配当日晚班飞机出运。到目的港后又因工作人员疏忽，没有将货物放在冷库保存。第二日收货人办完清关手续提货时发现该批胆固醇已全部变质。

想一想：OFLD 表示什么？收货人应该如何处理？航空公司应该如何赔偿？

1. 导致货损纠纷的航空不正常运输种类和代号

导致货损纠纷的航空不正常运输种类和代号见表 8-1。

表 8-1　航空不正常运输种类和代号

航空不正常运输种类	代　号	解　　释
货物漏装	SSPD	货物始发站在班机起飞后发现货邮舱单上已列的货物未装机，航空货运单已随机带走
货物漏卸	OVCD	货物漏卸是指按照货邮舱单卸机时应卸下的货物没有卸下
中途落卸	OFLD	经停站因特殊情况需要卸下过境货物
货物少收	STLD	由于装卸等原因造成到达站短收货物

续表

航空不正常运输种类	代号	解释
货物多收	FDCA	由于装卸等原因造成到达站多收货物
错贴（挂）货物标签	MSCA	货物标签贴错或挂错
有货无单	MSAW	在到达站只收到货物而未收到航空货运单
有单无货	FDAW	在到达站只收到航空货运单而未收到货物
丢失货物/邮件	MSCA/MSMB	按照货邮舱单所列，应运达本站的货物没有运达
货物破损	DMG	货物在运输过程中发生破裂、伤损、变形、湿损、毁坏等现象

2. 航空集装箱货损事故处理步骤

步骤一　确定事故责任

航空集装箱运输中，如果发生货损货差，首先追查责任方，分清是代理的责任还是承运人的责任，不论是哪方的责任，一般按《华沙公约》条款进行赔偿，即如果货物没有声明价值，根据货物的毛重，国际最高赔偿额为每千克 20 美元，国内最高赔偿额为每千克 100 元。如果托运人在集装箱货物托运时已声明货物的价值，并支付了声明价值附加费，则按照实际声明价值或货物实际损失金额赔偿。

步骤二　提出索赔

收货人或其代理人在发现航空集装器货物发生货损，并确认航空公司负有责任后，应立即以书面形式向航空公司提出索赔要求，即提交正式的索赔函，如图 8-1 所示。索赔的有关法律依据如下：国际航空货物运输依据《华沙公约》，国内航空货物运输依据《中华人民共和国民用航空法》和《中国民用航空货物国内运输规则》。

索赔函

中国国际航空公司货运部：

本公司在提取来自汉城的一票货，运单号为 999—12345675，1 件共 100 千克，由 CA888/09APR 承运。该货在目的地交付时发生严重的外包装破损（详见贵公司开具的事故鉴定书）。

现本着实事求是，维护双方共同利益的原则，我公司向贵公司提出以下处理意见和索赔申请。

该货物价值 2000 美元，请给予原价赔偿。参见托运人出具的受损货物价值证明。

请贵公司予以尽快办理为盼，谢谢合作。

随附：运单、装箱单、发票、事故记录等

泛云代理公司

2014-10-5

图 8-1　航空公司索赔函

索赔的时限要求见表 8-2。

学习情境八 集装箱运输事故处理

表 8-2　航空货损索赔时限要求

损 失 情 形	赔 偿 要 求	时　　限	法律有效期
货物损坏、短缺	部分损失	发现时立即提出并最迟延至收到货物之日起 14 天内	两年
货物毁灭或遗失	全损	自填开货运单之日起 120 天内	两年
运输延误/延迟	经济损失	在货物由收货人支配之日起 21 天内	两年

索赔的文件要求为：
- 正式索赔函两份（图 8-1）；
- 航空货运单正本或副本；
- 货物商业发票和其他必要资料；
- 装箱清单（集装器上货物的具体明细）；
- 货物舱单复印件（表示飞机所载货物的清单）；
- 货物运输事故签证（航空地面代理在卸货时发现货物破损，应通知收货人，若收货人需要确认受损程度，则应一起开箱检查，共同确认受损程度，并填写货物运输事故签证，双方签字确认，航空公司及收货人各保留一份）；
- 商检证明（由商检机构出具的鉴定报告，是货物发生损失的证明）；
- 运输事故记录（卸货时，航空公司或其地面代理人发现货物存在破损而填写的一份用来客观描述目的站货物损失情况的文件）；
- 来往电传文件（运输代理人与委托人商讨赔偿事宜的来往信函与文件）。

步骤三　航空公司受理索赔

航空公司收到托运人、收货人或其代理人的索赔申请后，应立即处理。
① 审核所有的索赔资料和文件。如索赔人提供的索赔资料不全，承运人可以不受理该赔偿要求，但应书面通知对方。如果索赔资料齐全，承运人应答复索赔人，表示受理索赔，并在收到的索赔文件上加盖收件日期。
② 对事故进行调查，收集运输记录，如运输事故报告、遗失货物或者多收货物报告、货物舱单、交付收据等，以判明事故的责任，确定货物的实际损失和赔偿金额。
③ 编制货物赔偿处理报告，连同受理赔偿必备的文件上报，由航空公司各级领导审批。

步骤四　签署责任解除协议书

索赔人收到航空公司的赔款后，在对理赔无异议的基础上签署责任解除协议书，用来表明索赔人放弃诉讼权及进一步索赔的权利。

步骤五　诉讼与仲裁

航空公司与托运人、收货人或其代理人，在执行航空货物运输合同时发生纠纷，应当通过协商解决。如果协商未能解决，任何一方均可向合同管理机关申请调解或仲裁，也可以向司法机关提起诉讼。诉讼有效期为两年。

 **操作实训**

1. 林欣在厦门服装进出口公司工作。2014 年 4 月，他委托远东贸易运输公司办理 600 只纸箱的男士服装出口手续。远东公司将货装上 MSC（地中海航运有限公司）所属的"红海"轮，并签发了远东公司的联运提单，提单上标明货物数量 600 只纸箱，分装 6 只 40 英尺集装箱。4 月 29 日，该轮抵达目的港日本神户，同日，集装箱驳卸到岸。5 月 8 日，日方收货人在港口开箱，由日本商检出具的"拆箱报告"称，箱号为 MSCU3784217 的集装箱，有 15 只纸箱严重湿损，30 只纸箱轻微湿损。对这种货损，林欣应该如何处理并索赔呢？

2. 某托运人将 2000 件货物送到 CFS 办理托运，由 CFS 负责装箱，CFS 收到托运人送交的货物后向托运人出具仓库收据，记载为 2000 件。CFS 在装箱完毕后，在装箱单上记载 1800 件，提单上记载有 STC 条款。请分组讨论：

（1）此时提单上应记载多少件？为什么？

（2）提单上记载有 STC，其法律效力如何？

（3）收货人收到货物后发现有货差应向谁提出赔偿？为什么？

（4）CFS 在此过程中应承担什么样的责任？

3. 将学生按 8~10 人分成若干小组，以小组为单位对案例进行讨论，并形成案例分析报告，字数不少于 500 字。

2001 年 1 月，台州分公司委托原告华大公司，承担外销打火机的公路运输业务，原告转委托被告汽运公司运输，被告又委托永发公司运输，用于托运打火机的集装箱为 G 箱。永发公司所派的驾驶员将集装箱拖至鸿狮公司装货时，错把同一拖卡上面的 C 箱（该箱本应装一批鞋子运到日本）交给厂方装了打火机，而在 G 箱中装入了鞋子。C 箱出口通关以后仍运到日本，G 箱则运到巴塞罗那。此后经有关方协调处理，打火机从日本重新运到巴塞罗那，产生了在日本的滞留费用及转运到巴塞罗那的运费，合计 4694.6 美元。台州分公司通过其委托人温州翘运，温州翘运又通过香港翘运向日本 Nitto 公司支付了该笔费用后，在与台州分公司的运费结算中进行了清算。台州分公司又在应付给原告的运费中扣除了该款。

原告华大公司向法院提起诉讼告汽运公司，主张被告汽运公司偿还下述两笔费用。

（1）赔偿打火机客商的损失人民币 10 万元；

（2）赔偿鞋子的损失 106897.06 元（付给日方原来购买鞋子的商人 18903 美元，扣除鞋子处理后所得款 5 万元人民币）。

被告辩称：打火机装错集装箱及错运目的港属实，原告与台州分公司结算运费时也确被扣除了上述款项。但是：

（1）原告没有提供台州分公司以 18903.26 美元赎回鞋子后又以 5 万元处理掉的凭证；

（2）报关单载明打火机的货值为 17373.35 美元，但发票及售货确认书上为 49399.35 美元，打火机损失 10 万元不合理。

4. 厦门多美达进出口有限公司出口一批服装到纽约，与航空公司签订了运输合同及航空货运单，货运单上"数量"一栏为 20 箱，每箱 30 件服装，收货人收到货物后，发现每箱货物里只有 25 件服装，于是要求出口商赔偿。出口商以"承运人应当或有理由知道空运单内容的不正确"为由，要求承运人给予一定的赔偿。

思考：出口商的要求合理吗？请阐述理由。

5．一票从悉尼到北京的货物，1 件 847 千克，货物价值 3300 美元，品名为干酪。货物到达北京，收货人办完海关手续后前来提货时，发现这件货物没有放在冷库保存。经过调查，货运单的操作注意事项栏中明显注明"KEEP COOL"字样，但航空公司的工作人员没有看到。经过挑选，最终损失达 60%左右。

思考：该项损失应由谁负责？赔偿金额为多少？

6．自测题

（1）集装箱运输承运人的主要责任不包括_____。

A．谨慎而妥善地管理货物　　　B．完好地系固货物

C．证据收集　　　　　　　　　D．不可抗力需要负责

（2）海运集装箱事故处理需要提交的单证不包括_____。

A．装箱单　　B．场站收据　　C．集装箱提单　　D．索赔申请书

（3）铁路集装箱运输中，由于发货人装箱过失或疏忽、造成超重引起箱子的损坏，或由此而造成箱内货物的损害，该损坏和损害均由_____负责。

A．发货人　　B．铁路部门　　C．收货人　　D．承运人

（4）货主自有箱在运输中由于铁路方面的过失发生损坏，由_____负责赔偿。

A．发货人　　B．铁路部门　　C．收货人　　D．箱管部门

（5）关于公路集装箱运输，以下说法错误的是_____。

A．货运事故赔偿分限额赔偿和实际损失赔偿两种

B．货损事故发生于集装箱到达站，则应根据当时情况，会同司机、业务人员、装卸人员编制商务记录

C．集装箱铅封完整，但集装箱内货物短少，承运人需要赔偿

D．由托运人自行保管、照料所引起的货物损害，承运人不需要赔偿

（6）航空运输时经停站因特殊情况需要卸下过境货物的代号为_____。

A．OFLD　　B．OVCD　　C．FDCA　　D．MSCA

（7）按《华沙公约》规定，如果货物没有声明价值，根据货物的毛重，国际最高赔偿额为每千克_____美元。

A．100　　B．80　　C．20　　D．200

（8）航空运输事故中，如果协商未能解决，任何一方均可向合同管理机关申请调解或仲裁，也可以向司法机关提起诉讼，诉讼有效期为_____。

A．1 年　　B．2 年　　C．180 天　　D．90 天

参考文献

[1] 林敬松，黄细祥. 集装箱运输管理理论与实务[M]. 北京：清华大学出版社，2011.

[2] 武德春，武骁. 集装箱运输实务[M]. 北京：机械工业出版社，2004.

[3] 申习身. 集装箱运输实务[M]. 北京：对外经济贸易大学出版社，2011.

[4] 刘钧炎，焦亮，缪兴锋. 集装箱运输实务[M]. 武汉：华中科技大学出版社，2012.

[5] 杨志刚，王立坤，周鑫. 国际集装箱码头实务、法规与案例[M]. 北京：人民交通出版社，2011.

[6] 刘雅丽，罗颖.集装箱运输管理实务[M].北京：人民邮电出版社，2011.

[7] 王海兰，赵雷.集装箱运输管理实务[M].北京：电子工业出版社，2014.

[8] 陈广，蔡佩林.集装箱运输实务[M].北京：中国经济出版社，2010.

[9] 曾凡华. 集装箱运输[M]. 北京：机械工业出版社，2013.

[10] 彭其渊，闫海峰.集装箱班列运输组织[M]. 成都：西南交通大学出版社，2011.

[11] 陈红霞. 国际航空货物运输实务[M]. 北京：国防工业出版社，2012.

[12] 陈文玲. 民航货物运输[M]. 北京：中国民航出版社，2010.

[13] 李元旭，吴国新. 国际贸易单证实务[M]. 北京：清华大学出版社，2008.

[14] 徐薇. 国际贸易单证实务与操作[M]. 北京：人民邮电出版社，2011.

[15] 催丽芳，邓啸. 国际货代业务操作[M]. 北京：机械工业出版社，2013.

[16] 鲁广斌. 国际货运代理实务与集装箱运输业务[M]. 北京：清华大学出版社，2010.

[17] 孙家庆，杨旭. 国际货运代理风险规避与案例分析[M]. 北京：科学出版社，2009.

[18] 龚纲要，蔡佩林.外贸运输与保险[M]. 北京：机械工业出版社，2006.

[19] 刘锡蔚. 集装箱船舶积载[M]. 北京：人民交通出版社，1997.

[20] 陈宜吉. 铁路货运组织[M].北京：中国铁道出版社，2008.

[21] 柯兹洛夫. 集装箱运输管理自动化[M].蓝孙年，杨兆辉译.北京：中国铁道出版社，1992.

[22] 杨志刚. 国际货运代理业务、法规与案例[M]. 上海：上海海事大学出版社，2004.

[23] 宋国文.2010 我国集装箱车的发展模式[J].铁道车辆，1996，（8）：6-8.

[24] 宋国文，徐荣华. 国外集装箱车发展综述[J]. 国外铁道车辆，1998，（3）：14-18.

[25] 金海.海运货损事故处理办法[J]. 国际商报，2002，（3）：23-24.

[26] 王金凤.航空集装箱的发展及标准化的作用[J].交通标准化，1998，（3）：32-35.

[27] 董守礼. 集装箱船货损事故实例分析[J].集装箱化，1993，（7）：26-28.

[28] 徐伯民.集装箱内货损分析及防止货损的建议[J]. 航海技术，2007，（4），25-29.

[29] 张铭. 浅析中国铁路集装箱运输发展及对策[J].海峡科学，2013，（5）：46-47.

[30] 高宏强. 铁路集装箱平车技术发展探讨[J].铁道车辆，2012，（7）：30-33.

[31] 徐利民，杨磊，杨旭，郑平标. 我国铁路集装箱运输组织技术发展方向研究[J]. 铁路运输与经济，2012，（12）：18-25.

[32] 刘筠. 走出货损追赔的误区[J].集装箱化，2005，（6）：8-10.

[33] 卢浩. 中铁集装箱公司市场营销策略研究[D]. 长沙：中南大学硕士论文，2009.

[34] 王利华.铁路集装箱运输发展策略研究[D]. 成都：西南交通大学硕士论文，2005.

[35] 钟伟.公路集装箱运输发展模式研究[D]. 长春：吉林大学硕士论文，2007.

[36] 百度百科 http:// baike.baidu.com

[37] 中国水运网 http://www.zgsyb.com

[38] 中国集装箱行业协会 http://www.chinaccia.com

[39] 中华铁道网 http://chnrailway.com

反侵权盗版声明

电子工业出版社依法对本作品享有专有出版权。任何未经权利人书面许可，复制、销售或通过信息网络传播本作品的行为，歪曲、篡改、剽窃本作品的行为，均违反《中华人民共和国著作权法》，其行为人应承担相应的民事责任和行政责任，构成犯罪的，将被依法追究刑事责任。

为了维护市场秩序，保护权利人的合法权益，我社将依法查处和打击侵权盗版的单位和个人。欢迎社会各界人士积极举报侵权盗版行为，本社将奖励举报有功人员，并保证举报人的信息不被泄露。

举报电话：（010）88254396；（010）88258888
传　　真：（010）88254397
E-mail：　dbqq@phei.com.cn
通信地址：北京市海淀区万寿路173信箱
　　　　　电子工业出版社总编办公室
邮　　编：100036